BIERWANDERN BERLIN

DER ERFRISCHENDSTE WEG, BERLIN ZU ENTDECKEN

Bierwandern Berlin
Der erfrischendste Weg, Berlin zu entdecken

Daniel Cole und Yvonne Hartmann

Fotos: Daniel Cole, Yvonne Hartmann, Lisa Khanna
Satz und Layout: Daniel Malak, Jędrzej Malak (Karten)
Coverdesign: Ajša Zdravković
Übersetzung aus dem Englischen: Yvonne Hartmann
Lektorat: Myriam Sauter
Korrektorat: Ulrike Ebenritter

ISBN: 978-3-03964-009-6
1. Auflage: Mai 2023
Hinterlegung eines Pflichtexemplars in der Schweiz: Mai 2023
Gedruckt in der Tschechischen Republik

Mittlere Straße 4
CH-4056 Basel
Schweiz

HEL·· VETiQ helvetiq.com

MIX
Papier aus verantwortungsvollen Quellen
FSC www.fsc.org
FSC® C014138

BIERWANDERN BERLIN

DER ERFRISCHENDSTE WEG, BERLIN ZU ENTDECKEN

INHALT

1

EINLEITUNG

ÜBER DIE AUTOREN

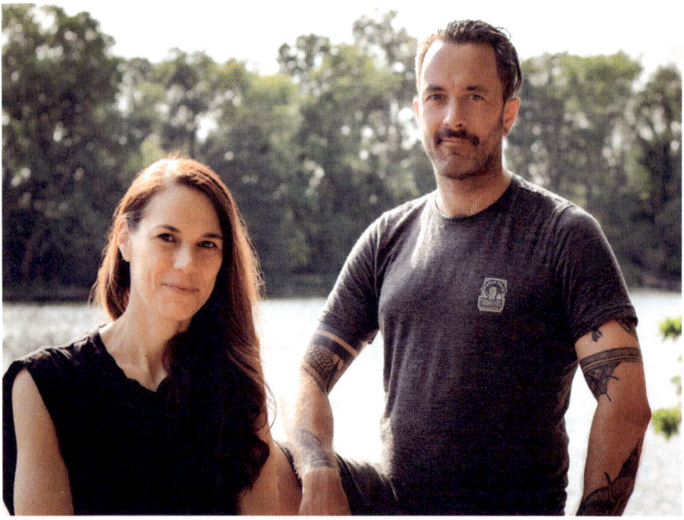

FOTO © LISA KHANNA

Daniel Cole und Yvonne Hartmann sind das Kreativteam hinter der Online-Plattform *Hiking and Drinking,* die sich den schönsten Wanderwegen der Welt, auf denen regionale Winzereien, Brennereien und Brauereien liegen, verschreibt. Von Weinbergwanderungen bis hin zu gebirgigen Whiskey-Streifzügen hat sich das Duo zum Ziel gesetzt, eine einzigartige Plattform für all jene zu schaffen, die wanderbegeistert und trinkfest sind.

Daniel, gebürtiger Brite, Musiker und obsessiver Plattensammler, veröffentlichte in seiner langjährigen Tätigkeit als Musikjournalist bereits Artikel in einer Vielzahl renommierter Publikationen wie *Resident Advisor, Bandcamp Daily* oder *Drowned in Sound.* Mit stetigem Interesse an neuen Stilen und einem Blick für einzigartiges Storytelling kombinierte Daniel seine zwei Leidenschaften, Musik und Reisen, indem er anfing, Festivals auf der ganzen Welt zu besuchen. Schon bald wurden auch Medien der Reisebranche auf seine journalistischen Referenzen aufmerksam und es dauerte nicht lange, bis er für *Thrillist, Discover Germany* und sogar *Lonely Planet* zu schreiben begann.

Mit dem Brexit beschloss Daniel, der damals schon seit über zehn Jahren in Berlin gelebt hatte, Deutschland nun endgültig zu seinem festen Wohnsitz und seinem neuen Zuhause zu machen. Als integrierter und jetzt auch offizieller Deutscher war es ihm wichtig, sich mit den wichtigsten Aspekten und Gebräuchen des deutschen Lebens vertraut zu machen, z. B. dem Bier. Obwohl Daniel damals bereits ein großer Bierfan war, wurde der Anspruch, ein Helles von einem Weizen unterscheiden zu können, zur Leidenschaft.

Daniel begann, die Bier-Erkundungsarbeit mit dem Reisen zu verbinden, und verbrachte seine Freizeit damit, Brauereien in ganz Deutschland zu besuchen. Er konzentrierte sich insbesondere auf Franken, wo er sich wie viele andere in die Stadt Bamberg verliebte. Kellerbiere, Dunkles und die ungefilterten Sorten ziehen ihn regelmäßig in diese Stadt zurück. Immer wieder wandert Daniel mit einem Krug in der Hand zwischen ländlichen Brauhäusern umher. Ein Buch über Bier und Wandern in Berlin zu schreiben, scheint daher das unvermeidliche Resultat seiner bisherigen Tätigkeiten.

Geboren und aufgewachsen in Deutschland, hat sich Yvonne Hartmann als Art Director, Brand-Expertin, Fotografin und Dozentin ebenfalls in der Musikbranche etabliert. Mit ihrer langjährigen Erfahrung in der Szene und Leidenschaft für visuelles Storytelling unterstützt sie Künstlerinnen und Künstler sowie Unternehmen bei der Entwicklung authentischer Brands und Kampagnen, die ihnen mit einem professionellen Look zu mehr Sichtbarkeit verhelfen.

Die Freude an Natur, Fotografie sowie einem guten Gläschen hat Yvonne von ihrem Großvater geerbt, der sowohl Gastwirt als auch begnadeter Hobbyfotograf und Wanderer war.

Seit jeher reisebegeistert, fühlt sich Yvonne sowohl in den Bergen als auch am Strand zu Hause und hat nach einem fünfjährigen Aufenthalt in Andalusien eine besondere Leidenschaft für den Süden Europas und lateinamerikanische Länder entwickelt. Fernweh und Neugier haben Yvonne um die ganze Welt und durch ihr Heimatland geführt – stets begleitet von ihrer Kamera, um Erinnerungen zu sammeln und das Erlebte mit der Welt zu teilen.

www.hiking-and-drinking.com
www.instagram.com/hiking_and_drinking
www.tiktok.com/@hikinganddrinking

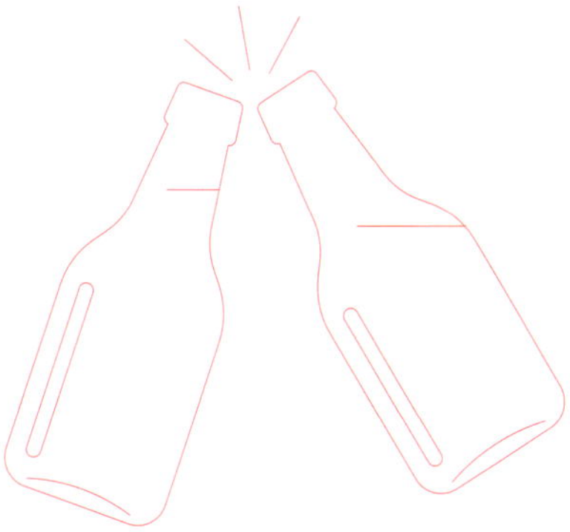

ÜBER DIESES BUCH

WANDERN IN BERLIN

In euren Händen haltet ihr mehr als nur einen weiteren Reiseführer für Berlin. Dieser Guide nimmt euch mit zu den schönsten Orten der Region, wo ihr Natur, Geschichte und das eine oder andere Bier genießen könnt. Solltet ihr in Berlin leben, entdeckt ihr mit diesem Buch vielleicht einige neue Plätzchen, die man als Berliner oder Berlinerin unbedingt kennen sollte. Nach einem Wandertag gibt es wohl keinen schöneren Abschluss, als bei einem frischen Bierchen zusammenzusitzen. Auch hierfür ist gesorgt: Das Ziel jeder Wanderung ist eine Brauerei oder ein Brauhaus, wo ihr euren Durst nach einer langen Expedition stillen könnt.

Berlin und sein Umland bieten eine abwechslungsreiche Landschaft aus weiten Wäldern, Seen und endlosen Feldern sowie einem urbanen und geschichtsträchtigen Stadtzentrum.

Dass es in der Region eine so große Vielfalt an Naturlandschaften gibt, sollte angesichts der Größe Berlins nicht überraschen. Durch die Ausdehnung der Stadt in den letzten Jahrhunderten verschwammen ihre Grenzen mehr und mehr mit der umliegenden Landschaft und ihren Dörfern. Ein Spaziergang in Berlin kann euch entlang der Havel in den Grunewald führen, über die Moorlandschaften in Lübars oder entlang des alten Berliner Mauerwegs, der durch und um das Zentrum herumführt.

Außerdem haben wir ausgewählte Wanderungen vor den Toren Berlins mit aufgenommen. Sie führen unter anderem durch die prächtige Schlossanlage von Sanssouci, den Naturpark Barnim im Norden der Stadt und rund um die Obsthöfe in Werder.

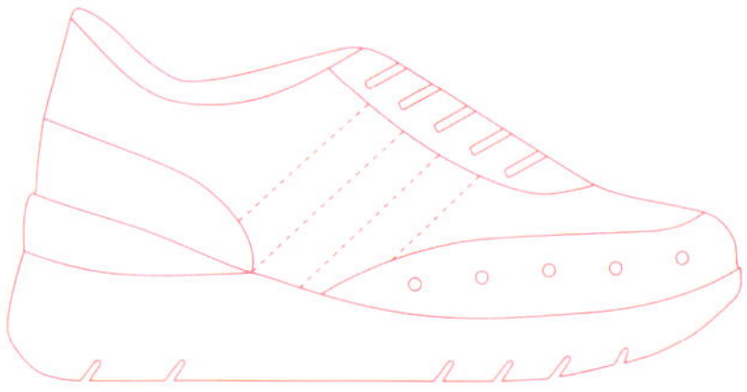

BERLINER BIERE

Ja, deutsche Bierkultur gibt es auch außerhalb Bayerns. Die Berliner Bierszene floriert dank einer blühenden kosmopolitischen Community und dank kreativer und experimentierfreudiger Finesse.

Berlin war schon immer eine Hochburg des Brauens. Im 19. Jahrhundert war die Stadt weltweit bekannt für Berliner Weiße, ein leicht säuerliches Bier, das oft als »Champagner des Nordens« bezeichnet wurde. Brauereien wie Schultheiß und Berliner Kindl haben mehrere kolossale Fabriken in der ganzen Stadt. Aber Berlin sollte niemals nur Pilsner in Massenproduktion herstellen. Der Drang einer neuen Generation nach Unabhängigkeit und Kreativität brachte frischen Wind und Vielfalt in die Bierszene der Stadt.

Nach dem Fall der Berliner Mauer öffnete sich die Stadt für eine ganze Reihe neuer Kreativbranchen und zog Menschen aus aller Welt an. Die Menge an verfügbarem Freiraum und die niedrigen Lebenshaltungskosten ermöglichten es denjenigen, die nur den Funken einer Idee hatten, ihre Träume zu verwirklichen. Und es dauerte nicht lange, bis auch Craftbeer-Enthusiasten ihre Spuren in der Stadt hinterließen.

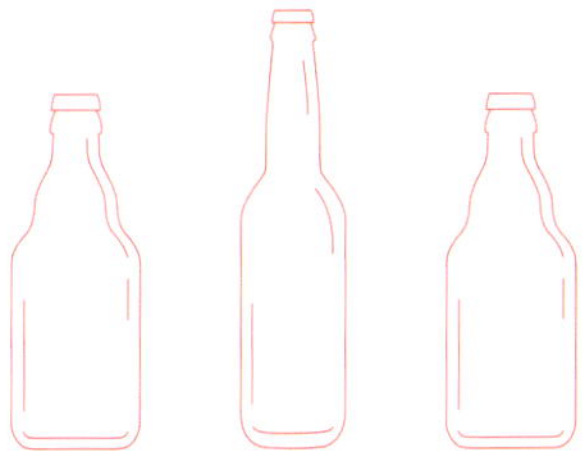

Die Bierkultur Berlins wurde dadurch zu einer Verkörperung dieses unabhängigen Geistes, indem lokale Brauer experimentierten und mit neuen Geschmacksrichtungen überraschten. Mit der Zuwanderung aus dem In- und Ausland stieg auch das Angebot an Brauereien und Biersorten, von den traditionellen, bekömmlichen Bieren von Hops & Barley bis hin zum vollmundigen Sortiment an IPAs aus den Fässern von Vagabund.

Mit so viel Angebot entwickelte sich Berlin rasant zur Bierhauptstadt Deutschlands, sodass wir leider nicht alle Brauereien in dieses Buch aufnehmen konnten. Da wir uns auf öffentlich zugängliche Brauereien und Schankstuben mit eigenem Markenauftritt konzentrieren, haben wir einige bemerkenswerte Bierhersteller nicht berücksichtigt, darunter manche unserer persönlichen Favoriten: Gorilla Craft Beer, Motel und natürlich Berlins Liebling, Rollberg. Auch ein paar unglaubliche Schankstuben der Stadt wollen wir hier nicht unerwähnt lassen, darunter Hopfenreich, Muted Horn, Manifest, Birra und Biererei.

2

WIE ES FUNKTIONIERT!

BIER ODER WANDERWEG AUSWÄHLEN

NAME DER WANDERUNG →

REGION →

NAME DES BIERS →

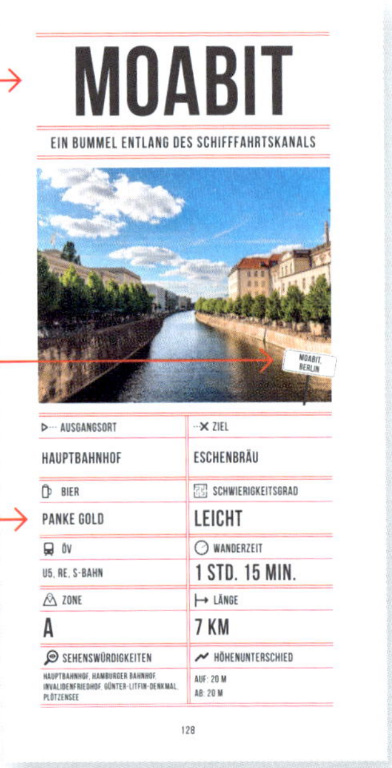

MOABIT

EIN BUMMEL ENTLANG DES SCHIFFFAHRTSKANALS

MOABIT, BERLIN

AUSGANGSORT	ZIEL
HAUPTBAHNHOF	ESCHENBRÄU
BIER	SCHWIERIGKEITSGRAD
PANKE GOLD	LEICHT
ÖV	WANDERZEIT
U5, RE, S-BAHN	1 STD. 15 MIN.
ZONE	LÄNGE
A	7 KM
SEHENSWÜRDIGKEITEN	HÖHENUNTERSCHIED
HAUPTBAHNHOF, HAMBURGER BAHNHOF, INVALIDENFRIEDHOF, GÜNTER-LITFIN-DENKMAL, PLÖTZENSEE	AUF: 20 M AB: 20 M

128

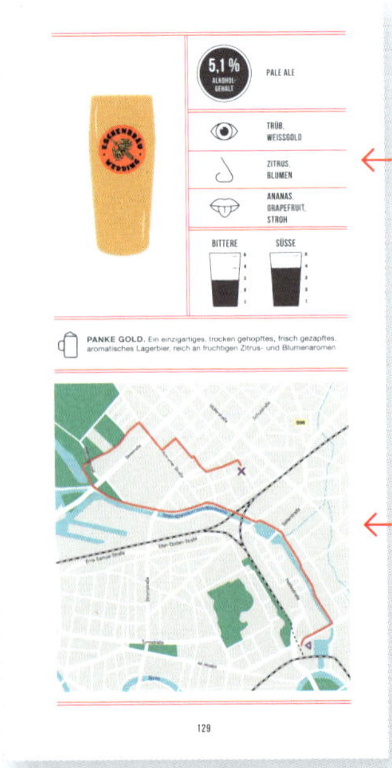

5,1 % ALKOHOLGEHALT

PALE ALE

TRÜB, WEISSGOLD

ZITRUS, BLUMEN

ANANAS, GRAPEFRUIT, STROH

BITTERE SÜSSE

PANKE GOLD. Ein einzigartiges, trocken gehopftes, frisch gezapftes, aromatisches Lagerbier, reich an fruchtigen Zitrus- und Blumenaromen

129

← ANGABEN ZUM BIER

← ANGABEN ZUR WANDERUNG

GEBRAUCHSANWEISUNG

Jede Tour beginnt an einer S- oder U-Bahn-Station und führt euch geradewegs zum Ziel, das immer eine Brauerei oder ein Sudhaus ist. Jedes Kapitel beschreibt die Route im Detail und verweist auf Sehenswürdigkeiten, die ihr auf dem Weg antreffen werdet.

Die Strecken reichen von kurzen Spaziergängen (2 Kilometer) bis zu langen Wanderungen (20 Kilometer). Viele der kürzeren Routen liegen im Stadtzentrum, wer aber gut zu Fuß ist, kann natürlich für ein längeres Abenteuer einige dieser Routen auch miteinander kombinieren. Zum Beispiel könnt ihr von Bräugier aus die Bernauer Straße hinunter zu The Circus Hostel, dann zu Marcus Bräu und weiter zu Leibhaftig laufen.

Der Rückweg von den Bierverkostungen sollte keine Herausforderung sein. Berlin hat ein ausgezeichnetes öffentliches Verkehrsnetz, und wenn ihr nicht den ganzen Weg, den ihr gekommen seid, zurückgehen möchtet, findet ihr an jedem Ziel eine Bus- oder Bahnverbindung, die euch zurück zu eurem Basecamp bringt.

STRECKEN- UND BIERBEWERTUNGEN

Meinungen und Geschmäcker sind bekanntlich verschieden, daher sind die Bewertungen und Skalas in diesem Buch völlig subjektiv. Da es sich hauptsächlich um Stadtwanderungen handelt, unterscheiden sich die Bewertungen von Reiseführern, die auf Wanderungen in Bergen oder wildem Gelände spezialisiert sind. Fun Fact: Berlin ist sehr, sehr flach. Deshalb basiert der Schwierigkeitsgrad einer Wanderung hauptsächlich auf der Länge einer Route und deren Wanderdauer.

Die gleiche Logik trifft auf die Bierbewertungen zu. Auf den folgenden Seiten haben wir eine reiche Auswahl an Bieren aufgeführt, von New England IPAs über Berliner Weiße bis hin zu Dunklen und mehr. Eure Erwartungen an den Geschmack dieser Biere können unter anderem davon abhängen, aus welchem Teil der Welt ihr uns besucht. Wir haben versucht, mit unseren Bewertungen und Beschreibungen so objektiv wie möglich zu sein. Ihr könnt euch aber gerne eure eigene Meinung bilden!

VOR BEGINN DER WANDERUNG

AUSRÜSTUNG ÜBERPRÜFEN

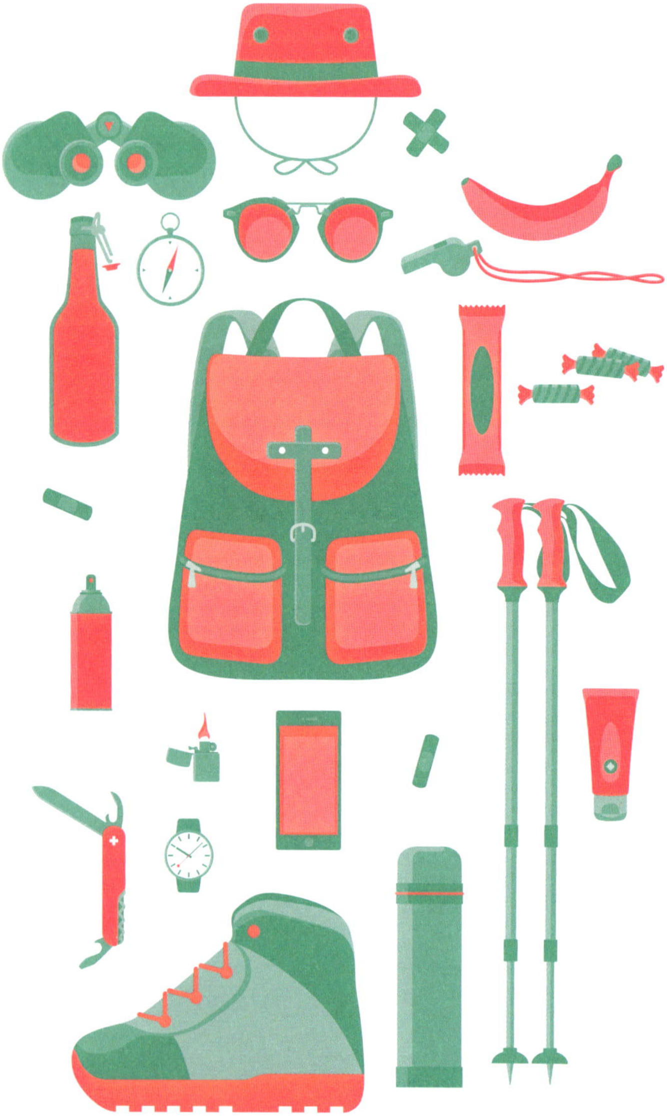

AUSRÜSTUNG/KLEIDUNG

Die in diesem Buch behandelten Wandergebiete bewegen sich zwischen städtischen und ländlichen Gegenden, daher ist es für die Vorbereitung wichtig, zuerst den Streckenverlauf zu prüfen. Auf den Wanderungen in der Innenstadt zum Beispiel findet ihr bei Regen leicht Schutz und könnt im Supermarkt schnell euren Wasservorrat auffüllen. Auf den ländlichen Strecken kann das etwas anders aussehen. Da das Wetter in Berlin das ganze Jahr über stark schwanken kann, solltet ihr zu jeder Jahreszeit gut vorbereitet sein.

- Nehmt diesen Wanderführer immer mit, damit ihr stets den richtigen Weg findet.
- Nehmt ein Smartphone und/oder einen Stadtplan auf eure Wanderungen mit.
- Nehmt immer genügend Wasser, Snacks und natürlich eure Kamera mit, damit ihr die Erinnerungen festhalten könnt.
- In vielen Einrichtungen Berlins wird Kartenzahlung immer noch sehr ungern akzeptiert, also habt immer genügend Bargeld dabei.
- Außerhalb der Stadt in Zone C und in einigen Gebieten der Zone B solltet ihr auf die Natur vorbereitet sein. Wenn ihr durch Wälder wandert, sind feste Schuhe, viel Wasser und Insektenspray ratsam.
- Vergesst in den Frühlings- und Sommermonaten nicht, Sonnencreme, einen Hut und eine Sonnenbrille einzupacken.
- Bei Bedarf tragt in den Herbst- und Wintermonaten Thermokleidung mit vielen zusätzlichen Schichten, eine Mütze und Schuhe, die Regen, Schnee und Eis standhalten.
- Entlang vieler der Routen gibt es Badestellen. Bringt hier also ein Handtuch und Badekleidung mit (oder auch nicht, wir sind schließlich in Deutschland).
- In Berlin kann es jederzeit Niederschlag geben. Bringt also zu jeder Jahreszeit regenfeste Ausrüstung mit und stellt sicher, dass auch euer Proviant und Kameras vor Regen geschützt sind.
- Wenn ihr öffentliche Verkehrsmittel benutzt, benötigt ihr immer ein Ticket.

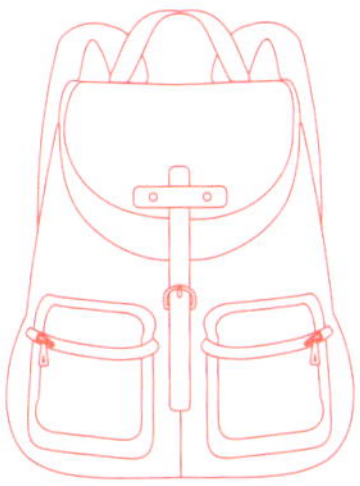

WETTER

Das Wetterspektrum in Berlin erstreckt sich von einem Extrem zum anderen. In den Sommermonaten liegen die Temperaturen im Durchschnitt zwischen 20 und 30 Grad Celsius, können aber auch bis auf über 35 Grad ansteigen. Die Winter können extrem kalt sein und unter null fallen, wobei die Extreme bis zu -10 Grad Celsius und sogar darunter reichen. In den ersten Monaten des Jahres ist auch mit viel Schnee, Eis und rauen Winden zu rechnen. Egal zu welcher Jahreszeit, mit Niederschlag sollte immer gerechnet werden.

ANREISE

Alle im Buch aufgeführten Abenteuer sind leicht zugänglich. Sämtliche Ausgangspunkte liegen im ABC-Bereich Berlins und auf dem Verkehrsnetz der Berliner Verkehrsbetriebe BVG. Das heißt, auch die im Buch aufgeführten Ausgangspunkte und Brauereien außerhalb der Stadt (wie beispielsweise in Potsdam und Bernau) sind mit einem normalen ABC-Ticket erreichbar.

Wir empfehlen die Tickets online oder über die App zu kaufen. AB-Tickets gelten nur für innerstädtische Fahrten, während C-Zonen-Tickets für Fahrten nach Brandenburg benötigt werden. Überprüft immer den Stadtplan, um sicherzustellen, dass ihr das richtige Ticket wählt.

Tickets können in Bussen und Straßenbahnen gekauft werden, müssen hier allerdings bar bezahlt werden, habt also stets etwas Bargeld dabei. Checkt immer die Bus- und Bahnfahrpläne, bevor ihr euch auf den Weg macht.

STRASSENSCHILDER

Auf euren Reisen durch die Stadt werdet ihr eine Vielzahl von verschiedenfarbigen Wegweisern sehen, die helfen, euch zurechtzufinden.

Die meisten davon sind kleine, nummerierte, blaue Rechtecke auf weißem Hintergrund. Diese beziehen sich auf spezielle, mit der Region um Berlin verbundene Fernwanderwege und werden an entsprechender Stelle in den folgenden Kapiteln genannt.

Die größeren weißen Schilder mit grünem Text beziehen sich auf Fernradwege. Dies sind ausgewiesene nationale Fahrradrouten, auf die ebenfalls im gesamten Buch verwiesen wird.

INTERNETQUELLEN

Öffentliche Verkehrsmittel: www.bvg.de
Berliner Nachrichten und Updates: www.berlin.de
Touristeninformation Berlin: www.visitberlin.de

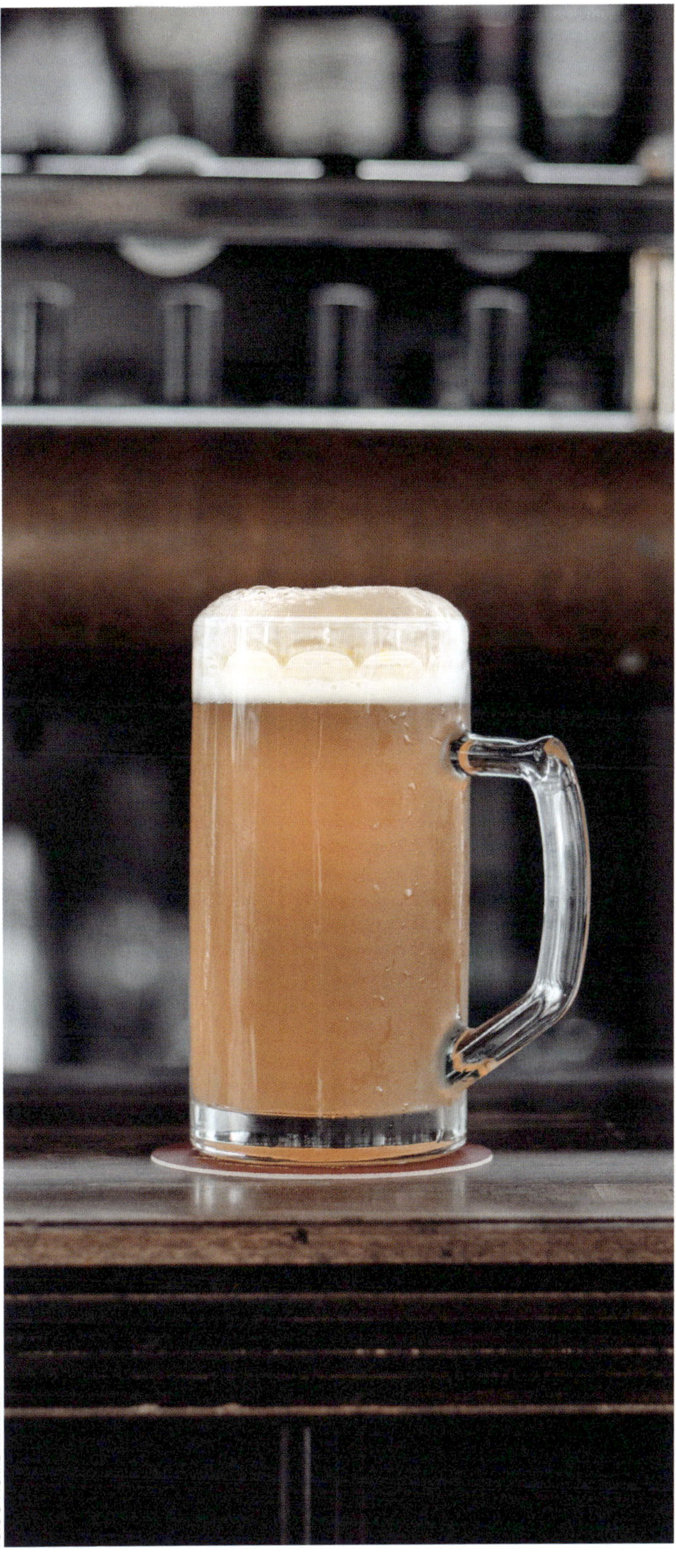

FOTO © YVONNE HARTMANN

3

KARTE & INDEX

KARTE

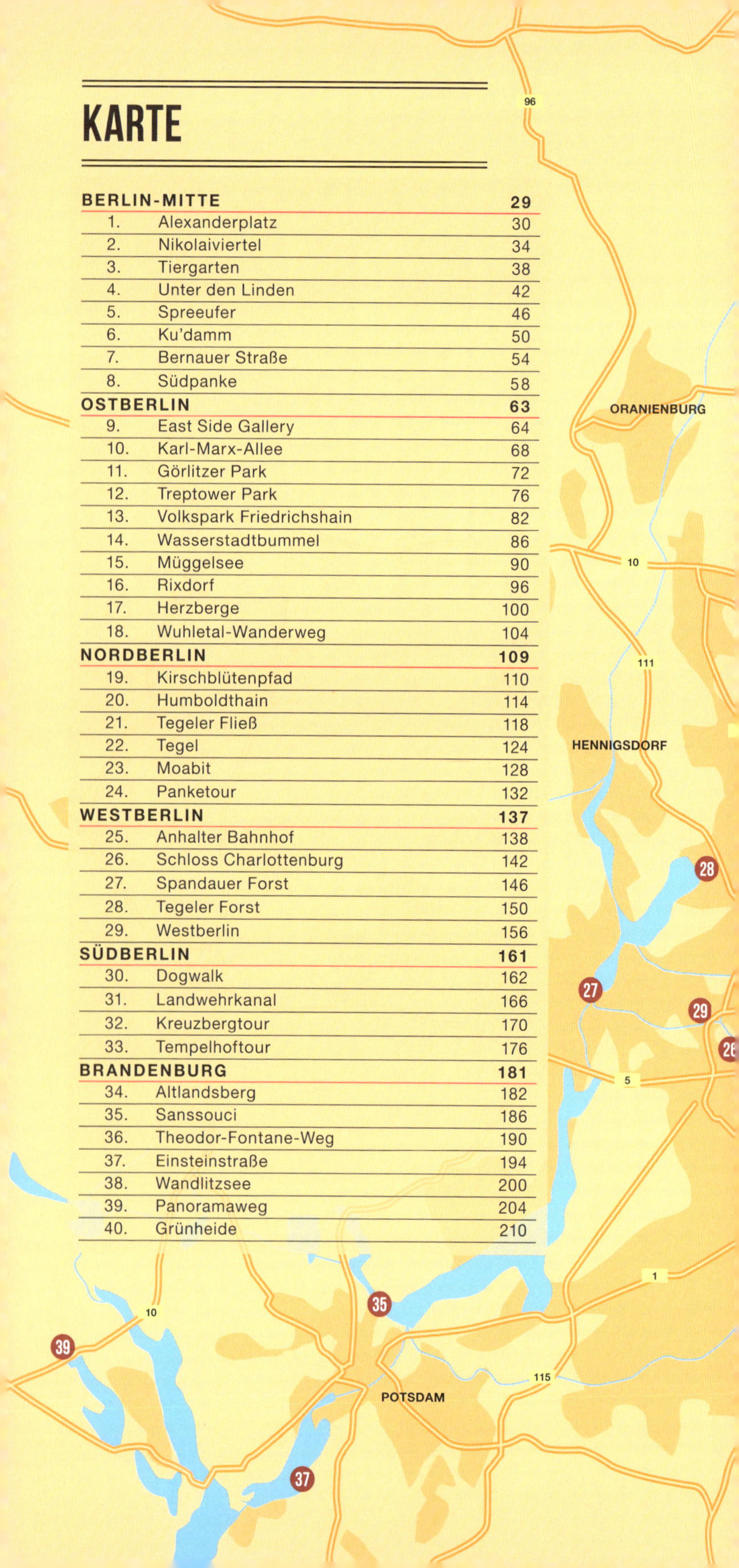

96
ORANIENBURG
10
111
HENNIGSDORF
28
27
29
5
1
35
10
39
115
POTSDAM
37

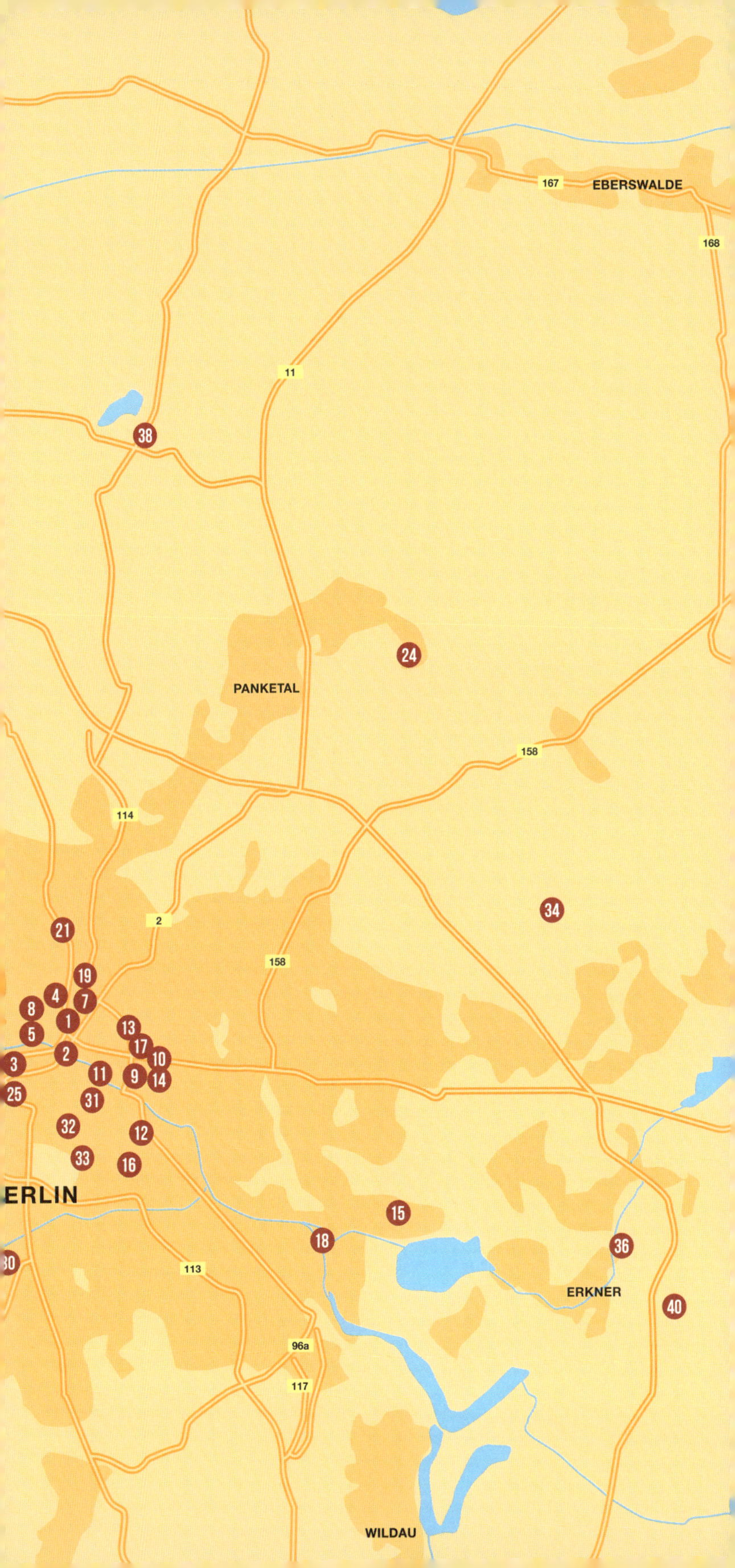

167
EBERSWALDE
168
11
38
24
PANKETAL
158
114
2
34
21
158
19
4
7
8
1
5
13
17
10
3
2
11
9
14
25
31
32
12
33
16
ERLIN
15
18
36
113
ERKNER
40
96a
117
WILDAU

INDEX DER WANDERUNGEN

NAME DER WANDERUNG	AUSGANGSORT	LÄNGE	KARTE
Alexanderplatz	Spittelmarkt U-Bahn	4,5 km	1
Altlandsberg	Neuenhagen S-Bahn	8,5 km	34
Anhalter Bahnhof	Hausvogteiplatz U-Bahn	5 km	25
Bernauer Straße	Eberswalder Straße U-Bahn	5 km	7
Dogwalk	Südkreuz S-Bahn	9 km	30
East Side Gallery	Ostbahnhof	2,5 km	9
Einsteinstraße	Potsdam Hauptbahnhof	13,5 km	37
Görlitzer Park	Treptower Park S-Bahn	3,3 km	11
Grünheide	Erkner S-Bahn	10,4 km (Hinweg)	40
Herzberge	Friedrichsfelde-Ost S-Bahn	12 km	17
Humboldthain	Voltastraße U-Bahn	4,7 km	20
Karl-Marx-Allee	Schillingstraße U-Bahn	3,5 km	10
Kirschblütenpfad	Schönholz S-Bahn	7,7 km	19
Kreuzbergtour	Platz der Luftbrücke U-Bahn	5 km	32
Ku'damm	Wittenbergplatz U-Bahn	3,4 km	6
Landwehrkanal	Hallesches Tor U-Bahn	4,9 km	31
Moabit	Hauptbahnhof	7 km	23
Müggelsee	Friedrichshagen S-Bahn	18,3 km	15
Nikolaiviertel	Museumsinsel U-Bahn	2,1 km	2
Panketour	Buch S-Bahn	14 km (Hinweg)	24
Panoramaweg	Bahnhof Werder (Havel)	15 km (Hinweg)	39
Rixdorf	Hermannplatz U-Bahn	5 km	16
Sanssouci	Bahnhof Potsdam Park Sanssouci	7,8 km	35
Schloss Charlottenburg	Jungfernheide U-Bahn	4,5 km	26
Südpanke	Wedding S-Bahn	5,7 km	8
Spandauer Forst	Hennigsdorf S-Bahn	15 km	27
Spreeufer	Bellevue S-Bahn	6,6 km	5
Tegel	Halemweg U-Bahn	9,2 km	22
Tegeler Fließ	Waidmannslust S-Bahn	16 km	21
Tegeler Forst	Heiligensee S-Bahn	13,7 km	28
Tempelhoftour	Südstern U-Bahn	3,2 km	33
Theodor-Fontane-Weg	Erkner S-Bahn	10 km	36
Tiergarten	Zoologischer Garten S-Bahn	4,2 km	3
Treptower Park	Treptower Park S-Bahn	7,5 km	12
Unter den Linden	Brandenburger Tor S-Bahn	4,3 km	4
Volkspark Friedrichshain	Senefelderplatz U-Bahn	7 km	13
Wandlitzsee	Bahnhof Wandlitzsee	10 km	38
Wasserstadtbummel	Treptower Park S-Bahn	6,3 km	14
Westberlin	Grunewald S-Bahn	11,5 km	29
Wuhletal-Wanderweg	Ahrensfelde S-Bahn	19 km	18

BRAUEREIEN & BIERE

BRAUEREI	BIER	SEITE
Berliner Marcus Bräu	Marcus Bräu Pils	30
SBB Altlandsberg	Altlandsberger Kupfer	182
BRLO BRWHOUSE	BRLO Pale Ale	138
Leibhaftig	Dunkel	54
BrewDog DogTap	Elvis Juice	162
Privatbrauerei Schalander	Schalander Pils	64
Forsthaus Templin	Potsdamer Stange	194
Heidenpeters	Pale Ale	72
Flügel's Hof	Flügelbräu Dunkel	210
Protokoll	Research Chemicals	100
Vagabund Brauerei Kesselhaus	Day Party	114
Hops & Barley	Friedrichshainer Pilsner	68
Bräugier BrewPub	Summer IPA	110
Brauhaus Südstern	Orang Utan Ale	170
Vaust	Vaust Dunkel	50
Schoppe Bräu Taproom im BKK	Sommermärchen	166
Eschenbräu	Panke Gold	128
Brau- & Genusswerkstatt Berlin-Friedrichshagen	Dolle Molle Kupfersamt	90
Brauhaus Georgbräu	Georgbräu Hell	34
Erste Bernauer Braugenossenschaft	Das Bernauer	132
Zum Rittmeister	Rittmeisters Schwarzbier	204
Rotbart	Rotbart Rotbier	96
Meierei im Neuen Garten	Meierei Rotbier	186
Lemke am Schloss	Lemke Weizen	142
The Castle	Berliner Hopscor Pale Ale	58
Brauhaus Spandau	Spandauer Havelbräu	146
Unverhopft Taproom	Unverhopft Raw	46
Schneeeule Salon für Berliner Bierkultur	Marlene	124
Two Fellas Brewery	California Common	118
Kubi's Point	Messing	150
Brauhaus Neulich	Neulich Original	176
Woltersdorfer Schleusenbrauerei	Woltersdorfer Dunkel	190
Lindenbräu am Potsdamer Platz	Hopfinger Berlin	38
Berliner Berg Brauerei	Berliner Weiße	76
The Circus Hostel Microbrewery	Amber Lager	42
Brauerei Flessa	Mandarina	82
Brauhaus Wandlitz	Wandlitzer Dunkel	200
Straßenbräu Taproom	Stralauer Pils	86
Fuerst Wiacek	After Party	156
Schlossplatzbrauerei Köpenick	Helles	104

4

DIE WANDERUNGEN

BERLIN-MITTE

ALEXANDERPLATZ

IM HERZEN BERLINS

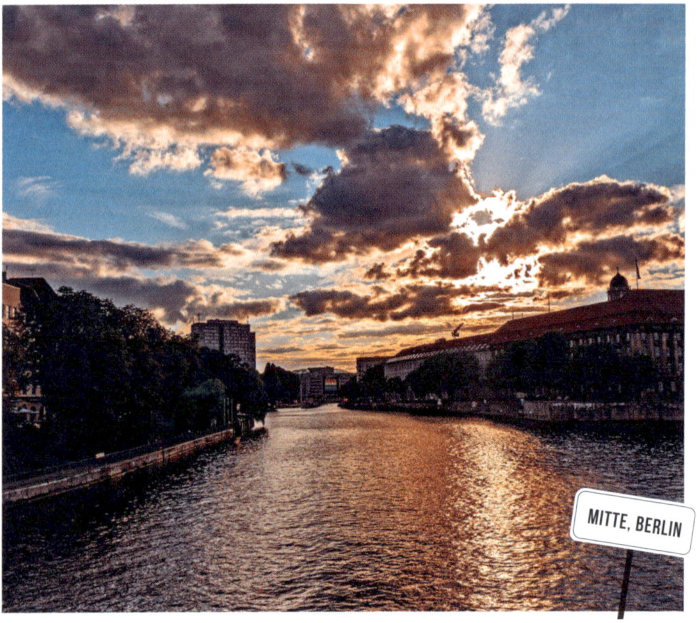

AUSGANGSORT	ZIEL
U-BAHNHOF SPITTELMARKT	BERLINER MARCUS BRÄU
BIER	**SCHWIERIGKEITSGRAD**
MARCUS BRÄU PILS	LEICHT
ÖV	**WANDERZEIT**
U2	45 MIN.
ZONE	**LÄNGE**
A	4,5 KM
SEHENSWÜRDIGKEITEN	**HÖHENUNTERSCHIED**
KÖLLNISCHER PARK, PAROCHIALKIRCHE, WELTZEITUHR	AUF: 10 M AB: 10 M

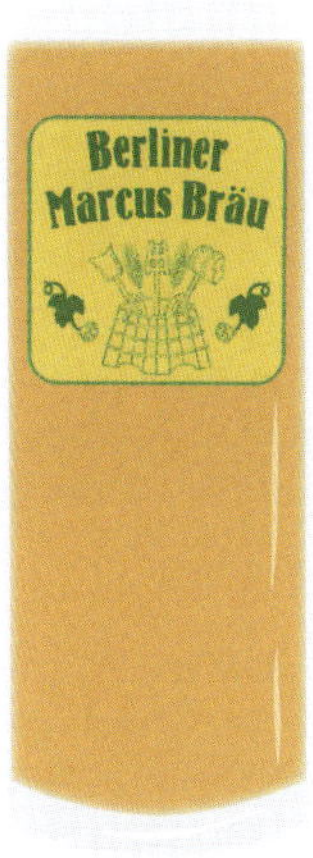

4,9 % ALKOHOL-GEHALT — PILSNER

TRÜB, ZITRONENGELB

SÜSS, BLUMIG, HOPFEN

HONIG, WÜRZIG, MALZIG

BITTERE | SÜSSE

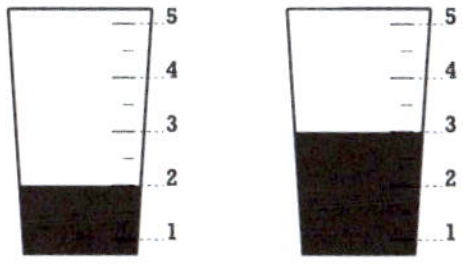

MARCUS BRÄU PILS. Weit entfernt von einem klassischen Pils hat dieses frische, trübe und leicht kohlensäurehaltige Bier eine breite Geschmackspalette, die euch angenehm überraschen und erfrischen wird.

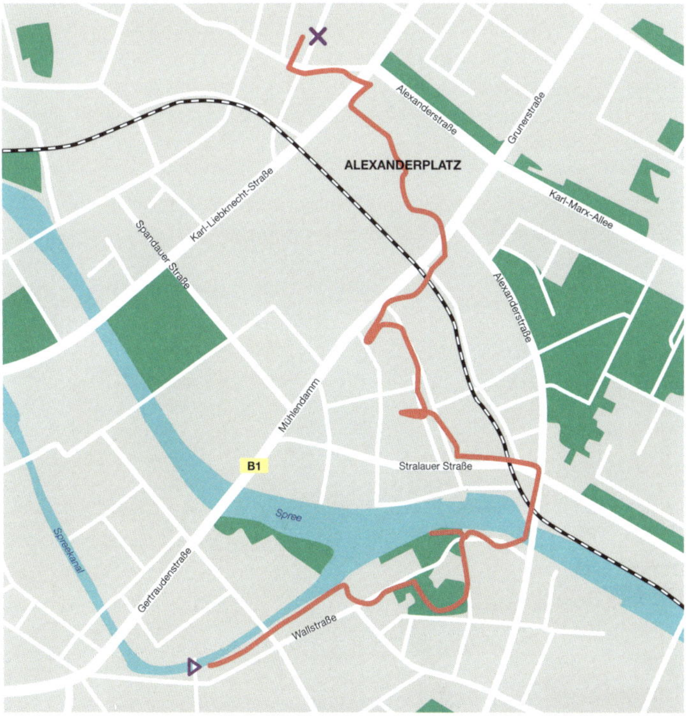

WEGBESCHREIBUNG

Am Märkischen Ufer liegt einer der ältesten Bezirke Berlins. Entlang des Ufers der Fischerinsel, die einst das Zentrum von Kölln (der ehemaligen Partnerstadt von Alt-Berlin) war, gibt es allerhand Relikte einer längst vergangenen Zeit zu sehen, darunter alte Passagierschiffe, Restaurants und Wohnhäuser. Daher endet dieser besondere Spaziergang in einem Restaurant, das in dieser schnell wachsenden Stadt aus einer anderen Zeit zu stammen scheint. Mit seinen traditionellen Gerichten und hausgemachten Bieren versetzt das Marcus Bräu euch zurück ins Berlin längst vergangener Tage.

Geht vom Spittelmarkt auf dem unbenannten Pfad an der Uferpromenade Richtung Osten an den antiken Segelschiffen vorbei, die entlang der historischen Hafenfront vertäut sind. Nach 500 Metern biegt ihr an der Inselbrücke rechts in die Inselstraße ab und geht dann auf der Wallstraße Richtung Osten zum Köllnischen Park. Neben dem Märkischen Museum, das Relikte der Vergangenheit Berlins ausstellt, gibt es hier einen Bärenzwinger, in dem – ob ihr es glaubt oder nicht – bis 2015 noch echte Bären (das Berliner Wappentier) untergebracht waren.

Folgt weiter der Wallstraße, die in Märkisches Ufer übergeht. Überquert die Spree auf der Jannowitzbrücke in Richtung Norden. Hier reihen sich die Schiffe an der Schleuse aneinander und warten darauf, diese passieren zu können. Biegt links in die Stralauer Straße und nach 250 Metern rechts in die Waisenstraße ein. Zu eurer Rechten seht ihr einige der wenigen erhaltenen Überreste der jahrhundertealten Berliner Stadtmauer. Nach 150 Metern auf der Waisenstraße stoßt ihr auf die 300 Jahre alte Pfarrkirche.

Unsere »Checkliste alter Berliner Relikte« hört hier allerdings nicht auf. Zu eurer Rechten befindet sich Berlins ältestes Restaurant, Zur Letzten

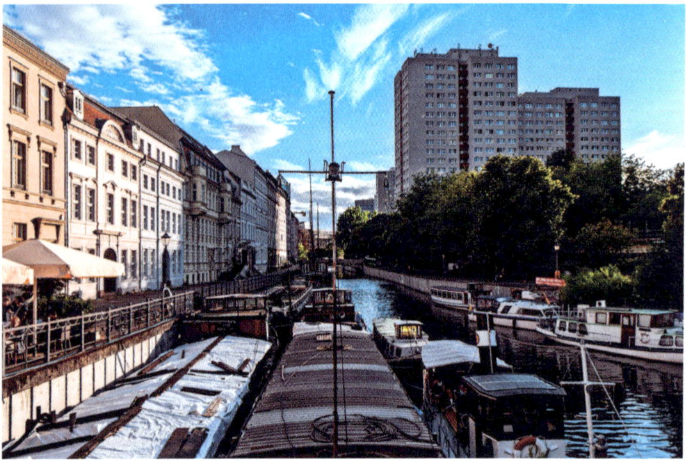

Instanz, dessen Geschichte bis in das Jahr 1621 zurückreicht. Das feine Lokal mit seinen großartigen traditionellen Gerichten ist immer einen Besuch wert.

Am Restaurant vorbei biegt ihr rechts in die Littenstraße ab und geht Richtung Norden bis Grunerstraße. Überquert die Grunerstraße und geht weiter geradewegs zum belebten Alexanderplatz, der im Schatten des berühmten Fernsehturms liegt. Geht Richtung Nordwesten, an der Weltzeituhr vorbei, überquert die Schienen der Tram und biegt nach 350 Metern rechts in die Karl-Liebknecht-Straße ab. Nach 100 Metern auf der Karl-Liebknecht-Straße geht ihr an der Ampel auf der Memhardstraße Richtung Westen. Schon bald seht ihr das Craftbeer-Schild vor der Brauerei Marcus Bräu gleich an der Ecke Rosa-Luxemburg-Straße/Münzstraße.

ÜBER BERLINER MARCUS BRÄU

Das Marcus Bräu ist eine Insel in einem Meer aus gentrifizierten Ladenfronten und allgegenwärtigen Marken. Während das Stadtzentrum mit internationalen Outlets immer mehr zur Ware wird, bewahrt dieses traditionelle, aber einfache Restaurant der alten Schule eine klassische, authentisch deutsche Atmosphäre. Beim Betreten des unauffälligen, mittelgroßen Lokals empfangen euch Biertanks hinter der Bar und klassische, dekorativ über den Esstischen aufgereihte Bierkrüge. In Bezug auf das Essen werdet ihr in diesem Stadtteil kaum gute deutsche Klassiker wie Schnitzel und Schweinshaxe zu einem besseren Preis finden. Auch das Bier ist frisch und durstige Trinker können Pilsner, Dunkles oder Rotbier auch als Maß bestellen.

ADRESSE

Berliner Marcus Bräu
Münzstraße 1–3
10178 Berlin
+ 49 30 2476985
www.volkskochtopf.de

Fotos © Daniel Cole

NIKOLAIVIERTEL

IM ÄLTESTEN VIERTEL BERLINS

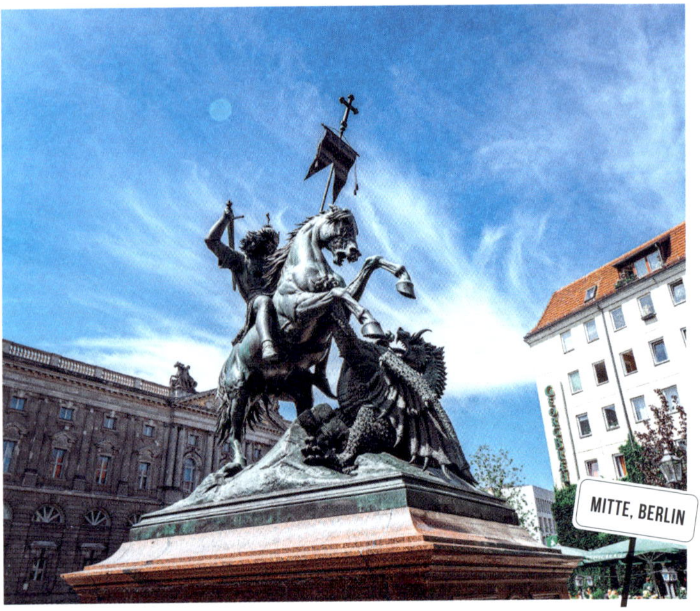

AUSGANGSORT	ZIEL
U-BAHNHOF MUSEUMSINSEL	BRAUHAUS GEORGBRÄU
BIER	**SCHWIERIGKEITSGRAD**
GEORGBRÄU HELL	LEICHT
ÖV	**WANDERZEIT**
U5	30 MIN.
ZONE	**LÄNGE**
A	2,1 KM
SEHENSWÜRDIGKEITEN	**HÖHENUNTERSCHIED**
JUNGFERNBRÜCKE, NIKOLAIKIRCHE, STATUE DER HEILIGEN GERTRUD, KNOBLAUCHHAUS, STATUE DES HEILIGEN GEORG	AUF: 10 M AB: 10 M

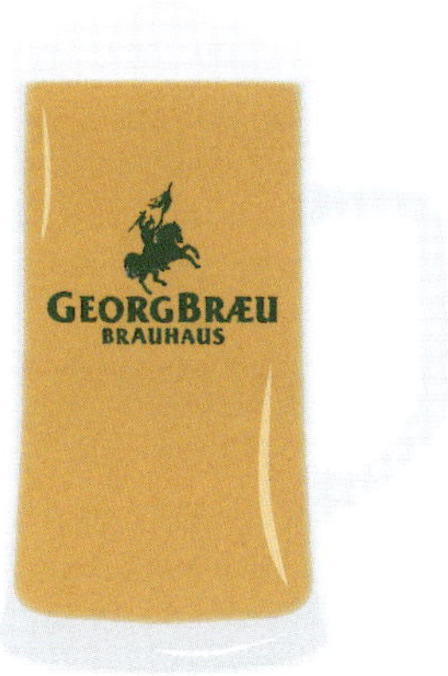

5,0 % ALKOHOL-GEHALT — HELLES

BERNSTEIN

MALZIG, HERB

KRÄUTER, TROCKENFRÜCHTE, KARAMELL

BITTERE

SÜSSE

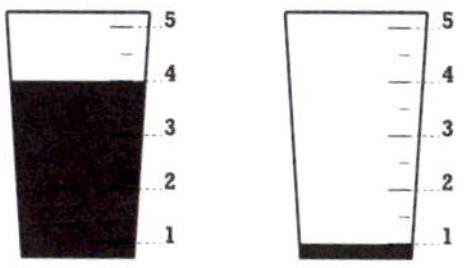

GEORGBRÄU HELL. Ein mittelkräftiges, bitteres und malziges Helles, typisch für Berlin.

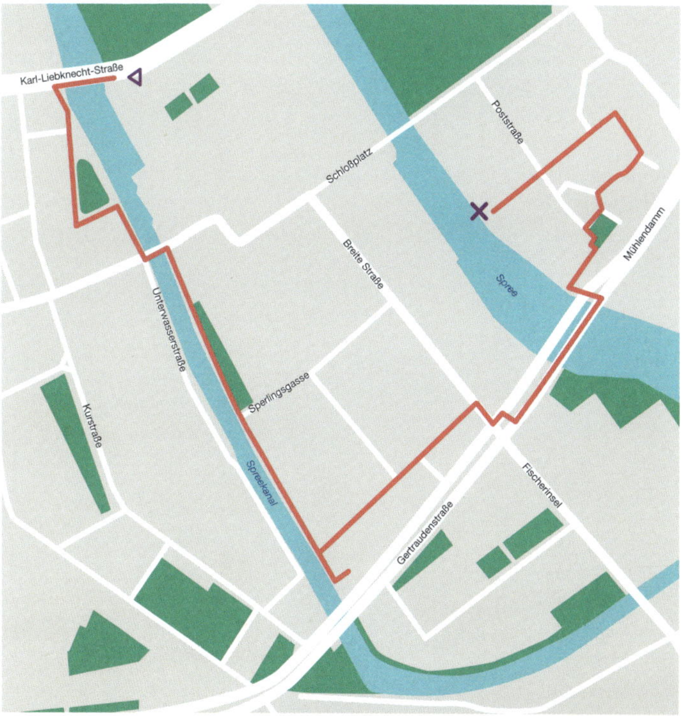

WEGBESCHREIBUNG

Mitten in der geschäftigen Großstadt Berlin verbirgt sich hinter einer unscheinbaren Fassade ein kleines Stück Geschichte. Neben dem Roten Rathaus liegt ein Überbleibsel aus einer längst vergangenen Zeit: Das Nikolaiviertel, das auf das Jahr 1200 zurückgeht, ist der älteste Teil der Stadt, mit winzigen gepflasterten Straßen, malerischen Cafés, Restaurants und einem prächtigen Dom. Obwohl der größte Teil des Viertels nach dem Krieg wieder aufgebaut wurde, hat es sich den Charme und den Charakter eines alten, mittelalterlichen Vorortes bewahrt.

Verlasst die Museumsinsel über die Schlossbrücke und folgt dem Kupfergraben in Richtung Süden parallel zur Straße Schinkelplatz. Überquert den Kanal über die Schleusenbrücke und folgt Friedrichsgracht 400 Meter in südliche Richtung. Auf diesem Weg kommt ihr an einem alten sowjetischen Mosaik von Walter Womacka aus dem Jahr 1968 vorbei und erreicht schließlich die Jungfernbrücke, die älteste erhaltene Brücke Berlins.

Geht weiter auf Friedrichsgracht, an deren Ende euch die Statue der Heiligen Gertrud, der Schutzpatronin der Reisenden und Pilger, begrüßt. Biegt links ab auf die Kleine Gertraudenstraße, folgt ihr für 700 Meter und überquert dabei die Spree über die Alte Gertraudenbrücke, bis ihr vor dem aus dem 18. Jahrhundert stammenden Ephraim-Palais steht, das heute Stadtmuseum für Geschichte und Kultur ist. Folgt den Stufen direkt vor dem Palais hinunter in die Altstadt, haltet euch links auf der Poststraße, die euch zur Nikolaikirche, der ältesten Kirche Berlins, führt.

Hier in der Altstadt findet ihr viele klassizistische und barocke Gebäude und Museen, die legendären Persönlichkeiten aus der Geschichte Berlins gewidmet sind, darunter das Knoblauchhaus, benannt nach der

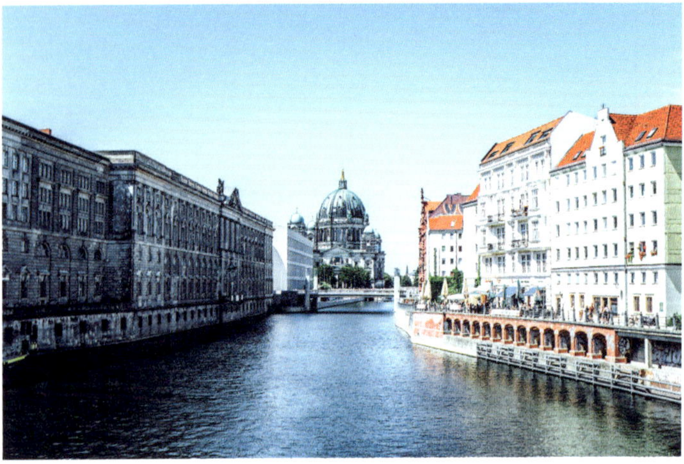

wohlhabenden Kaufmannsfamilie Knoblauch und eines der am besten erhaltenen Gebäude der Stadt. Wenn ihr die Nikolaikirche gegen den Uhrzeigersinn umrundet, kommt ihr auf der Propststraße direkt zum Fluss und zur Statue des Heiligen Georg und des Drachens. Hier befindet sich auch die Brauerei Georgbräu.

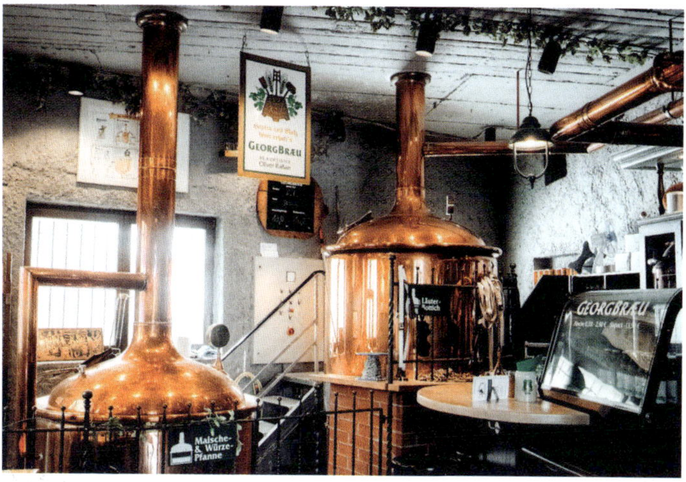

ÜBER GEORGBRÄU

Das Georgbräu ist ein traditionelles deutsches und sehr großes Restaurant, das in den Sommermonaten viele Sitzplätze am Spreeufer bietet. Die Innenräume sind mit langen, rustikalen Holztischen ausgestattet und über der Bar verlaufen Kupferrohre, die das selbst gebraute Bier in die Zapfhähne pumpen. Das Essen besteht aus klassisch deutschen Mahlzeiten wie Schnitzel, Schweinshaxe und Fischgerichten, alles zu sehr erschwinglichen Preisen im Vergleich zu anderen Restaurants im Zentrum. Das Ambiente und die Atmosphäre passen zu dem klassischen Viertel und der Service ist tadellos. Die Brauerei bietet das ganze Jahr über Helles, Dunkles und Bock an. Oft kann man bei einem Besuch sogar dabei zusehen, wie die Biere frisch gebraut werden.

ADRESSE

Brauhaus Georgbräu
Spreeufer 4
10178 Berlin
+ 49 30 2424244
www.georgbraeu.de

Fotos © Yvonne Hartmann

TIERGARTEN

EINE GRÜNE OASE MIT BERLINER WAHRZEICHEN

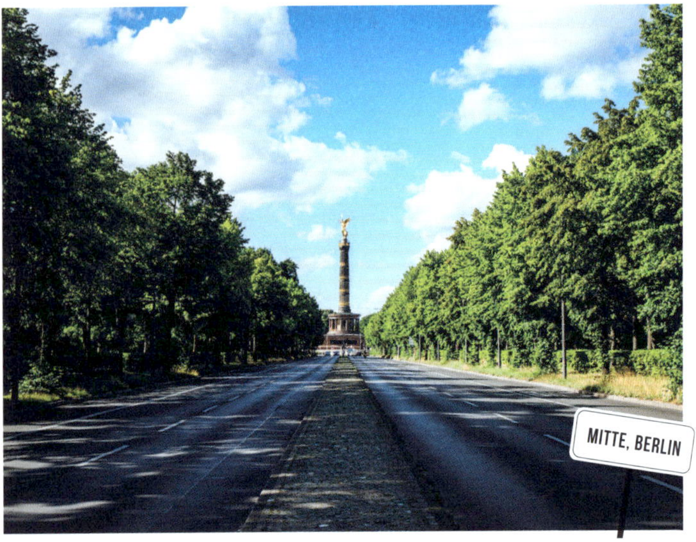

AUSGANGSORT	ZIEL
U-BAHNHOF ZOOLOGISCHER GARTEN	LINDENBRÄU AM POTSDAMER PLATZ
BIER	**SCHWIERIGKEITSGRAD**
HOPFINGER BERLIN	LEICHT
ÖV	**WANDERZEIT**
U2, U3, U9	1 STD.
ZONE	**LÄNGE**
A	4,2 KM
SEHENSWÜRDIGKEITEN	**HÖHENUNTERSCHIED**
ZOOLOGISCHER GARTEN, TIERGARTEN, NEUER SEE, SIEGESSÄULE, BERLINER PHILHARMONIE, SONY CENTER	AUF: 10 M AB: 10 M

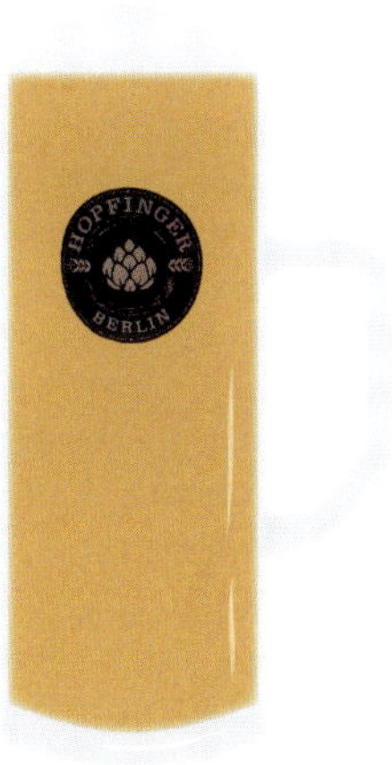

5,2 % ALKOHOL-GEHALT	HELLES
	GOLD, LEICHT TRÜB
	WÜRZIG, HEFE
	HOPFENAROMATISCH, FRUCHTIG, WÜRZIG

BITTERE SÜSSE

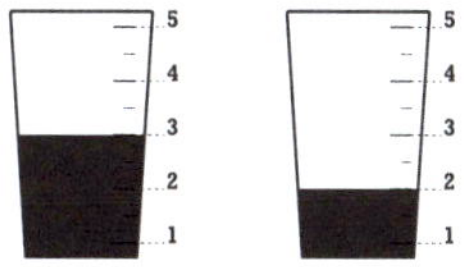

HOPFINGER BERLIN. Leicht würzig, aber dennoch vollmundig und etwas bitter mit Kräuternoten sowie Weizen- und Zitronenaromen.

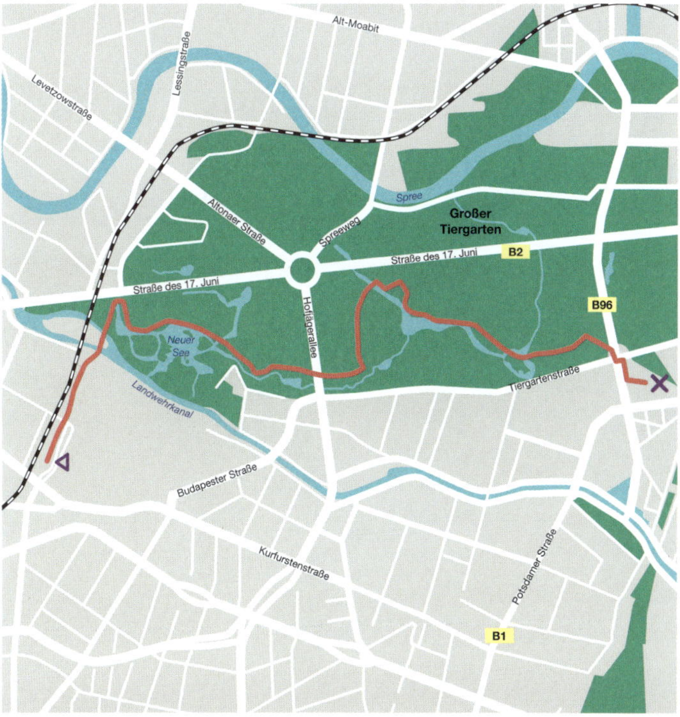

WEGBESCHREIBUNG

Der Tiergarten ist eine grüne Oase im Stadtzentrum und ein Zufluchtsort vor dem alltäglichen, das Zentrum verschlingenden Tumult. Mit den Gärten, Feldern und natürlichen Wasserläufen, die sich vom Zoologischen Garten bis zum Brandenburger Tor erstrecken, ist das ehemalige Jagdrevier ein buchstäblicher Hauch frischer Luft. An seinen Flanken befinden sich einige der wichtigsten Wahrzeichen Berlins. Die Wanderung selbst dauert nur ungefähr eine Stunde, aber man könnte leicht auch einen ganzen Nachmittag mit Tagträumereien in diesem Heiligtum der Natur verbringen.

Verlasst den Bahnhof Zoologischer Garten auf der Zooseite, biegt links ab und geht auf dem Gehweg zwischen Bahnschienen und Zoo Richtung Norden. Am Zoo vorbei, überquert ihr den Kanal am Schleusenkrug, ein Restaurant mit wunderschönem Biergarten und Blick auf das Wasser, über die Untere Freiarchenbrücke. Folgt dem Weg Richtung Norden weiter in den Tiergarten hinein und geht dabei vorbei an antiken Gaslaternen, die seit über einem Jahrhundert erhalten sind.

An der Straße des 17. Juni biegt rechts und gleich wieder rechts ab und folgt dem Uferweg am Großen Weg, der sich als Kurve am Neuen See entlangschlängelt. Vorbei an Touristen, die sich in Ruderbooten auf dem Wasser treiben lassen, geht ihr noch ca. einen Kilometer weiter, bis ihr die Hofjägerallee erreicht.

Achtet beim Überqueren der Hofjägerallee auf die von weit her sichtbare Siegessäule, die sich im Zentrum der Stadt erhebt. Folgt dem Großen Weg noch ein Stück weiter, biegt bei der nächsten Gelegenheit links ab und folgt diesem Pfad für 400 Meter. Nachdem ihr das Tiergartengewässer überquert habt, biegt rechts und dann links ab und folgt dem Weg in

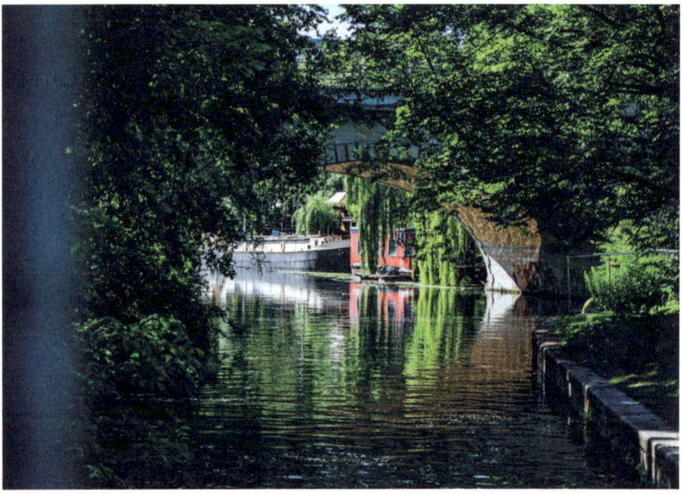

den Rosengarten, den farbenfrohsten und symbolträchtigsten Platz des Parks. Nachdem ihr eure Nase in jede einzelne Blüte gesteckt habt, verlasst ihr den Garten durch den Eingang an der Südseite und folgt dem Uferweg für ca. 500 Meter bis zur Brücke, die euch auf die Luiseninsel führt. Mit etwas Glück könnt ihr hier die Schildkröten beobachten, die sich in den hiesigen Gewässern häuslich eingerichtet haben.

Auf der Insel geht es links um die Gärten herum und dann dem Ahornsteig folgend von der Insel herunter bis zu einer Abzweigung nach rechts, die wieder hinaus in das städtische Treiben führt. An der Kreuzung überquert ihr die Tiergartenstraße und geht auf der Ben-Gurion-Straße in südliche Richtung vorbei an der eleganten Berliner Philharmonie.

Biegt nach ein paar hundert Metern links ab und betretet das Sony Center, ein hochmodernes Einkaufszentrum mit beeindruckender Beleuchtung, einzigartigen Dachkonstruktionen und natürlich der Brauerei Lindenbräu.

ÜBER LINDENBRÄU

Wer sich nach gemütlichem Ambiente und bayerischem Charme sehnt, ist im zentral gelegenen Lindenbräu am Potsdamer Platz genau richtig. Unter dem modernen Stahldach des Sony Centers befindet sich ein traditionelles Restaurant mit Bar, das die urbane Umgebung mit bayerischem Flair erfüllt. Mit seinem rustikalen Interieur aus Holz ähnelt das Restaurant einem alpinen Berggasthaus. Die Bierlobby gleich hinter dem Eingang ist um die ehemaligen Kupferkessel der Brauerei herum angeordnet, Relikte aus der Zeit, als das Restaurant noch vor Ort braute. Auf der Speisekarte finden sich köstliche, traditionell gekochte deutsche und österreichische Gerichte. Passend zur deftigen Kost gibt es auch eine Bierkarte, auf der sich das ganze Jahr über ungefiltertes Bio-, rotes Zwickel- und traditionelles Weizenbier von Hopfinger Berlin finden.

ADRESSE

Lindenbräu am Potsdamer Platz
Bellevuestraße 3–5
10785 Berlin
+49 30 25751280
restaurant@lindenbraeu-berlin.de
www.bier-genuss.berlin

Fotos © Yvonne Hartmann

UNTER DEN LINDEN

DIE BESTE BIERTOUR IM ZENTRUM BERLINS

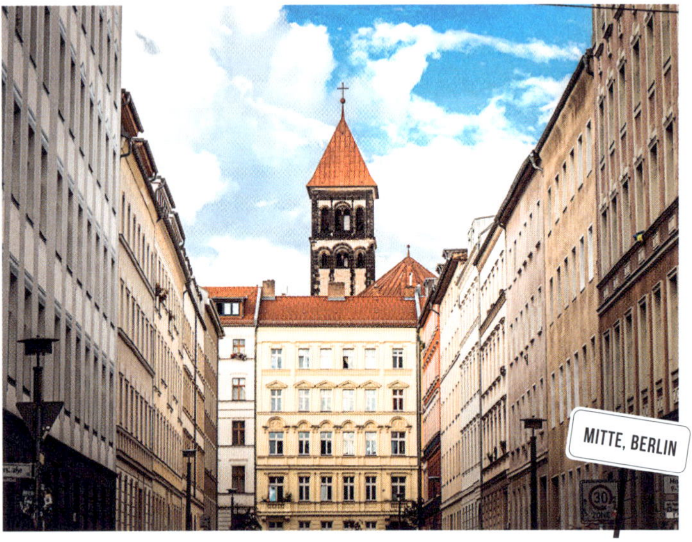

AUSGANGSORT	ZIEL
S-BAHNHOF BRANDENBURGER TOR	THE CIRCUS HOSTEL MICRO-BREWERY
BIER	SCHWIERIGKEITSGRAD
AMBER LAGER	LEICHT
ÖV	WANDERZEIT
S1, S2, S25, S25, U5	1 STD. 15 MIN.
ZONE	LÄNGE
A	4,3 KM
SEHENSWÜRDIGKEITEN	HÖHENUNTERSCHIED
BRANDENBURGER TOR, HUMBOLDT-UNIVERSITÄT, ALTE NATIONALGALERIE	AUF: 10 M AB: 0 M

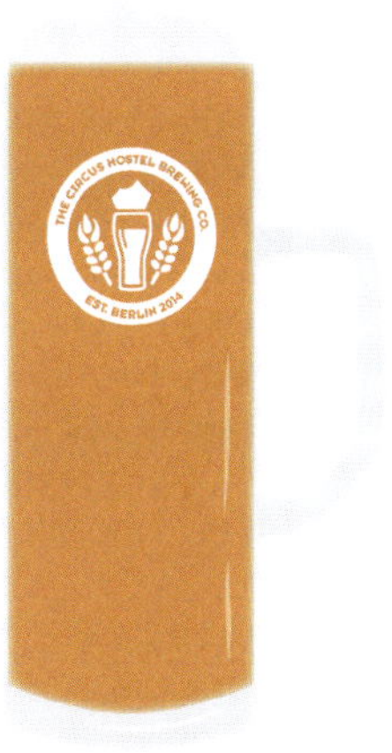

4,9 % ALKOHOL-GEHALT

LAGER

DUNKEL, BERNSTEIN

TROCKENFRÜCHTE, WEIZEN

TROCKENFRÜCHTE, WEIZEN

BITTERE SÜSSE

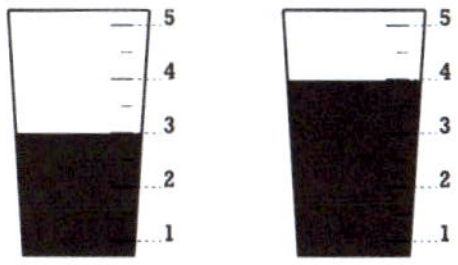

AMBER LAGER. Dieses süß-karamellige, malzige Lagerbier mit fruchtigem Aroma zeichnet sich durch seine reichhaltige und glatte Gesamttextur aus.

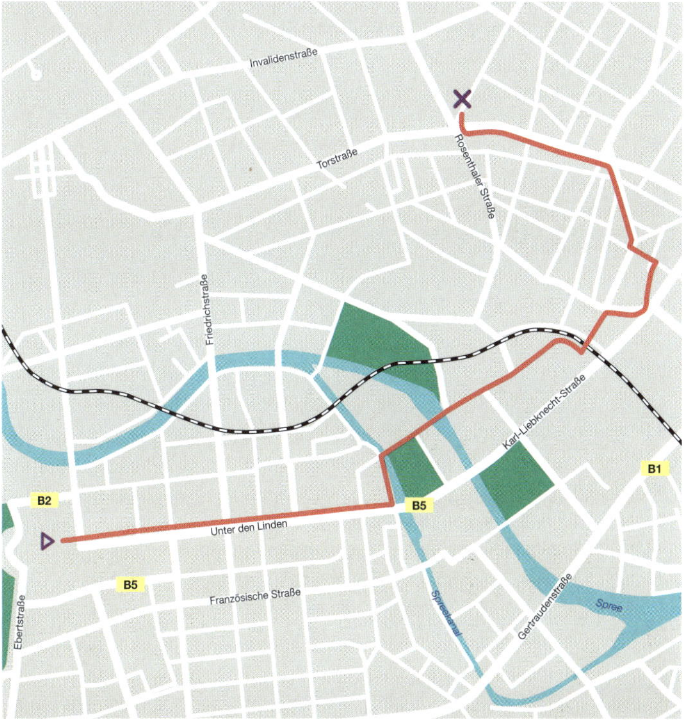

WEGBESCHREIBUNG

In Berlin gibt es keinen kultigeren Ort als das Brandenburger Tor. Dieses nationale Wahrzeichen, das für die Wiedervereinigung Deutschlands steht, liegt am Tiergarten auf dem üppigen Boulevard Unter den Linden. Diese Straße aus dem 16. Jahrhundert beherbergt weitere wichtige Wahrzeichen der Stadt, wie den Berliner Dom, die Staatsoper und die Museumsinsel, und ist der Inbegriff des klassischen Berlins. Sie führt euch von den neoklassizistischen Fassaden des Pariser Platzes bis zu den ostdeutschen Designs des Alexanderplatzes. Dieser sorgfältig geplante Spaziergang führt euch auch zu den besten Brauereien und Schankhäusern der Innenstadt.

Beginnt am Brandenburger Tor und geht auf der Straße Unter den Linden vorbei an der Humboldt-Universität einen Kilometer Richtung Osten. Biegt kurz nach dem Deutschen Historischen Museum links auf Am Zeughaus ab und folgt dem Wasser des Kupfergrabens Richtung Norden. Überquert die Eiserne Brücke vor der James-Simon-Galerie, die euch auf die Museumsinsel bringt. Geht Richtung Osten unter den Kolonnaden vor der Alten Nationalgalerie hindurch und über die romantische Friedrichsbrücke mit Blick auf den Berliner Dom.

Folgt der Anna-Louisa-Karsch-Straße, die in die Rochstraße übergeht, für 500 Meter in östliche Richtung, bevor ihr kurz vor der Bahnunterführung rechts auf den Fußweg abbiegt. Dieser kleine Abstecher endet nach 100 Metern bei der Brauerei Lemke. Ein kleines Päuschen, bevor es weitergeht, lohnt sich.

Von der Brauerei Lemke überquert ihr die Dirckenstraße und geht auf der Rosa-Luxemburg-Straße für 500 Meter Richtung Norden. Am Marcus Bräu zu eurer Linken vorbei, spaziert ihr dann auf der Memhardstraße für einige hundert Meter Richtung Osten, bevor ihr eine weitere beliebte Schankstube, das BraufactuM am Alexanderplatz erreicht.

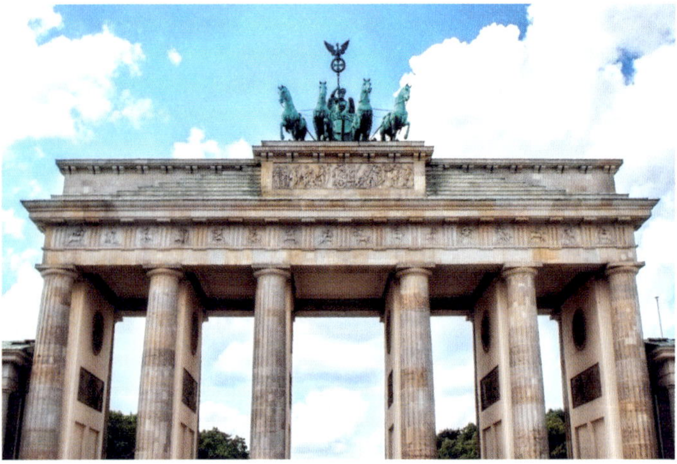

Von BraufactuM geht es weiter auf der Karl-Liebknecht-Straße 200 Meter Richtung Norden, am Hofbräu Wirtshaus auf der rechten Seite vorbei. Biegt dann links auf die Hirtenstraße ab und folgt dieser für 300 Meter in westliche Richtung, bevor ihr rechts auf die Almstadtstraße abbiegt und auf dieser weitere 300 Meter Richtung Norden weiterwandert. Biegt dann links auf die Rosa-Luxemburg-Straße ab. Kurz vor der Torstraße befindet sich die Bar Kaschk von BRLO.

Geht auf der Torstraße 600 Meter Richtung Westen, passiert schließlich die Craftbeer-Bar Mikkeller Berlin, bevor ihr den Rosenthaler Platz erreicht. Hier geht es auf dem Weinbergsweg nach Nordwesten weiter. Die The Circus Hostel Brauerei mit Bar befindet sich auf der rechten Seite, direkt unter dem Restaurant des gleichnamigen Hostels.

ÜBER THE CIRCUS HOSTEL MICROBREWERY

Macht euch keine Sorgen – dieses Lokal ist weit entfernt von einer durchschnittlichen Hostelbar. Unauffällig unter einem der größten Hostels der Stadt befindet sich diese gemütliche und elegant gestaltete Kellerbar mit einer exzellenten Cocktailkarte, einer Bibliothek voller Bier- und Stadtführer und einer Mikrobrauerei, die man direkt von der Bar aus besichtigen kann.

Mitten im Raum befindet sich die kleine Bar, die ihre Größe mit ihrer lebhaften Atmosphäre wettmacht. Hier finden regelmäßig Veranstaltungen und Karaoke-Abende statt. Wenn abends das belebte Straßencafé im oberen Stockwerk schließt, bieten die Zapfhähne der Bar zusätzlich zu ihren regelmäßig wechselnden hausgemachten Bieren auch andere lokale Biere. Je nach Jahreszeit werden auch saisonale Bockbiere angeboten.

ADRESSE

The Circus Hostel
Weinbergsweg 1a
10119 Berlin
+ 49 30 20003939
info@circus-berlin.de
www.circus-berlin.de

Fotos © Yvonne Hartmann

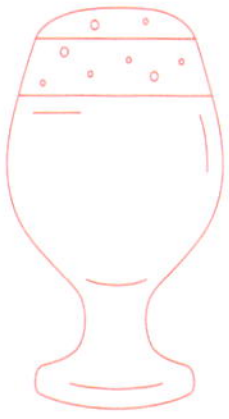

SPREEUFER

EIN ROMANTISCHER SPAZIERGANG ENTLANG DER SPREE

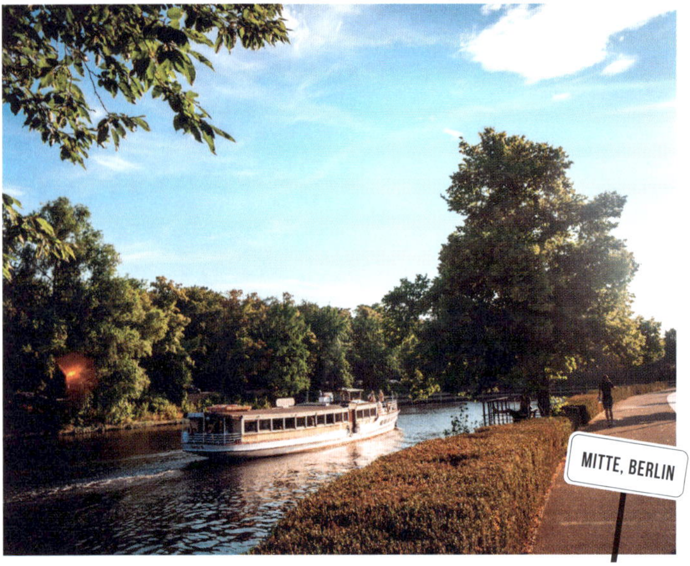

AUSGANGSORT	ZIEL
S-BAHNHOF BELLEVUE	UNVERHOPFT TAPROOM
BIER	SCHWIERIGKEITSGRAD
UNVERHOPFT RAW	LEICHT
ÖV	WANDERZEIT
S3, S5, S7, S9	1 STD. 30 MIN.
ZONE	LÄNGE
A	6,6 KM
SEHENSWÜRDIGKEITEN	HÖHENUNTERSCHIED
DENKMAL FÜR DIE EMANZIPATIONSBEWEGUNG, HAUS DER KULTUREN DER WELT, MONBIJOUPARK, NEUE SYNAGOGE	AUF: 10 M AB: 10 M

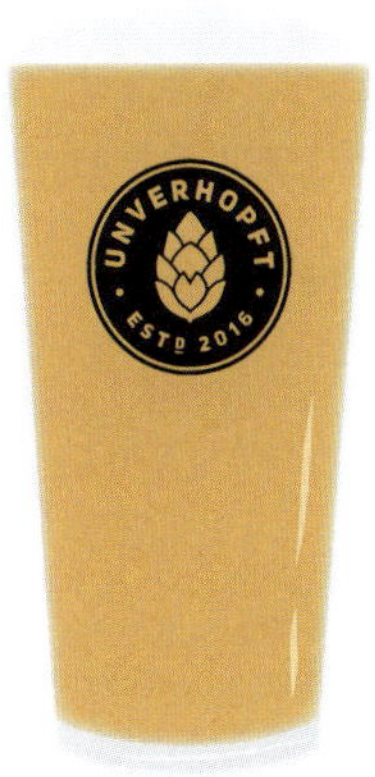

4,9 % ALKOHOL-GEHALT — LAGER

GOLDEN, KLAR

MALZ, ZITRUS

FRISCH, HOPFIG

BITTERE SÜSSE

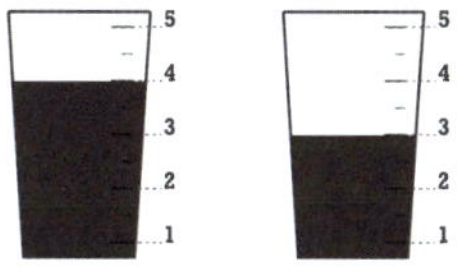

UNVERHOPFT RAW. Als modernes Lagerbier angepriesen, sorgt der knackige und saubere Teint dieses Bieres zusammen mit seinem reichen Hopfencharakter und leicht fruchtigem Geschmack für ein umwerfendes und erfrischendes Erlebnis.

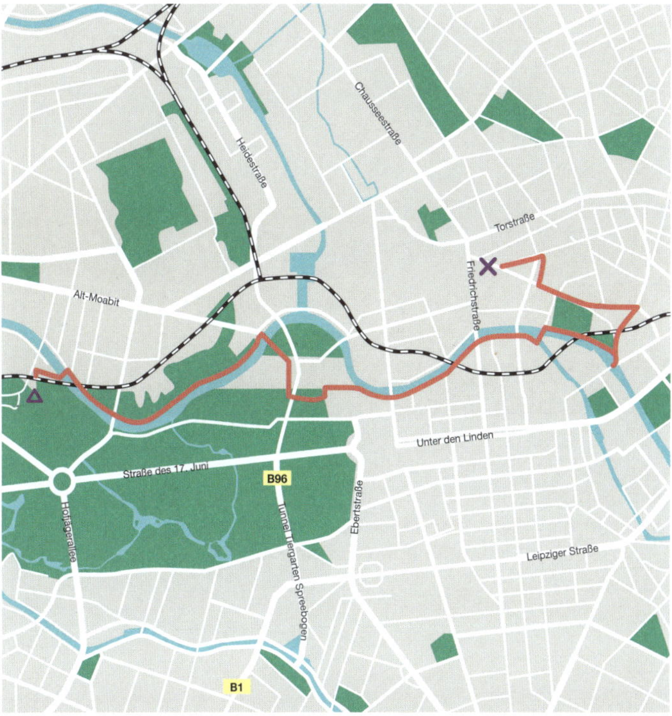

WEGBESCHREIBUNG

Das Spreeufer in der Berliner Innenstadt ist Deutschlands eigene Riviera, wo Biergärten und elegante Promenaden Seite an Seite mit Regierungsgebäuden und üppigen grünen Parks am Wasser liegen. Entlang des Flussufers treten Straßenmusikanten auf, die klassische Musik spielen, während vor dem neobarocken Bode-Museum Tango getanzt wird. Die historischen Wahrzeichen der Hauptstadt liegen am Wasser, wo barocke und modernistische Architektur sich zu einem verblüffenden städteplanerischen Ganzen vereinen.

Vom Bahnhof Bellevue auf der Spreeseite überquert ihr die erste von vielen Brücken, den Gerickesteg. Die klassizistisch gestaltete, 100 Jahre alte Fußgängerbrücke bietet einen atemberaubenden Blick auf den Stadtteil Moabit. Geht auf der anderen Seite Richtung Süden und folgt dem Weg am Flussufer entlang. Genießt den Blick auf die Rückseite des Schlosses Bellevue.

Der Fußweg führt euch an der Lutherbrücke vorbei durch saftig grüne Böschungen und in Richtung des Denkmals für die erste homosexuelle Emanzipationsbewegung. Auf der anderen Seite des Wassers thront das modernistische Haus der Kulturen der Welt, nur wenige hundert Meter vom Bundeskanzleramt entfernt.

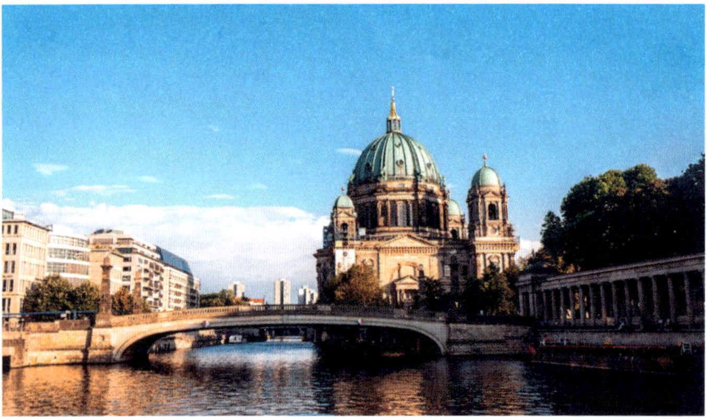

Geht über die Moltkebrücke und die Willy-Brandt-Straße hinunter ins Regierungsviertel, vorbei an den Parlamentsgebäuden und Botschaften. Nehmt die Paul-Löbe-Allee zurück zum Wasser. Geht entlang der Spree weiter Richtung Osten, unterquert den Bahnhof Friedrichstraße und spaziert weiter zur Monbijoubrücke, einem Fußgängerüberweg vor dem Bode-Museum.

Biegt kurz vor dem Monbijou-Theater rechts ab und folgt dem Fluss weiter. An warmen Sommerabenden kann man hier am Spreeufer des Monbijouparks im Sonnenuntergang Paare beim Tanzen beobachten.

An der Friedrichsbrücke, die einen schönen Blick auf den Berliner Dom erlaubt, kehrt um und geht auf der Burgstraße Richtung Norden, vorbei am Bahnhof Hackescher Markt und durch die von Straßenverkäufern und Restaurants besiedelte Promenade. Biegt in die Oranienburger Straße ab und geht nach Westen, vorbei am Monbijoupark und der Neuen Synagoge, bevor ihr die Bar Amélie in der Auguststraße erreicht.

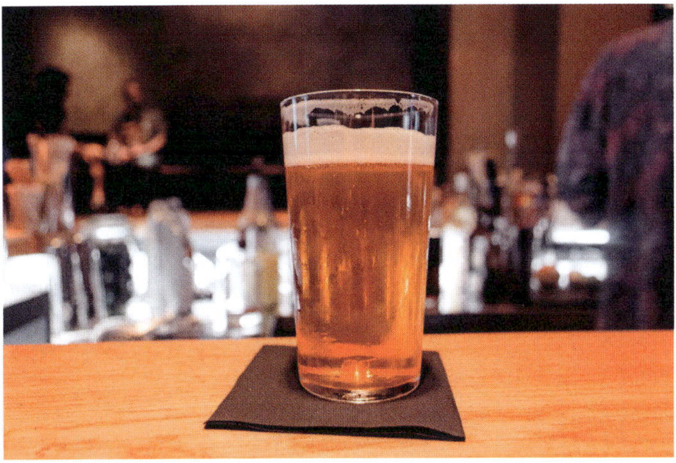

ÜBER UNVERHOPFT TAPROOM

Der Unverhopft Taproom befindet sich in der Bar Amélie, einer gehobenen und sehr eleganten Cocktailbar in Berlins Innenstadt. Die Bar mit einer intimen und gemütlichen Atmosphäre bietet innovative Cocktails an, während die Zapfhähne sowohl hausgebraute als auch andere Biere bereithalten. Dies ist ein wirklich einzigartiger und mondäner Ort, um eure Kenntnis über innovative Bierkreationen zu erweitern. Das Unverhopft-Team schreckt vor keinen Veränderungen oder dem Experimentieren mit neuen Bieren zurück. Hier findet ihr mit Mate angereicherte Biere, fruchtige IPAs, Stouts und mehr. Das Ziel des Teams war es seit jeher, einzigartige und authentische Biere herzustellen, die die Kundschaft bei jedem Besuch von Neuem überraschen.

ADRESSE

Unverhopft Taproom
Bar Amélie
Auguststraße 2
10117 Berlin
+ 49 03317043211
mail@unverhopft.com
www.unverhopft.com

Fotos © Daniel Cole

KU'DAMM

VON HAUTE COUTURE BIS VEGANEN SPEZIALITÄTEN

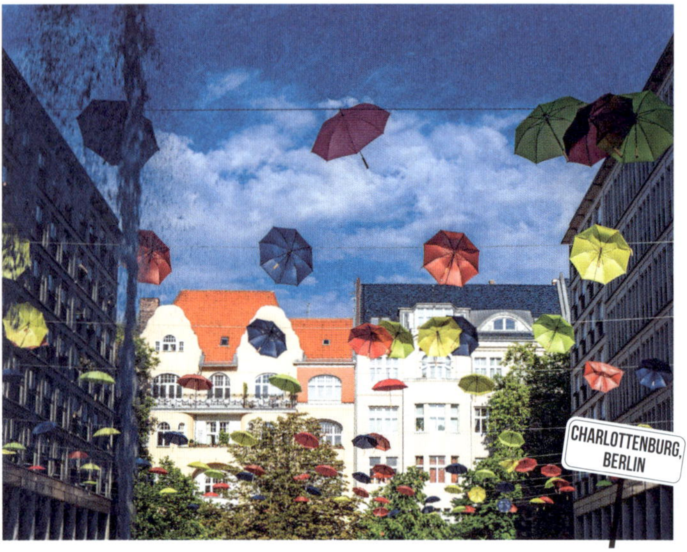

AUSGANGSORT	ZIEL
U-BAHNHOF WITTENBERGPLATZ	VAUST
BIER	SCHWIERIGKEITSGRAD
VAUST DUNKEL	LEICHT
ÖV	WANDERZEIT
U1, U2, U3	45 MIN.
ZONE	LÄNGE
A	3,4 KM
SEHENSWÜRDIGKEITEN	HÖHENUNTERSCHIED
KADEWE, KAISER-WILHELM-GEDÄCHTNISKIRCHE, KANTSTRASSE	AUF: 0 M AB: 0 M

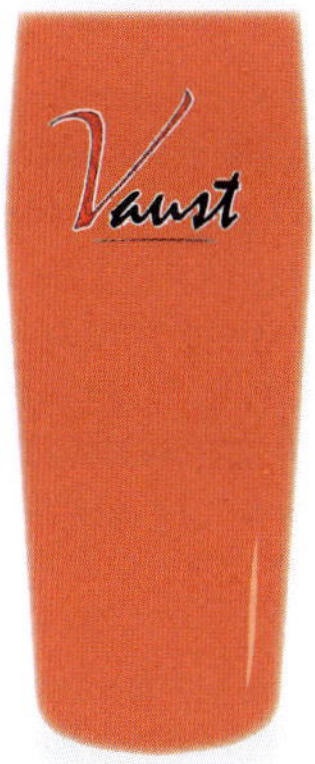

4,9 %
ALKOHOL-GEHALT

DUNKEL

DUNKEL,
TRÜB,
SCHOKOLADENBRAUN

MALZ,
SCHOKOLADE,
KARAMELL

BITTERSCHOKOLADE,
MALZ

BITTERE SÜSSE

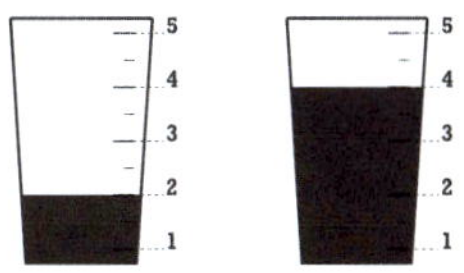

VAUST DUNKEL. Ein erfrischendes, malzig-süßes Dunkles mit einer ausgewogenen Palette aus Karamell- und Schokoladenaromen sowie einem leicht bitteren Geschmack.

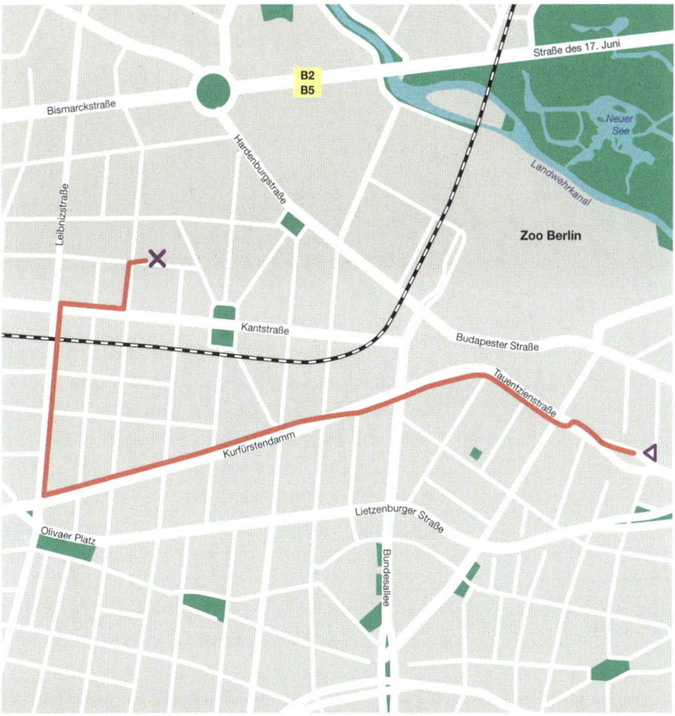

WEGBESCHREIBUNG

Der opulente und schicke Einkaufsboulevard Kurfürstendamm (bei Einheimischen als Ku'Damm bekannt) im Westen Berlins bildet das Zentrum von Glanz und Luxus in der Hauptstadt. Er bietet neben den zahlreichen Flagship-Stores bekannter Modemarken wie Chanel, Dolce & Gabbana oder Dior, Gucci oder Louis Vuitton auch kulinarische Vielfalt – von veganen Spezialitäten bis zur Berliner Currywurst. Entlang der Shoppingmeile erreicht ihr das KaDeWe, Berlins berühmtestes und wohl luxuriösestes Einkaufszentrum. Etwas weiter findet ihr die teilweise zerstörte Kaiser-Wilhelm-Gedächtniskirche, eines der berühmtesten Wahrzeichen der Stadt. Vom Westberliner Luxus führt die Route durch das beste Food-Viertel der Stadt zu einem modernen Restaurant mit veganen Köstlichkeiten und eigenen hausgemachten Bieren.

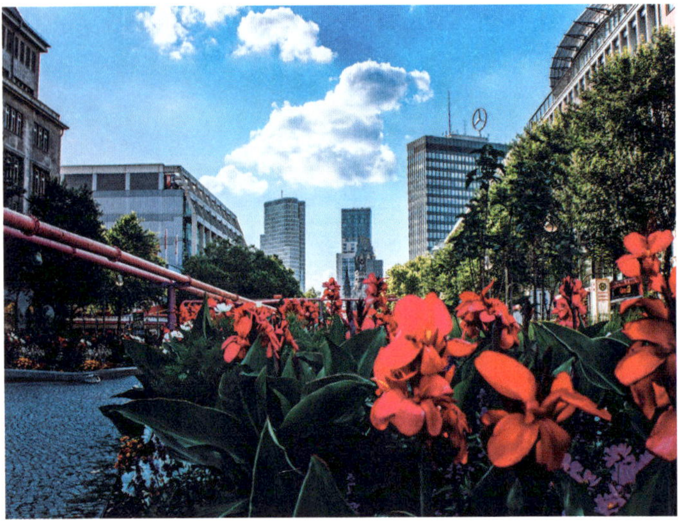

Verlasst den beeindruckenden Jugendstil-Bahnhof Wittenbergplatz auf der Tauentzienstraße, geht auf dieser Richtung Norden und nehmt euch Zeit für einen Besuch der Einkaufsgalerie KaDeWe zu eurer Linken. Wenn es die Zeit erlaubt, solltet ihr die Feinschmeckerabteilung in der obersten Etage besuchen, in der sich auch eine Bar der in diesem Buch erwähnten Brauerei BRLO befindet, und die internationalen Köstlichkeiten probieren. Im weiteren Verlauf führt die Straße unter einer riesigen Eisenkettenstatue hindurch, die die Wiedervereinigung der Stadt symbolisiert, bevor der Spaziergang euch an der Kaiser-Wilhelm-Gedächtniskirche vorbeiführt.

Zu den in dieser Gegend ansässigen Einkaufszentren gehört auch das Europa Center, eines der ältesten Einkaufszentren Berlins. Auf seinem Vorplatz findet jeweils im Dezember der prominente Weihnachtsmarkt statt.

Gemeinsam mit High-Class-Shoppern, die zwischen den stilvollen Geschäften schlendern, folgt ihr der Straße, die hier in den Ku'Damm übergeht, für weitere 1,6 Kilometer. Biegt dann Richtung Norden in die Leibnizstraße ab und stoppt für ein paar Selfies auf dem Walter-Benjamin-Platz, einem modernen Platz mit farbenfrohen Regenschirmen, die zwischen den Ladenzeilen aufgehängt sind.

Geht weiter die Leibnizstraße Richtung Norden und biegt dann rechts in die Kantstraße ein, in der ihr einige der besten chinesischen und taiwanische Restaurants der Stadt findet. Biegt noch vor dem Savignyplatz links in die Schlüterstraße und geht für einen Block Richtung Norden, biegt dann rechts in die verschlafene und ruhige Pestalozzistraße ein, auf deren linker Seite die Tische des Vaust-Restaurants für euch schon gedeckt sind.

ÜBER VAUST

In einem modernen und gemütlichen veganen Restaurant im Westen der Stadt findet man eines der besten hausgemachten Biere Berlins. Vaust bietet köstliche vegane Alternativen zu Gerichten wie Ceviche, Schnitzel und Currywurst sowie neue und kreative Avantgarde-Gerichte und ist eines der beliebtesten fleischlosen Restaurants der Stadt. Das hauseigene Bierangebot wird vom talentierten lokalen Braumeister Wolfgang Grabolle gebraut, der für die Herstellung seiner Biere die Einrichtungen von Brewbaker in Reinickendorf nutzt. Die Pilsener und Dunkel sowie einige gemischte Sorten, darunter ein Mango-Chili-Bier mit hausgemachtem Sirup, sind das ganze Jahr über erhältlich.

ADRESSE

Vaust Braugaststätte
Pestalozzistraße 8
10625 Berlin
+ 49 30 54599160
info@vaust.berlin
www.vaust.berlin

Fotos © Yvonne Hartmann

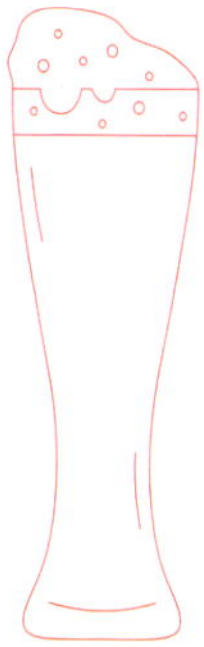

BERNAUER STRASSE

EIN FRIEDLICHER SPAZIERGANG DURCH EINE EINST GETEILTE NACHBARSCHAFT

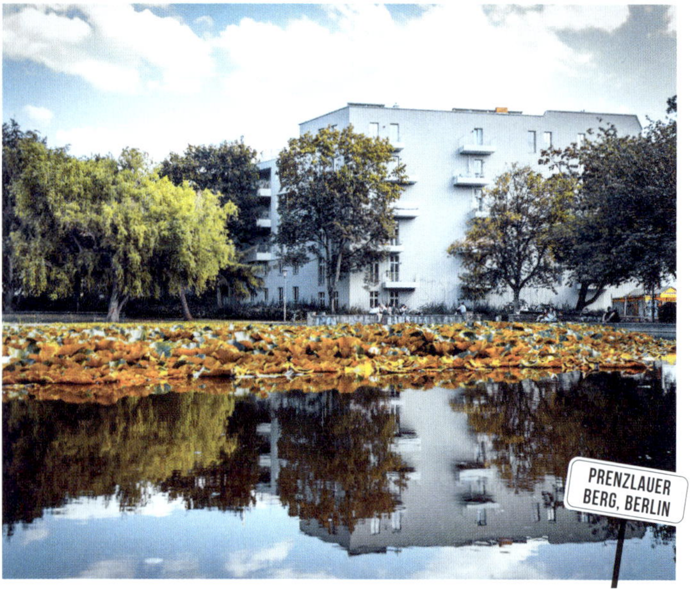

AUSGANGSORT	ZIEL
U-BAHNHOF EBERSWALDER STRASSE	LEIBHAFTIG
BIER	SCHWIERIGKEITSGRAD
DUNKEL	LEICHT
ÖV	WANDERZEIT
U2	1 STD. 15 MIN.
ZONE	LÄNGE
B	5 KM
SEHENSWÜRDIGKEITEN	HÖHENUNTERSCHIED
CONRAD-SCHUMANN-DENKMAL, GEDENKSTÄTTE BERLINER MAUER, ZIONSKIRCHE, PFEFFERBERG	AUF: 20 M AB: 20 M

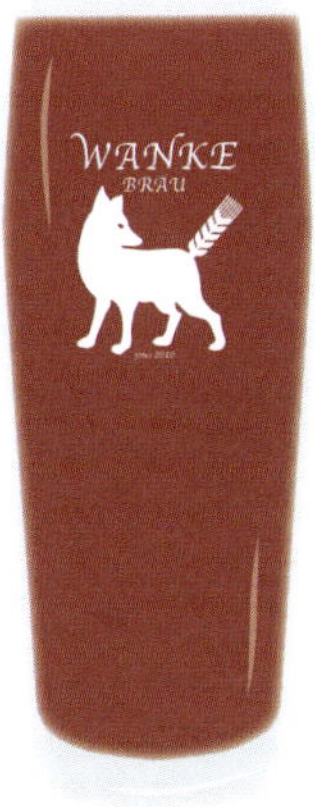

5,1 % ALKOHOLGEHALT — DUNKLES

DUNKEL, MAHAGONI, CREME-WEISSE KRONE

LEICHT GERÖSTET, MALZ

GERÖSTETER MALZ, BROT, BEEREN

BITTERE — SÜSSE

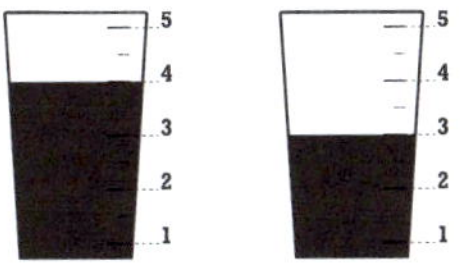

DUNKEL. Durch seine Qualität eines fränkischen Biers gewinnt dieses gesüßte dunkle Bier nach wenigen Schlucken an Komplexität. Neben schokoladigen und erdigen Aromen bietet es eine leichte Note von geröstetem Malz.

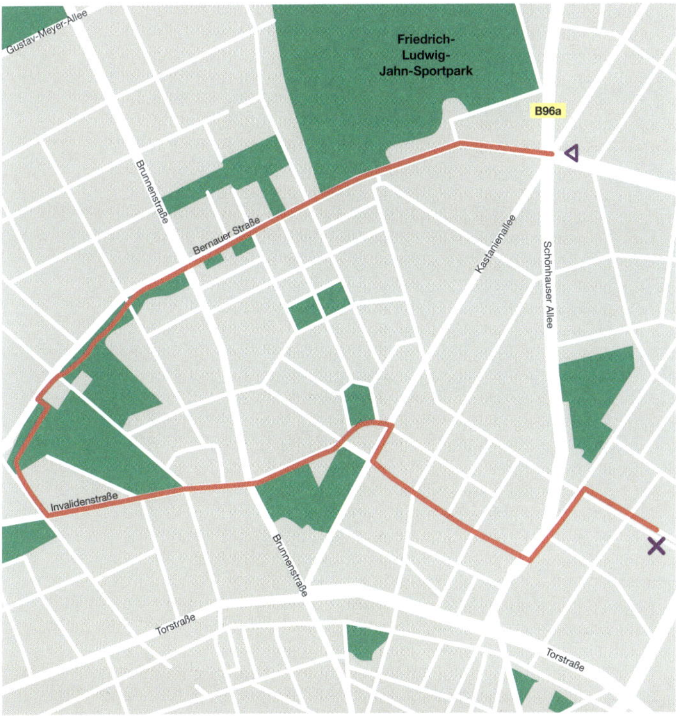

WEGBESCHREIBUNG

Zwischen 1961 und 1989 versuchten viele Menschen am Mauerübergang an der Bernauer Straße der Enge des Ostens zu entfliehen, indem sie aus den Fenstern der unmittelbar auf der Zonengrenze gelegenen Häuser in den Westen sprangen. Heute zeugt diese Straße von dem berüchtigten Grenzübergang. Sie ist gesäumt von Kunstwerken, Denkmälern und einem Museum. Der Besuch dieses wichtigen Abschnitts der Berliner Mauer ist sehr zu empfehlen. Der Spaziergang führt euch entlang des ehemaligen Todesstreifens und zurück zum Stadtzentrum in ein pulsierendes Viertel voller schicker, moderner Restaurants und Boutique-Bars.

Vom Bahnhof aus geht ihr von der Eberswalde Straße auf die Bernauer Straße Richtung Westen, am belebten Mauerpark auf der rechten Seite vorbei bis zur Ecke Brunnenstraße. An der Seite des Gebäudes erhebt sich das Denkmal für Conrad Schumann, der Soldat, der in einem legendären Bild verewigt wurde, das ihn beim Sprung über den Ost- und Westberlin trennenden Stacheldraht zeigt.

Weiter unten in der Bernauer Straße liegen neben weiteren Denkmälern und Kunstwerken friedliche Gärten mit Gerste, Gemüse und Wildblumen. Folgt dem Abschnitt der Gedenkstätte Berliner Mauer an den Mahnmalen für die auf der Bernauer Straße Verstorbenen vorbei und geht auf der Gartenstraße Richtung Süden und dann auf der Invalidenstraße Richtung Osten. Ihr kommt am BrewDog Restaurant im Stadtteil Mitte vorbei, bevor ihr die Brunnenstraße erneut überquert und die Veteranenstraße hinaufgeht.

Am oberen Ende der Veteranenstraße befindet sich in einer gemütlichen Nachbarschaft die Zionskirche aus dem 19. Jahrhundert. Sie ist ein wunderschönes und gut erhaltenes Denkmal in einer Gegend voll moderner Bars und Cafés. Folgt der Kastanienallee, dem pulsierenden

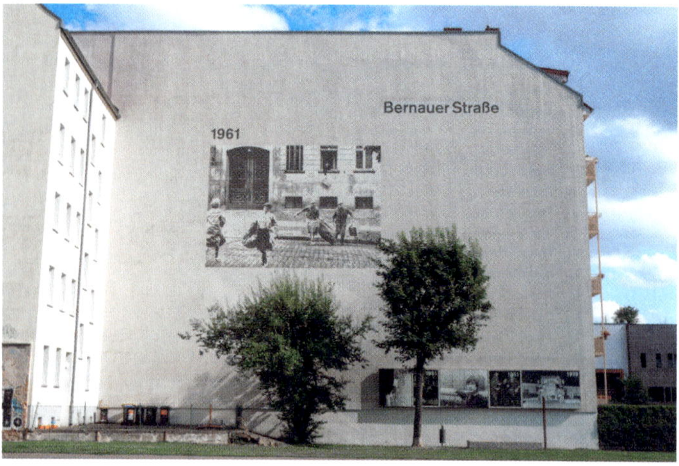

Herzen des Prenzlauer Bergs, Richtung Süden und biegt dann Richtung Osten auf die Fehrbelliner Straße ab. Diese führt euch durch ein beschauliches Viertel und am Teutoburger Platz vorbei zur Schönhauser Allee.

In Richtung Norden führt ein Torbogen auf der linken Seite hinauf zur Schankhalle Pfefferberg, die heute auf dem ehemaligen Gelände einer der ältesten Brauereien Berlins, dem Pfefferberg, steht. Hier im Restaurant könnt ihr die Schoppe Bräu Sudtanks im Inneren des eleganten Speiselokals sehen. Vorbei an der Markthalle Pfefferberg, einem lohnenswerten Zwischenstopp für alle, die Appetit haben, und HERMANs belgischer Bierstube biegt ihr rechts in die Metzer Straße ein. Geht weiter, bis ihr von den offenen Armen von Leibhaftig, der Heimat der Wanke Bräu Biere, empfangen werdet.

ÜBER LEIBHAFTIG UND WANKE BRÄU

Marcus Wankes stilvolles Restaurant bringt einen zeitgenössischen bayerischen Touch in die Straßen Berlins und bietet eine moderne Variante der traditionellen Küche. Neben herzhaften Hauptgerichten ist das Restaurant spezialisiert auf bayerische Tapas-Angebote, darunter handgemachte Knödel, Aufschnitt, Pasteten und Bergkäsegerichte – ein Geschmackserlebnis, das Lust auf mehr macht. Der vielseitige Chef greift auch in seinen persönlichen Bierrezepturen die Tradition des bayerischen Brauens auf und legt den Fokus auf helle Biere mit vollmundigem Geschmack. Die Craft-Biere, die etwas außerhalb von Berlin gebraut und ausschließlich vor Ort verkauft werden, passen perfekt zu den Gerichten auf der Karte und werden je nach Jahreszeit ausgetauscht. Für alle, die es etwas hopfiger mögen, bietet Leibhaftig auch Schoppe Bräu IPAs an.

ADRESSE

Leibhaftig
Metzer Straße 30
10405 Berlin
+ 49 30 54815039
info@leibhaftig.com
www.leibhaftig.com

Fotos © Daniel Cole

SÜDPANKE

DIE GRÜNE SCHNEISE DURCH DAS STADTZENTRUM

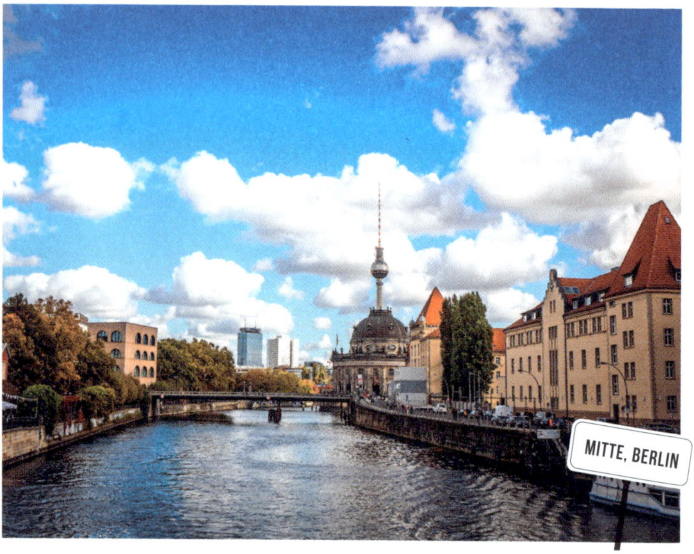

AUSGANGSORT	ZIEL
S-BAHNHOF WEDDING	THE CASTLE
BIER	SCHWIERIGKEITSGRAD
BERLINER HOPSCOR PALE ALE	LEICHT
ÖV	WANDERZEIT
RINGBAHN, U6	2 STD.
ZONE	LÄNGE
A	5,7 KM
SEHENSWÜRDIGKEITEN	HÖHENUNTERSCHIED
PANKE, INVALIDENPARK, SAMMLUNG BOROS	AUF: 20 M AB: 20 M

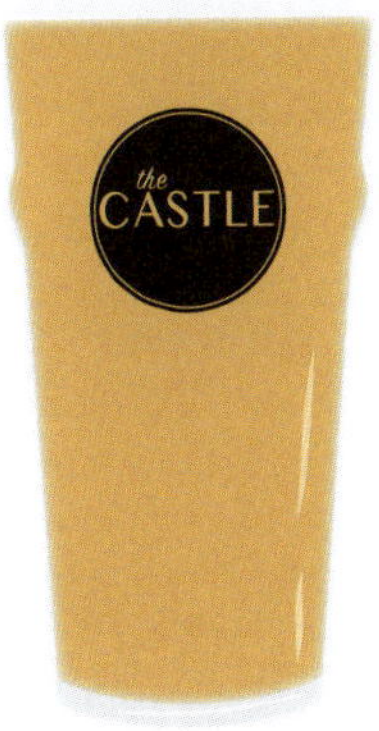

4,8 %
ALKOHOL-GEHALT

GERMAN PALE ALE

GOLD

MANGO, WEIZEN

BITTER, HOPFEN, MANGO

BITTERE **SÜSSE**

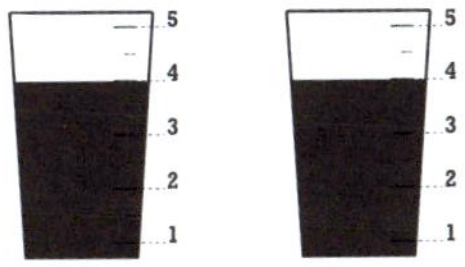

BERLINER HOPSCOR PALE ALE. Ein hervorragendes, sommerlich leichtes Craft Brew, das die richtige Menge an Bitterkeit und fruchtigem Geschmack vereint.

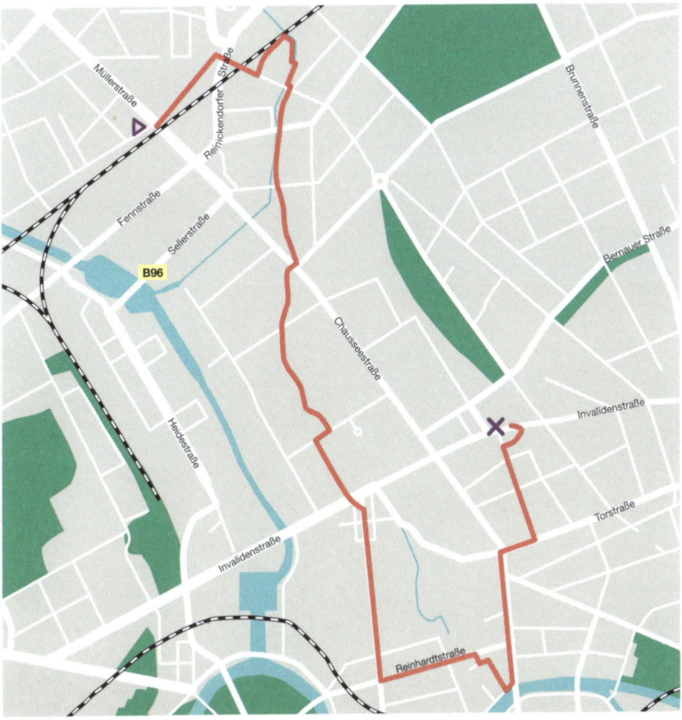

WEGBESCHREIBUNG

Von Wedding aus durchquert ein Wanderweg die Stadt am Ufer der Panke entlang bis ins Berliner Umland. Wandern entlang der Panke und der Südpanke ist wie ein Spaziergang auf einer geheimen grünen Allee mitten durch die Stadt bis hin zum prominenten und belebten Kiez rund um die Friedrichstraße, wo die Südpanke in die Spree mündet.

Verlasst den Bahnhof Wedding auf der Lindower Straße Richtung Osten, überquert am Nettelbeckplatz die Reinickendorfer Straße und geht auf der Gerichtstraße Richtung Osten. An der Gerichtstraße 23 biegt ihr in den Hof ein und geht vorbei an örtlichen Nachtclubs und Fitnessstudios in Richtung Pankeufer. Folgt dem Fußweg entlang des Flusses nach Süden in Richtung Stadtzentrum und haltet euch an die blauen Wegweiser mit der Nummer 5, die ihr an den Laternenpfählen entlang des Weges findet.

Die ausgeschilderte Route überquert zunächst die Gerichtstraße und dann die Schönwalder Straße. Nach 800 Metern kreuzt sie außerdem die Schulzendorfer Straße, wo sich die Panke schließlich gabelt. Unser Weg (immer noch die Route Nummer 5) folgt nach Überquerung der Schulzendorfer Straße der Südpanke nach links. Nach 300 Metern geht ihr über die Chausseestraße, bevor sich der Weg durch eine Wohnsiedlung und dann abwärts durch einen Grünstreifen wilder Vegetation schlängelt.

Nach 900 Metern biegt ihr rechts in die Habersaathstraße ab und dann gleich wieder links auf den Schwarzen Weg, am Invalidenpark entlang. Die Route 5 verlassend, überquert die Invalidenstraße, geht Richtung Süden auf der Straße Platz vor dem Neuen Tor und folgt dieser über den Robert-Koch-Platz bis zur Luisenstraße. Biegt rechts auf die Luisenstraße

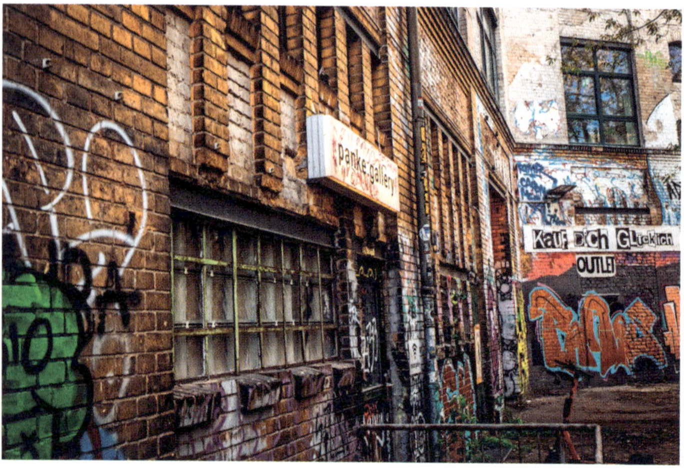

ab, geht am Charity-Campus vorbei und biegt nach 600 Metern links auf die Reinhardtstraße. Geht auf der Reinhardtstraße 400 Meter Richtung Osten, vorbei an der Kunstgalerie Sammlung Boros. Diese findet ihr in einem alten Kriegsbunker, der sich inmitten der Geschäfte im Stadtzentrum erhebt. Von der Kunstgalerie biegt ihr rechts auf Am Zirkus ab und geht bis zum Spreeufer. Hier könnt ihr beobachten, wie die Südpanke in der Spree mündet.

Biegt am Spreeufer nach Osten auf die Friedrichstraße ab und geht dann nach Norden auf die Torstraße, vorbei an den berühmten Theatern der Stadt. Weiter geht es Richtung Osten, dann auf der Novalisstraße Richtung Norden. Biegt nach 450 Metern rechts in die Invalidenstraße ab, wo euch die offenen Türen von The Castle empfangen.

ÜBER THE CASTLE

Das am Nordbahnhof gelegene The Castle ist wie ein zweites Zuhause. Der geräumige und einladende Schankraum, das Café und das Restaurant strahlen mit seinen Ledersofas und dem schwach beleuchteten Interieur die Atmosphäre eines Pubs aus. Im Sommer wird es dank seines großartigen Biergartens, der sich an einen üppigen grünen Park anschließt, zu einem beliebten Treffpunkt in Berlin. Es ist der dritte Standort des Eigentümers in der Stadt und mit Sicherheit der beste. Nettes Personal, bis zu 20 Zapfhähne mit den feinsten Craft-Bieren, darunter viele lokale Biere, die in diesem Buch vorgestellt wurden, sowie ihre hauseigene Marke Berliner Hopscor. Außerdem bietet The Castle eine große Auswahl an Gins sowie frisch gebackene Pizza.

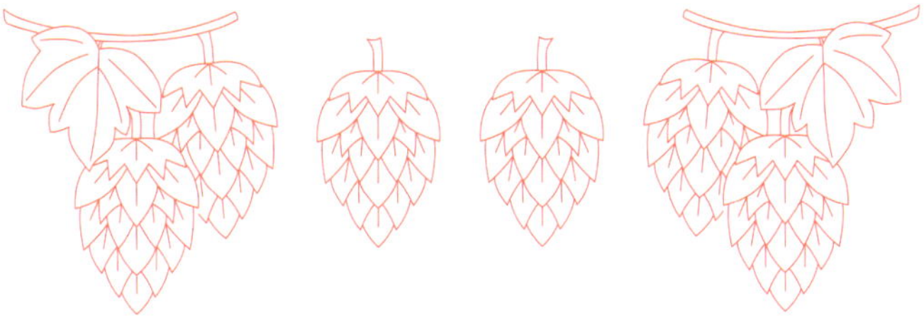

ADRESSE

The Castle
Invalidenstraße 129
10115 Berlin
+ 49 30 28047126
www.thecastleberlin.de

Fotos © Yvonne Hartmann

OSTBERLIN

EAST SIDE GALLERY

DIE BERLINER MAUER ENTLANG

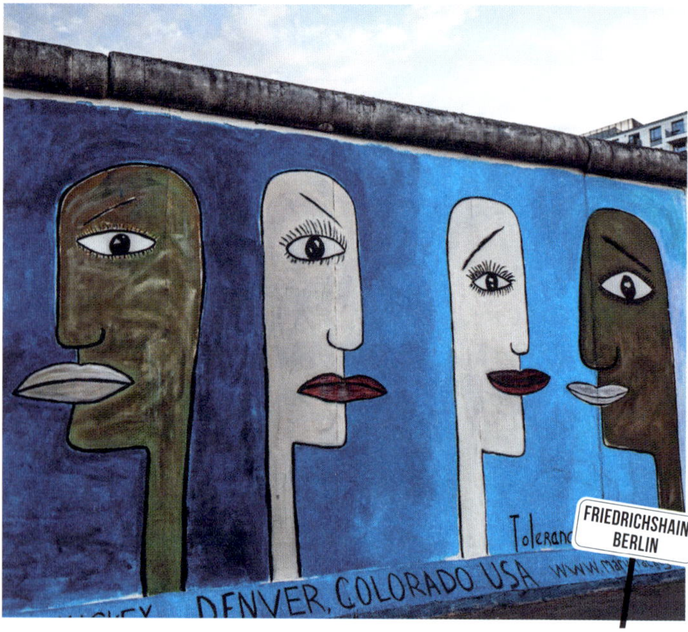

FRIEDRICHSHAIN, BERLIN

AUSGANGSORT	ZIEL
OSTBAHNHOF	PRIVATBRAUEREI SCHALANDER
BIER	**SCHWIERIGKEITSGRAD**
SCHALANDER PILS	EINFACH
ÖV	**WANDERZEIT**
S3, S5, S7, S9, RE	30 MIN.
ZONE	**LÄNGE**
A	2,5 KM
SEHENSWÜRDIGKEITEN	**HÖHENUNTERSCHIED**
BERLINER MAUER (EAST SIDE GALLERY), OBERBAUMBRÜCKE, WARSCHAUER STRASSE, RAW-GELÄNDE	AUF: 10 M AB: 10 M

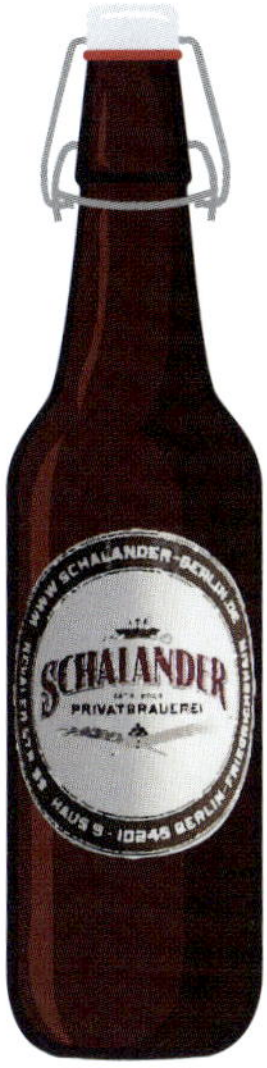

5,3 % ALKOHOL-GEHALT

PILSNER

GOLDEN

MALZIG, KRÄUTERIG, BLUMIG

MALZIG, KRÄUTERIG

BITTERE SÜSSE

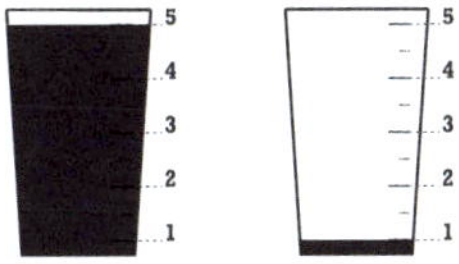

SCHALANDER PILS. Ein frisch-aromatisches Sommer-Pils mit feiner Kräuternote.

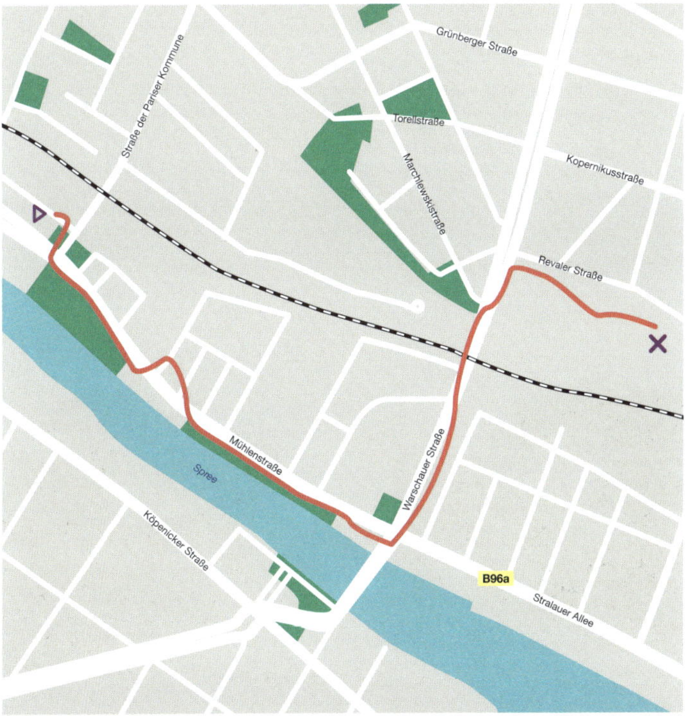

WEGBESCHREIBUNG

Wer die deutsche Hauptstadt besucht, sollte zumindest einmal an der Berliner Mauer vorbeikommen. Die East Side Gallery in Friedrichshain ist der längste verbliebene Mauerstreifen Berlins und wurde in eine moderne Kunstgalerie im Freien umgewandelt. Auf etwas mehr als einem Kilometer Länge zeigt die Galerie Friedensbotschaften neben wegweisenden kulturellen Momenten der Geschichte der Stadt und bietet damit einen farbenfrohen Einblick in die Berliner Vergangenheit.

Wenn ihr den Ostbahnhof durch den Haupteingang verlasst, biegt ihr zuerst links und dann sofort rechts in die Straße der Pariser Kommune. Überquert die Mühlenstraße und ihr gelangt zur East Side Gallery, der ihr entlang der Spree nach Osten folgt. Nehmt euch die Zeit, gemütlich an der Mauer entlangzuschlendern, und genießt die modernen Wandmalereien, die 1990 von Künstlerinnen und Künstlern aus aller Welt angefertigt wurden.

Die Parkanlage entlang des Spreeufers auf der anderen Seite der Mauer ist oft weniger touristisch, im Sommer allerdings ein beliebter Ort für ein Feierabendbier in der Abendsonne oder einen Spaziergang mit dem Hund.

Am Ende der Galerie stoßt ihr auf der rechten Seite auf die eindrückliche Oberbaumbrücke. Anstatt die Brücke zu überqueren, geht ihr jedoch in die entgegengesetzte Richtung links die Warschauer Straße hinauf. Nach der East Side Mall auf eurer linken Seite überquert ihr die Warschauer Brücke, von der aus ihr einen fantastischen Blick auf das Stadtzentrum habt, während die Züge unter euch vorbeipfeifen.

Nur ein paar hundert Meter weiter kommt ihr an der Ecke Warschauer Straße/Revaler Straße zu einem Bratwurststand. Rechts von diesem Imbiss befindet sich eine Metalltreppe, die in das RAW-Gelände hinunterführt, ein postmodernes Durcheinander von Underground-Clubs,

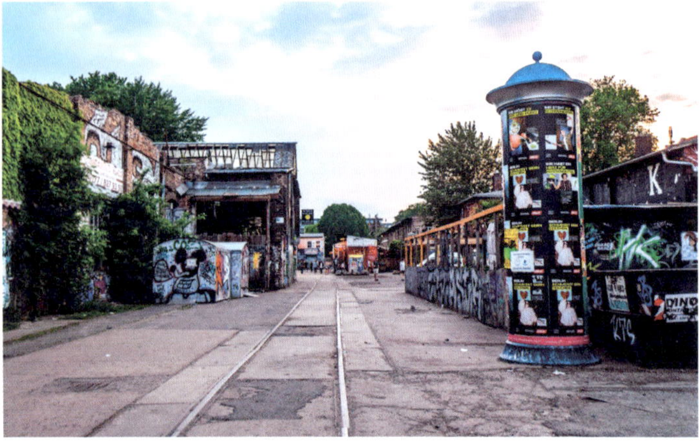

Restaurants und Galerien. Folgt dem Weg und der alten Industrie-Bahnlinie vorbei an der Skatehalle, dem Kletterzentrum Kegel und dem Antiquitätenlager bis ganz zum Ende, wo die Lichter der Brauerei Schalander euch in Empfang nehmen.

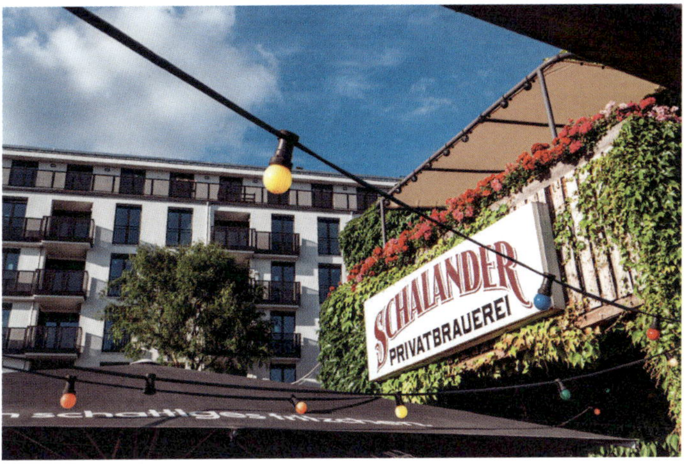

ÜBER SCHALANDER

Eigentlich ist ein Schalander der Teil der Brauerei, in dem sich die Arbeiter entspannen können. Genau das spiegelt die intime Atmosphäre dieser Mikrobrauerei und ihres riesigen Gartens mit Blick auf das alte Gewerbegebiet wider. Die drei frischen, hausgemachten Biere (Pilsner, Dunkles und Weizen) sind das ganze Jahr über erhältlich. Außerdem werden auch saisonale Biere angeboten.

Nach der Schließung des Hauptrestaurants, wo sich die Brauerei zunächst befand, wurde vor einigen Jahren dieser postindustrielle, traditionelle und gleichzeitig urbane Ort das neue Zuhause von Schalander. An der Bar gibt es Snacks von Flammkuchen bis Brezeln, für den großen Hunger bietet der Kiez mit seinen vielen Restaurants und Bars eine Menge Alternativen.

ADRESSE

Privatbrauerei Schalander
Revaler Straße 99, Haus 9
10245 Berlin-Friedrichshain
+49 30 94512299
info@schalander-berlin.de
www.schalander-berlin.de

KARL-MARX-ALLEE

EIN SOWJETISCHES SIGHTSEEING-ERLEBNIS

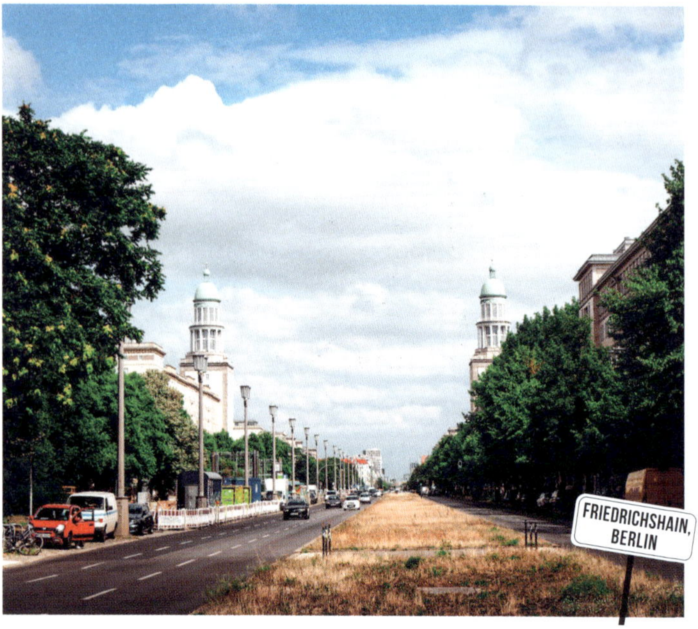

AUSGANGSORT	ZIEL
U-BAHNHOF SCHILLINGSTRASSE	**HOPS & BARLEY**
BIER	SCHWIERIGKEITSGRAD
FRIEDRICHSHAINER PILSENER	**LEICHT**
ÖV	WANDERZEIT
U5	**45 MIN.**
ZONE	LÄNGE
A	**3,5 KM**
SEHENSWÜRDIGKEITEN	HÖHENUNTERSCHIED
KINO INTERNATIONAL, STRAUSBERGER PLATZ, FRANKFURTER TOR, BOXHAGENER PLATZ	AUF: 0 M AB: 0 M

4,8 % ALKOHOL-GEHALT

PILSNER

TRÜB, GOLD

ZITRONE, BITTER

MALZIG, ZITRONE

BITTERE SÜSSE

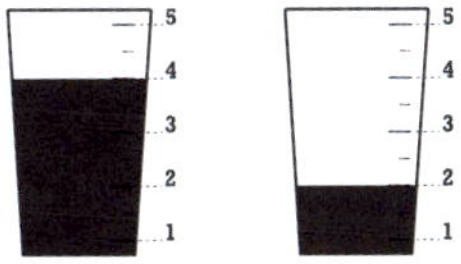

FRIEDRICHSHAINER PILSNER. Ein helles, aber leicht malziges, reines Pils mit mildem Fruchtgeschmack.

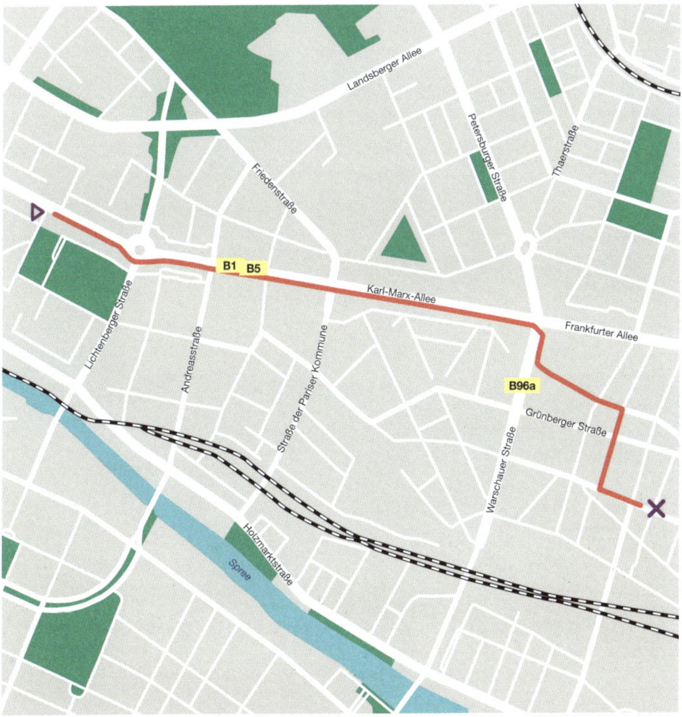

WEGBESCHREIBUNG

Als Boulevard vergessener Träume erinnert die breite und majestätische Karl-Marx-Allee mit ihrer grandiosen sowjetischen Architektur an längst vergangene Zeiten. Die einst luxuriösen Wohnblöcke, die den früher als Stalinallee bekannten, ehemaligen Stadteingang säumen, wurden als leuchtendes Beispiel sowjetischen Stolzes erbaut und sind heute besser bekannt aus ihren Auftritten in Film- und Fernsehproduktionen, darunter *Good Bye Lenin!*, *Das Leben der Anderen* und *Das Damengambit*. Ein Spaziergang entlang dieses ikonischen Stücks Geschichte mit seiner sich stetig verändernden Architektur offenbart eine Stadt in ständigem Wandel, wobei Restaurants aus der DDR-Ära und moderne Arbeitsräume in dieser uralten Straße dicht nebeneinanderliegen.

Nach dem Fall der Berliner Mauer hat sich dieser Stadtteil zu einem der beliebtesten Viertel für Craftbeer-Brauereien und Schankstuben entwickelt. Innerhalb eines kleinen Radius von 2 Kilometern findet ihr einige der besten Biere und Lokale der Stadt, von denen einige – darunter Straßenbräu und Schalander – ihre eigenen Einträge in diesem Buch bekommen haben.

Verpasst beim Verlassen des U-Bahnhofs Schillingstraße am Ausgang Karl-Marx-Allee unterhalb des CAMP4-Ladens nicht die alten Schwarz-Weiß-Fotos des Bahnhofs. Geht auf der Karl-Marx-Allee in östlicher Richtung am Kino International und am Cafe Moskau vorbei weiter.

Überquert den Strausberger Platz, der im Schatten der hoch aufragenden Wohnhäuser liegt, und folgt der Karl-Marx-Allee für 2,5 Kilometer bis zum Frankfurter Tor. Entlang der Straße gibt es gleich mehrere unverkennbare Berliner Wahrzeichen zu sehen, darunter das Café Sibylle, der Rosengarten und das ehemalige Kosmos-Kino.

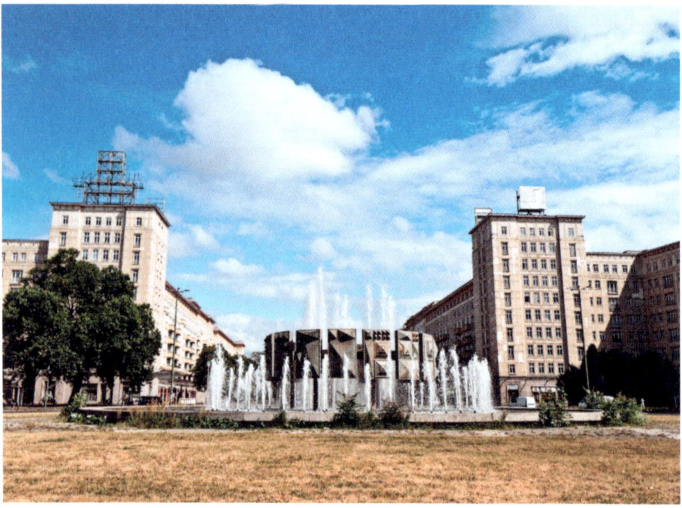

Sobald ihr die markanten Türme des Frankfurter Tors erreicht habt, überquert die Warschauer Straße, biegt dann rechts ab und geht weiter Richtung Süden, vorbei an der BrewDog-Filiale des Viertels. Biegt links in die Boxhagener Straße ein und folgt dem Straßenverlauf für 500 Meter, vorbei an der hervorragenden Bierstube von Protokoll Berlin, bis ihr die Gabriel-Marx-Straße erreicht. Hier biegt ihr rechts ab und folgt der Gabriel-Marx-Straße für 350 Meter, passiert den Boxhagener Park und biegt links in die Wühlischstraße ein, bis ihr auf eurer linken Seite von den Schildern von Hops & Barley begrüßt werdet.

ÜBER HOPS & BARLEY

Diese kleine Brauerei befindet sich in einer alten Metzgerei und hat sich mit ihren reichhaltigen und lebendigen Bieren im Laufe der Zeit einen Ruf als eine der besten Brauereien der Stadt erarbeitet. Es ist eine Berliner Bar durch und durch, mit Pub-Snacks, Fußballspielen am Abend, einem Raucherraum und vielen einheimischen Mitarbeitern, die euch jederzeit gerne nachschenken. Für viele Anwohner, die seit über einem Jahrzehnt auf ihre Gastfreundschaft schwören, ist diese Bar ein zweites Wohnzimmer geworden (uns inklusive).

Neben den üblichen Fassbieren – Pilsener, Dunkles und Weißbier – bietet die Karte zusätzlich einen ausgezeichneten hausgemachten Apfelwein mit natürlichem Charakter. Auch die Specials sind von höchster Qualität und sollten unbedingt probiert werden.

ADRESSE

Hops & Barley
Wühlischstraße 22/23
10245 Berlin
+ 49 30 29367534
www.hopsandbarley.eu

Fotos © Daniel Cole

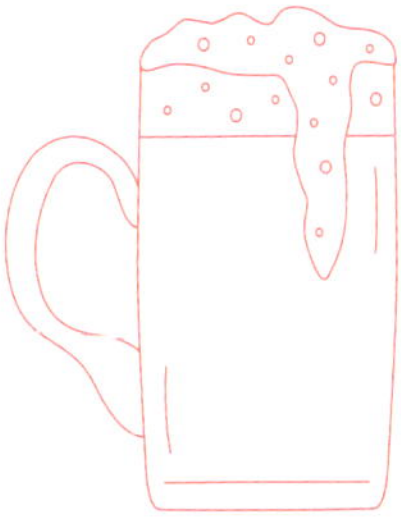

GÖRLITZER PARK

ENTLANG DER GLEISE ZU BERLINS MODERNSTEM INDOOR-FOOD-MARKET

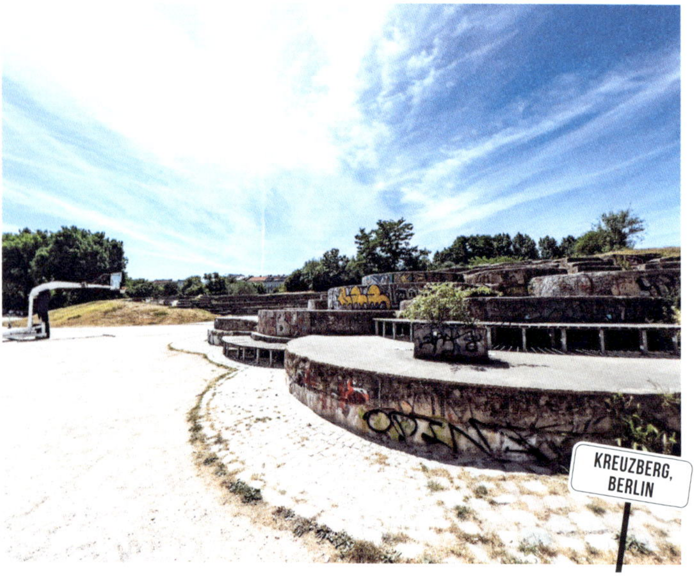

AUSGANGSORT	ZIEL
S-BAHNHOF TREPTOWER PARK	HEIDENPETERS
BIER	SCHWIERIGKEITSGRAD
PALE ALE	LEICHT
ÖV	WANDERZEIT
RINGBAHN, S8, S9, S41, S42, S85	45 MIN.
ZONE	LÄNGE
A	3,3 KM
SEHENSWÜRDIGKEITEN	HÖHENUNTERSCHIED
GÖRLITZER PARK	AUF: 10 M AB: 10 M

5,6 % ALKOHOL-GEHALT — PALE ALE

GELB-ORANGE

FRUCHTIG, WÜRZIG, BLUMIG

FRUCHTIG, HOPFEN, KARAMELL

BITTERE SÜSSE

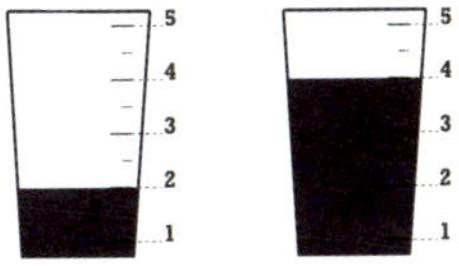

PALE ALE. Ein vollmundiges, fruchtiges IPA mit tiefer Textur und komplexem Geschmack.

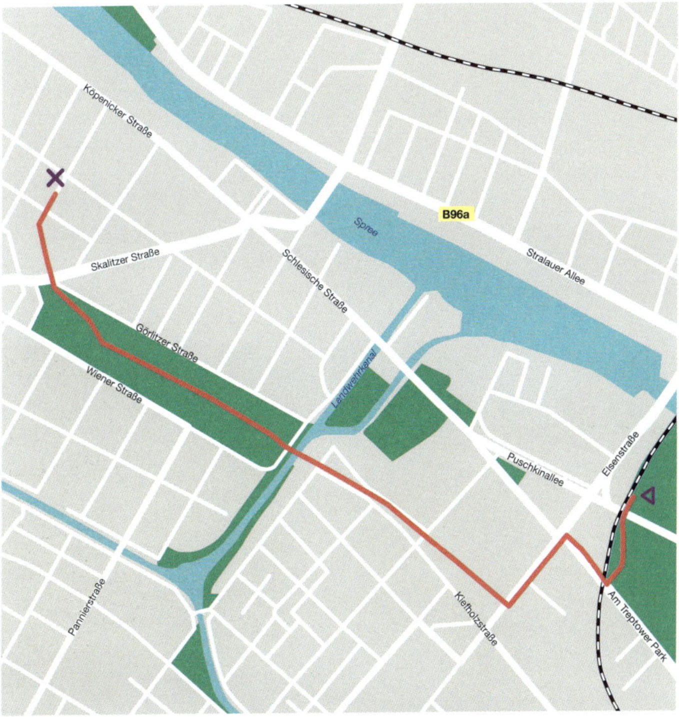

WEGBESCHREIBUNG

Entlang der stillgelegten Eisenbahnschienen, die Berlin einst direkt mit Wien verbanden, nimmt euch diese Tour mit durch den Görlitzer Park und auf eine Reise in Berlins Geschichte. Mit seinen Sportplätzen und Liegewiesen ist der Park heute ein beliebter Ort für Grillpartys, Basketball- oder Fußballpartien – oder einfach nur für eine wohlverdiente Auszeit. Einige Überbleibsel aus vergangenen Tagen im Park zeugen von seiner Vergangenheit als Bahnhof. So wurde einer der Bahnsteige in ein Café umgewandelt, während aus den alten Gleisen ein gigantisches, stählernes Denkmal errichtet wurde.

Beginnt die Tour am Bahnhof Treptower Park und geht für 750 Meter auf der Elsenstraße Richtung Südwesten bis zu einer Stahlbrücke, auf der einst die Eisenbahn verlief. Links führt euch eine Treppe hinauf auf die Brücke, der ihr über die Straße und für ca. 800 Meter in Richtung Park folgt. An den noch zu erkennenden Umrissen der alten Bahntrasse geht ihr bis zum Landwehrkanal. Hier trennte die Berliner Mauer die Stadt in zwei Teile und markierte das Ende dieser besonderen Eisenbahnlinie und des Görlitzer Bahnhofs.

Überquert hier die Görlitzer Brücke und betretet den Park, an dessen Eingang sich auf eurer Linken ein Hügel erhebt. Hier stand früher eine Eisenbahndrehscheibe, mittels derer die Züge gedreht wurden. Auf eurer rechten Seite führen Treppen zum Görlitzer Parkteich hinunter, doch ihr geht weiter geradeaus in den Park hinein. Vorbei an Grillpartys und dem alltäglichen, unaufhörlichen Strom an Fußgängern und Radfahrern erreicht ihr eine Mulde im Park, wo früher, als der Park noch ein Bahnhof war, ein Fußgängertunnel die beiden Seiten des ehemaligen Bahnhofs verband. Im Sommer ist diese Mulde oft von Musikern, Frisbee-Enthusiasten und jungen Leuten bevölkert.

Geradeaus führt euch der Parkweg am alten Bahnsteig vorbei zum Parkausgang. Hier überquert ihr zunächst die Skalitzerstraße und dann den Lausitzer Platz, an der Emmaus-Kirche vorbei, bis die Straße

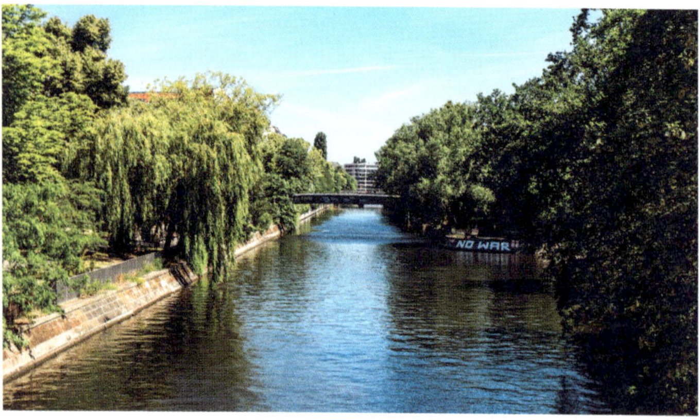

(Lausitzer Platz) in die Eisenbahnstraße übergeht. Nach 100 Metern öffnet euch die Markthalle Neun ein Tor zu einem Paradies an lokalen Obst-, Gemüse- und Feinkostständen, die sich durch Bio-Produkte und eine nachhaltige Produktion auszeichnen. Vorbei am Pulled-Pork-Barbecue-Restaurant, dem Pasta-Laden und dem Bio-Gemüsestand, versteckt sich links hinter dem Sitzbereich die Bierecke von Heidenpeters mit buntem, handgefertigtem und rustikalem Holzdekor.

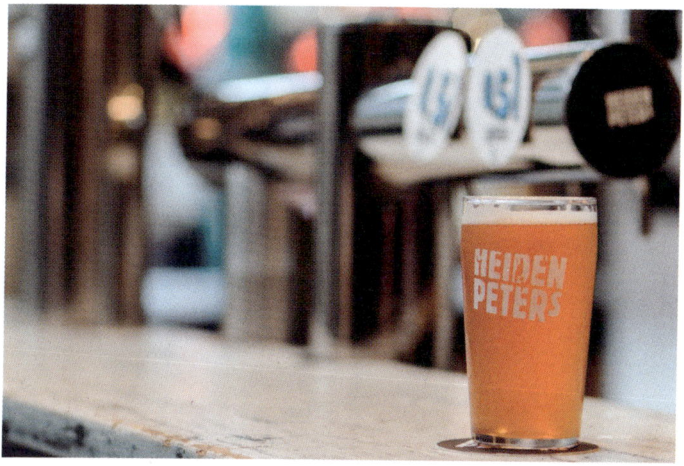

ÜBER HEIDENPETERS

In einer über 100 Jahre alten traditionellen Markthalle, die heute regelmäßig mit lokalen Obst- und Streetfood-Ständen gefüllt ist, befindet sich die von Johannes Heidenpeter gegründete Brauerei und Bar. Die kleine, aber feine Bierecke in der Markthalle Neun ist jedoch nur die Spitze des Heidenpeters, dessen Brauerei sich im Untergeschoss befindet. Heidenpeters zeichnet sich durch seine farbenfrohen Logos und eine fantastisch große Auswahl an Bieren aus, darunter das allseits beliebte Thirsty Lady (Blonde Ale) und das Pilz (Pilsner). Die Brauerei überrascht regelmäßig mit einer gemischten Palette an saisonalen Bieren, wobei eine Vielzahl von Bocks und Pale Ales das ganze Jahr über ihren Weg in den Schankraum findet.

ADRESSE

Heidenpeters Brauerei
Johannes Heidenpeter
Eisenbahnstraße 41–42
10997 Berlin
+49 176 22291688
mail@heidenpeters.de
www.heidenpeters.de

Fotos © Yvonne Hartmann

TREPTOWER PARK

DINOSAURIER, SOWJETS UND EINSTEIN – ALLE IN EINEM PARK

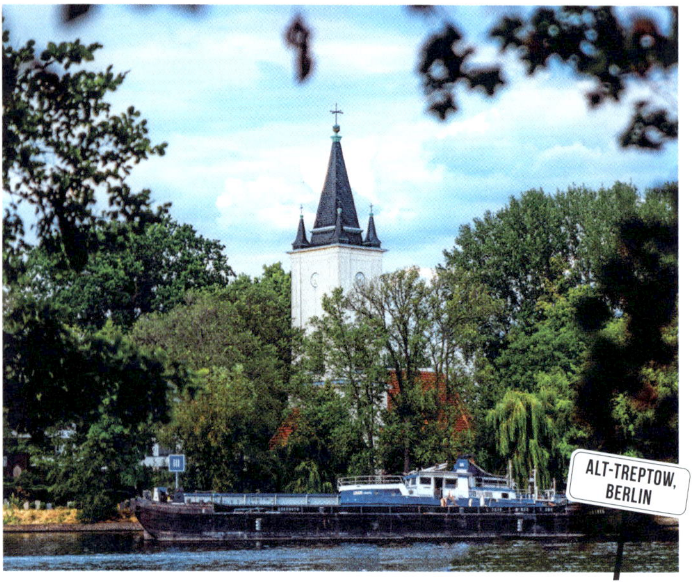

▷··· AUSGANGSORT	··✕ ZIEL
S-BAHNHOF TREPTOWER PARK	**BERLINER BERG BRAUEREI**
BIER	SCHWIERIGKEITSGRAD
BERLINER WEISSE	**MITTEL**
ÖV	WANDERZEIT
S8, S9, S41, S42, S47, S85	**1 STD. 30 MIN.**
ZONE	LÄNGE
A	**7,5 KM**
SEHENSWÜRDIGKEITEN	HÖHENUNTERSCHIED
STRALAUER HALBINSEL, INSEL DER JUGEND, PLÄNTERWALD, SPREEPARK, ARCHENHOLD-STERNWARTE, SOWJETISCHES EHRENMAL	AUF: 10 M AB: 10 M

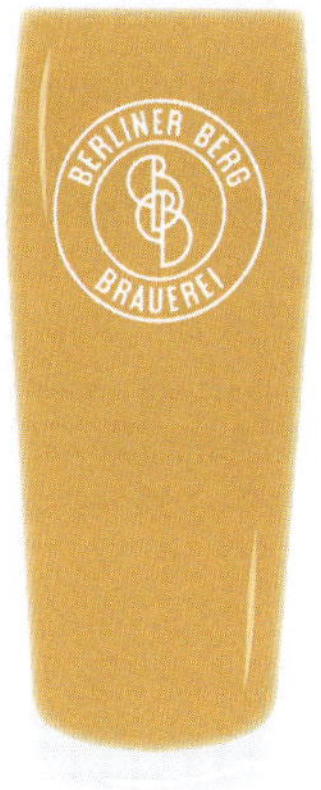

3,0 % ALKOHOL-GEHALT

BERLINER WEISSE

TRÜB, GOLD

BLUMIG, FRISCH-FRUCHTIG, WÜRZIG

SCHWEFLIG, ZITRONE, SÜSS

BITTERE | SÜSSE

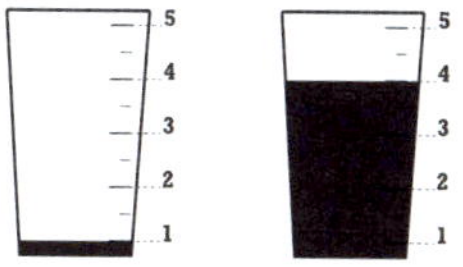

BERLINER WEISSE. Eine traditionelle, süße und blumige Berliner Weiße mit einem vollmundigen, vielseitigen Geschmack, der Lust auf mehr macht.

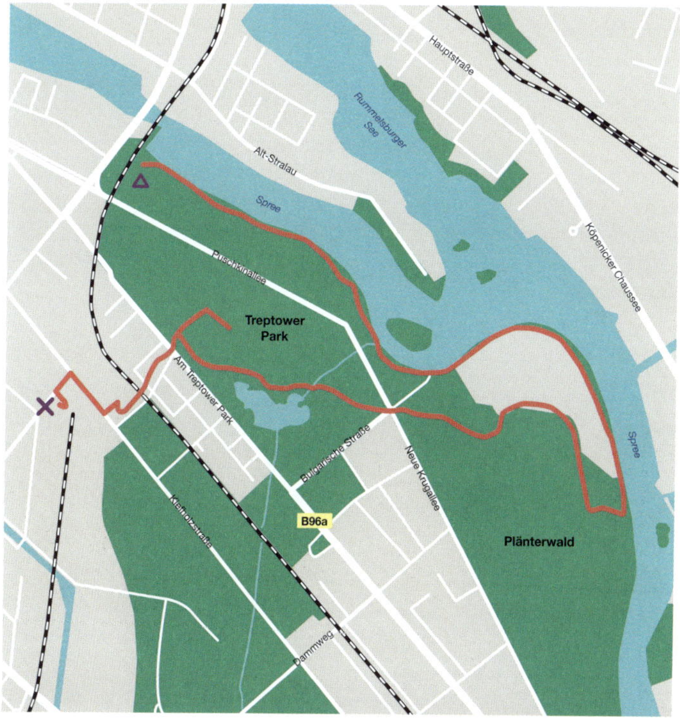

WEGBESCHREIBUNG

Sowohl der an der Spree gelegene Treptower Park als auch der angrenzende Plänterwald bieten eine Fülle an kulturellen Kuriositäten, historischen Denkmälern und Orten der Erholung. Während der Sommermonate wird der Park von einem lebhaften Treiben aus Sportlern, Booten oder Grillpartys erfasst. Gleichzeitig verstecken sich im Park und im Plänterwald wichtige geschichtliche Artefakte des Landes, darunter ein kolossales sowjetisches Denkmal, Deutschlands älteste und einst von Albert Einstein besuchte Sternwarte sowie ein verlassener Vergnügungspark mit einer unheilvollen Vergangenheit.

Verlasst den S-Bahnhof Treptower Park durch den Ausgang zum Spreeufer und folgt den Wegweisern, die euch direkt zum Hafen führen. Folgt dem Ufer, vorbei an all den internationalen Imbissständen, Bars und Charterbooten, in östliche Richtung für einen Kilometer durch den Park. Auf der anderen Seite der Spree könnt ihr die Stralauer Halbinsel sehen.

In einer leichten Biegung des Flusses erhebt sich rechts von euch das Zenner, ein wunderbar erhaltenes 200 Jahre altes Restaurant mit Biergarten, gleichzeitig auch ein Veranstaltungsort. Von hier habt ihr einen atemberaubenden Blick über das Wasser und auf die Insel der Jugend direkt gegenüber, ein ruhiger Ort der Entspannung mit Sandstrand, der in den Sommermonaten auch Kajakverleih und Freiluftkino bietet.

Der Spree weiter folgend, unter der Abteibrücke hindurch und vorbei an den angelegten Schiffsrestaurants, gelangt man in den Plänterwald, ein Waldgebiet, das sich entlang des Flusses erstreckt. An das Ufer geschmiegt, taucht auf der rechten Seite ein eingezäunter und verlassener Freizeitpark auf. Der Spreepark war einst eine geschäftige Attraktion mit einem berühmten Riesenrad und Dinosaurierstatuen,

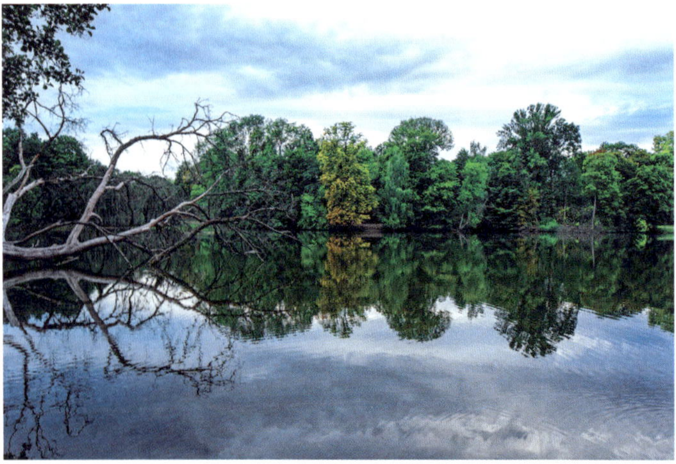

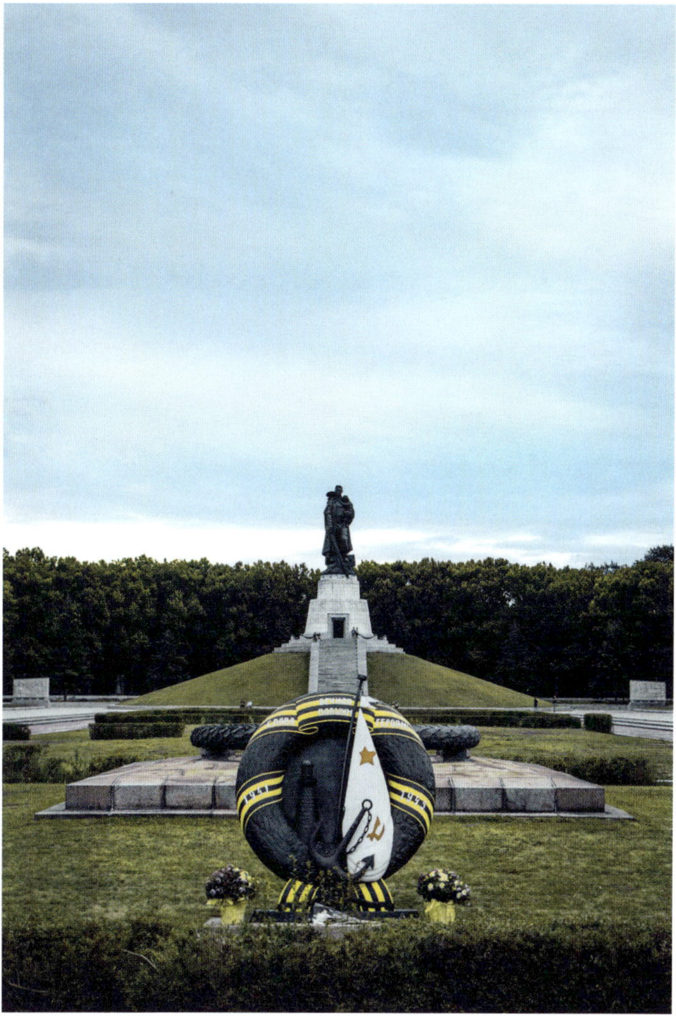

deren tragischer Untergang die Gegend jahrzehntelang in Verruf gebracht hat. Heute könnt ihr durch die Zäune unter den Überresten noch das Riesenrad und die Wasserspiele erkennen.

Folgt dem Uferweg um den Spreepark herum, bis ihr auf eurer rechten Seite das renovierte Eierhäuschen erreicht, ein ehemaliges Restaurant aus dem 19. Jahrhundert. Gleich dahinter führt euch rechts ein Forstweg durch den Wald zurück, bis er nach 200 Metern in einen betonierten Fußweg mündet. Folgt diesem Fußweg nach rechts, der erst zur Kiehnwerderallee und dann zum Wasserweg übergeht. Er führt euch um die Rückseite des Spreeparks herum, vorbei am Besuchereingang für Führungen. Nach einem Kilometer kommt ihr dort, wo einmal der offizielle Eingang des Spreeparks war, an eine Drei-Wege-Kreuzung. Folgt hier dem Weg die alte Zufahrtsstraße hinunter nach links in den Wald. Dann biegt ihr nach 200 Metern rechts ab und folgt dem Weg für 500 Meter, bis sich an der Kreuzung Alt-Treptower Straße/Puschkinallee der Waldweg öffnet.

Auf der anderen Seite der Puschkinallee öffnet sich der westlichere Teil des Treptower Parks für euch. Auf einem Fußweg gelangt ihr in den Park. Dabei passiert ihr die Archenhold-Sternwarte, Deutschlands älteste und größte Sternwarte, an der einst Albert Einstein Vorlesungen hielt. Der letzte Teil des Weges führt zu einer Abzweigung hinter dem eingezäunten Sowjetischen Ehrenmal. Folgt dem Weg nach links um den Karpfenteich herum, ein wunderschönes und isoliertes Wasserspiel mit idyllischen Picknickplätzen.

Am Ende des Teichs folgt dem Pfad, der sich durch den Park schlängelt, links an einer Kita vorbei. Nach 300 Metern erreicht ihr den Eingang des Sowjetischen Ehrenmals, mit seinem gewölbten Tor und der gepflasterten Straße, die euch zum Denkmal führt. Das am Ende des Zweiten Weltkriegs erbaute, gut erhaltene und weitläufige Mahnmal ist mit Statuen und Gräbern geschmückt, die an die 80 000 bei der Rückeroberung ums Leben gekommenen Soldaten der Roten Armee erinnern. Über dem Friedhof erhebt sich eine kolossale zwölf Meter hohe Bronzestatue eines russischen Soldaten, der ein deutsches Kind im Arm und ein Schwert in der Hand hält und gleichzeitig ein Hakenkreuz unter seinen Füßen zerquetscht.

Verlasst die Gedenkstätte auf gleichem Weg und geht zum Parkausgang in Richtung Am Treptower Park. Überquert Am Treptower Park und folgt der Puderstraße für 300 Meter. Biegt dann nach der Unterführung der Eisenbahnbrücke rechts in die Kiefholzstraße ein. Folgt der Kiefholzstraße für weitere 300 Meter. Dabei überquert ihr die zum Zeitpunkt des Schreibens noch nicht fertiggestellte Autobahn und geht weiter, bis ihr auf der linken Seite die Treptower Straße erreicht. Folgt dieser für ein paar Meter, bis auf der linken Seite die Brauerei Berliner Berg mit ihrem Biergarten erscheint.

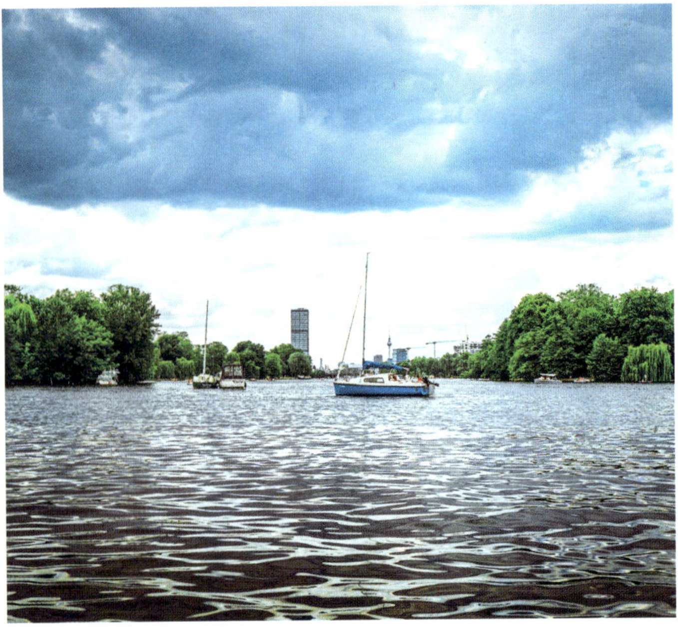

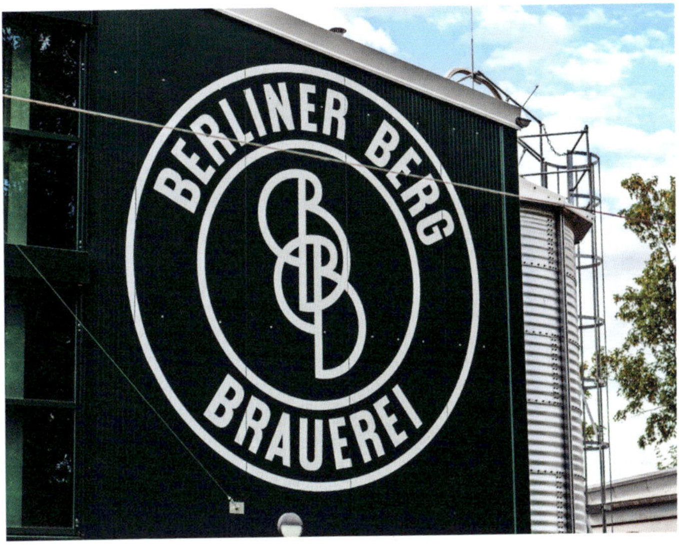

ÜBER BERLINER BERG BRAUEREI

Seit seinem Debüt in der Berliner Szene 2016 hat Berliner Berg Bier seinen Weg in viele der besten Bars der Stadt gefunden. Die Brauerei produziert ein gemischtes Angebot aus IPAs, Pilsner und Lagerbier und ist vor allem für ihre erstaunliche Berliner Weiße bekannt, eine unglaublich moderne Interpretation des klassischen Getränks, die es irgendwie schafft, viele Aromen in einem einzigen Getränk zu vereinen. Der Biergarten und die Brauerei sind in traditionellen frischen Grüntönen geschmückt, während dichtes Laub dem umliegenden Industriegebiet Leben und Frische verleiht. Es gibt gelegentliche Imbisswagen, die am Wochenende Mahlzeiten anbieten, aber ihr könnt auch gerne eure eigenen Snacks mitbringen, die ihr zu den Berliner Berg Bieren genießen könnt. Es werden auch online buchbare Brauereiführungen und im Sommer wochentags auch Filmvorführungen im Freien angeboten.

ADRESSE

Berliner Berg Brauerei
Treptower Straße 39
12059 Berlin
+ 49 30 64435906
info@berlinerberg.de
www.berlinerberg.com

Fotos © Yvonne Hartmann

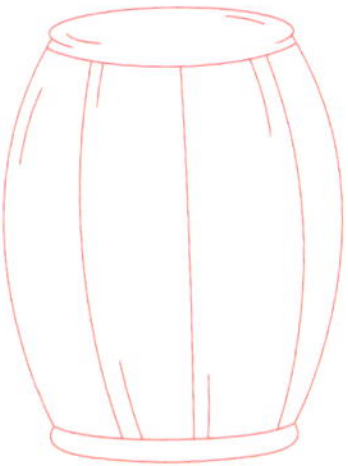

VOLKSPARK FRIEDRICHSHAIN

VOM PRENZLAUER BERG ZUR BUNKERBURG

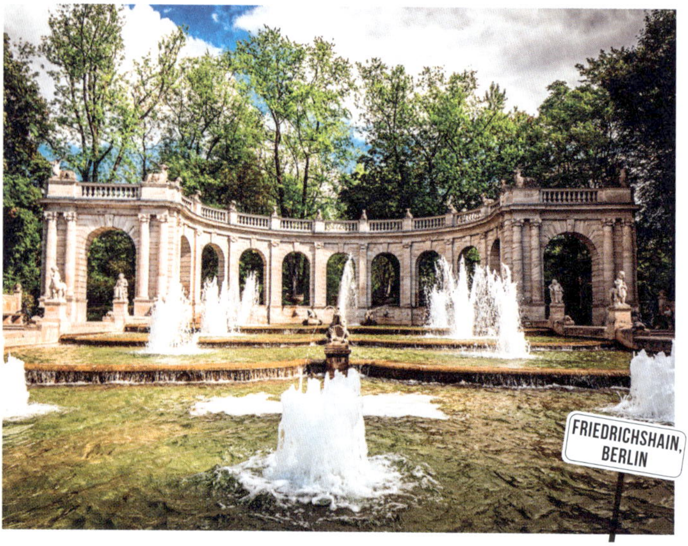

AUSGANGSORT	ZIEL
U-BAHNHOF SENEFELDERPLATZ	BRAUEREI FLESSA
BIER	SCHWIERIGKEITSGRAD
MANDARINA	MITTEL
ÖV	WANDERZEIT
U2	1 STD. 30 MIN.
ZONE	LÄNGE
A	7 KM
SEHENSWÜRDIGKEITEN	HÖHENUNTERSCHIED
WASSERTURM PRENZLAUER BERG, MÄRCHENBRUNNEN, GROSSER BUNKERBERG, VELODROM	AUF: 40 M AB: 40 M

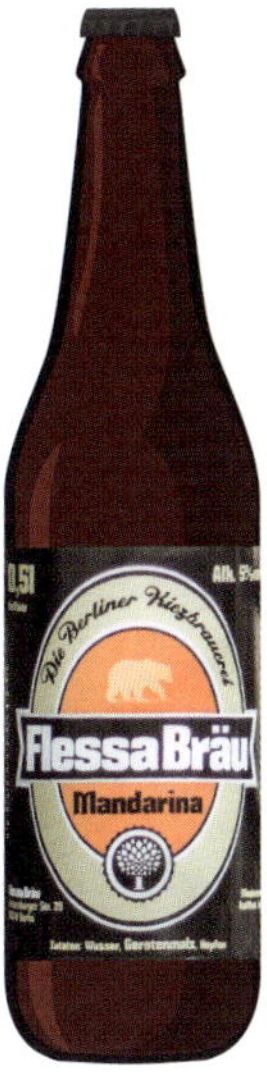

5,0 % ALKOHOLGEHALT

ROTES LAGER

KUPFER, TRÜB

ORANGE, WEIZEN

BITTER, MALZIG, FRUCHTIG (ZITRUS)

BITTERE SÜSSE

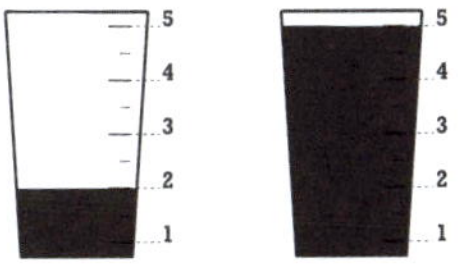

MANDARINA. Ein bitteres und trockenes rotes Lagerbier mit leicht süßlichen Mandarinennoten und mildem Karamell-Nachgeschmack.

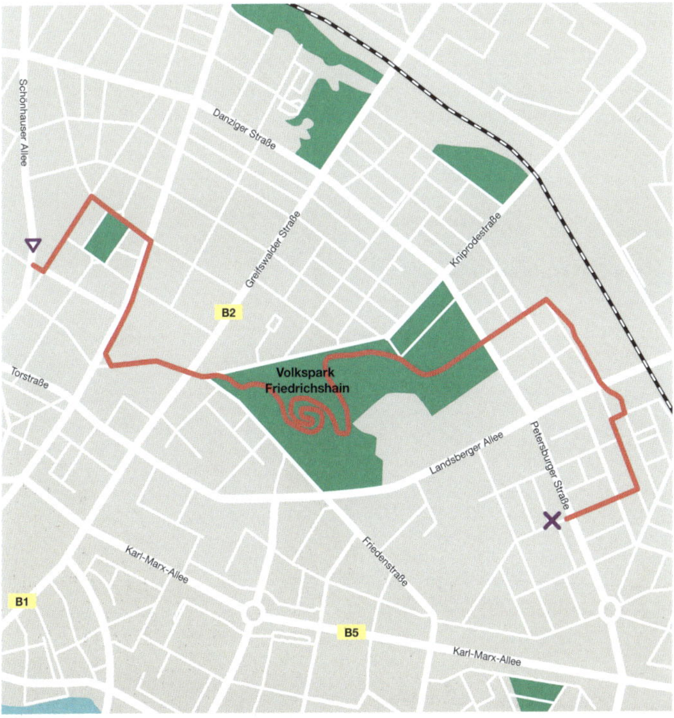

WEGBESCHREIBUNG

Der Volkspark Friedrichshain hat fast alles, was man sich von einer öffentlichen Parkanlage wünscht. Neben einem Open-Air-Kino bietet das Erholungsgebiet eine Laufstrecke, zahlreiche Tischtennisplatten, barocke Springbrunnen, ein wunderschönes Restaurant am See sowie Kunstwerke, historische Statuen und einen zerstörten Bunker aus dem Zweiten Weltkrieg. Der Park ist bei Anwohnern Tag und Nacht ein beliebter Ort für Spaziergänge, Picknicks oder Grillabende.

Verlasst den Bahnhof Senefelderplatz und geht in nördlicher Richtung 600 Meter auf der Kollwitzstraße in den lebendigen und grellen Bezirk Prenzlauer Berg, bevor ihr auf der Knaackstraße weiter Richtung Osten geht, vorbei am berühmten Wasserturm des Viertels.

Nach 350 Metern biegt ihr auf der Prenzlauer Allee Richtung Süden ab und folgt dieser bis zur Straße Prenzlauer Berg. Biegt hier links ab, überquert die Greifswalder Straße und geht geradewegs in den Volkspark Friedrichshain hinein. Am Eingang des Parks findet ihr den Märchenbrunnen, ein neobarocker Brunnen mit Märchenfiguren, die in eine buchstäblich fabelhafte und magische Welt von Wasserspielen integriert sind.

Am Märchenbrunnen vorbei nehmt ihr die zweite Abbiegung rechts (in südöstliche Richtung) tiefer in den Park, bevor ihr den Großen Bunkerberg erreicht, wo im Zweiten Weltkrieg einer der riesigen Flaktürme Berlins stand. Anders als der Turm im Volkspark Humboldthain wurde dieser hier abgerissen und hinterließ einen Trümmerhaufen, der heute nur noch eine Aussichtsplattform mit Blick über den Kiez ist.

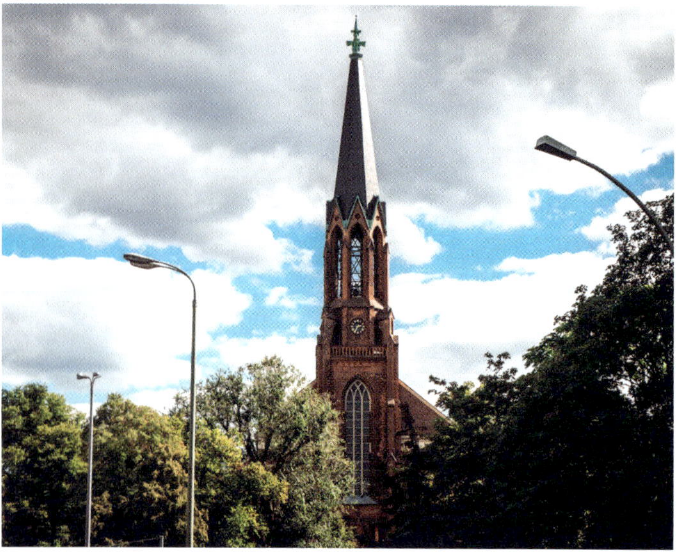

Geht im Uhrzeigersinn vom Großen Bunkerberg hinunter. Hinter der Statue von Friedrich II. führt euch ein Weg links zum See und dem alten DDR-Restaurant Schönbrunn. Nehmt nach dem Restaurant die zweite Abbiegung rechts. Nach 200 Metern geht wieder rechts über den Hügel und am Kriegerdenkmal vorbei. Geht die Stufen vom Denkmal hinunter, biegt dann rechts ab, folgt dem Weg für 150 Meter und biegt dann am Duftgarten im Friedrichshain links ab, um in den östlichen Teil des Parks zu gelangen.

Weiter geht es vorbei an der Kletterwand, den Volleyballfeldern und hinüber zur Danziger Straße, wo ihr den Volkspark verlasst. Überquert die Danziger Straße und geht weiter Richtung Osten auf der Paul-Heyse-Straße bis zum Velodrom, einer riesigen, modernen, kreisrunden Veranstaltungshalle. Geht hier die Stufen hinauf, die euch in den Velodrompark führen. Durchquert den Park in südlicher Richtung parallel zur Fritz-Riedel-Straße, geht die Stufen hinunter und folgt nach Überquerung der Landsberger Allee der Hausburgstraße. Biegt dann rechts auf die Straßmannstraße ab und folgt dieser bis zur Petersburger Straße. Dort seht ihr auf der rechten Seite das Schild der Brauerei Flessa.

ÜBER FLESSA

Die abgelegene Nachbarschaftsbrauerei Flessa liegt versteckt im Innenhof eines Wohnblocks. Direkt neben den Namen der Hausbewohner befindet sich auch die Klingel, die euch Zugang zu diesem versteckten Juwel gewährt. Auch wenn es keinen Ausschank gibt, sind Gäste jederzeit herzlich willkommen, sich ein frisches, gekühltes Bier direkt aus der Brauerei von Christoph Flessa zu holen und nebenan im Volkspark Friedrichshain zu genießen. Flessa bietet auch Braukurse an, die sehr beliebt sind. Die unabhängig produzierten Biere (Pilsner, IPA, Weizen, Mandarina, Export und Extra Ale) sind in einer Vielzahl lokaler Bars und Restaurants zu finden und zu jeder Jahreszeit erhältlich.

ADRESSE

Brauerei Flessa
Petersburger Straße 39
10249 Berlin
+49 30 23409269
www.brauerei-flessa.de

Fotos © Yvonne Hartmann

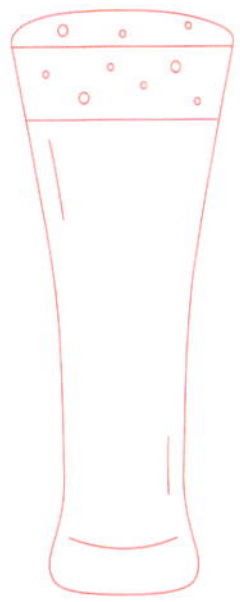

WASSERSTADTBUMMEL

VON DER INDUSTRIELLEN BRAUEREI-HOCHBURG ZUR ZUKUNFT DES BIERS

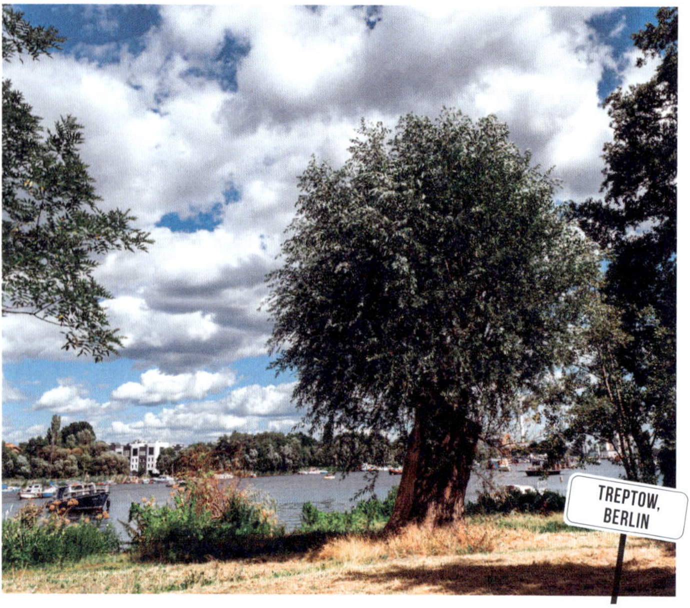

AUSGANGSORT	ZIEL
S-BAHNHOF TREPTOWER PARK	STRASSENBRÄU TAPROOM
BIER	SCHWIERIGKEITSGRAD
STRALAUER PILS	LEICHT
ÖV	WANDERZEIT
S9, S9, S41, S42, S49, S85	1 STD. 15 MIN.
ZONE	LÄNGE
A	6,3 KM
SEHENSWÜRDIGKEITEN	HÖHENUNTERSCHIED
DORFKIRCHE STRALAU, STRALAUER SPREETUNNEL, RUMMELSBURGER BUCHT	AUF: 10 M AB: 10 M

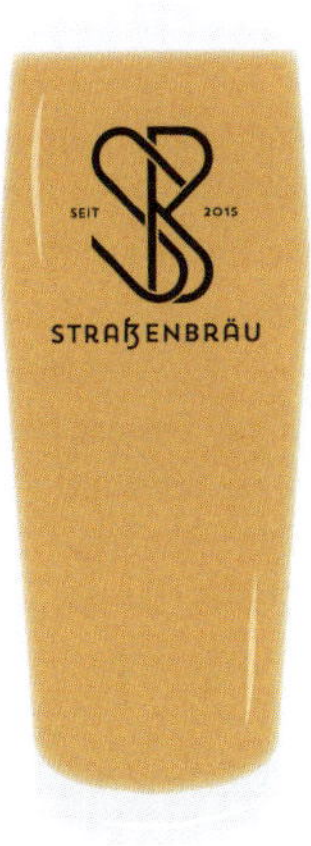

5,0 % ALKOHOLGEHALT — PILSNER

WEISSGOLD

WÜRZIG, MALZIG

HERB, BITTER, BLUMIG

BITTERE SÜSSE

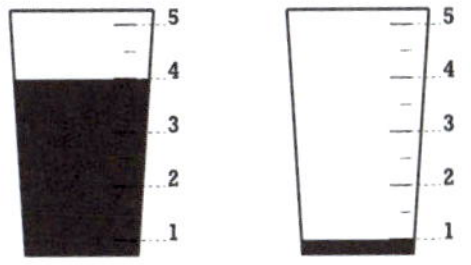

STRALAUER PILS. Ein leichtes, erfrischendes und charakterstarkes Pilsner mit Kräuternote.

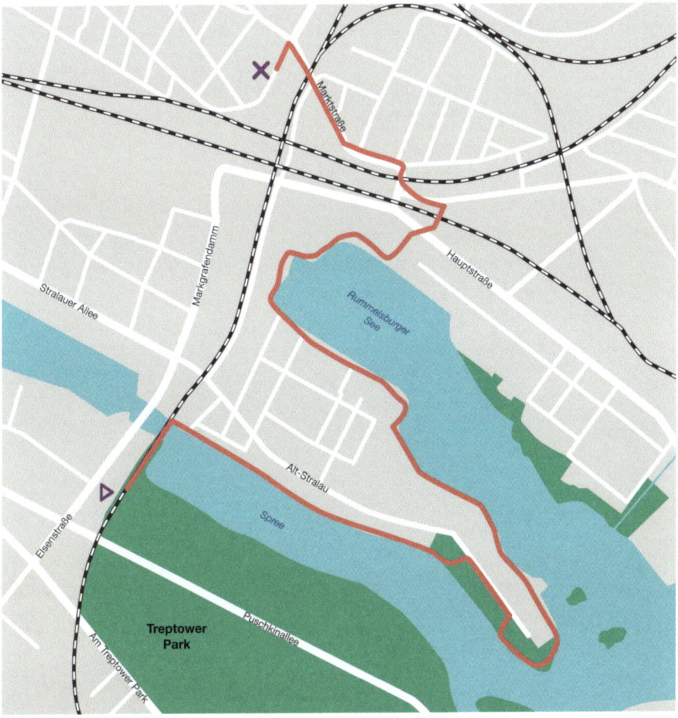

WEGBESCHREIBUNG

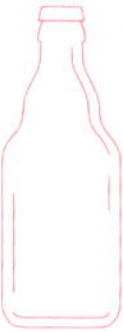

Die Halbinsel Stralau ist ein Ruhepol in dem sonst eher chaotischen Stadtteil, der Friedrichshain und Neukölln verbindet. Stralau war einst ein kleines Fischerdorf, bevor es ein Teil von Berlin wurde. Heute bietet die abgelegene Halbinsel eine friedliche Atmosphäre für Spaziergänge mit einmaliger Aussicht auf die Spree. Im frühen 19. Jahrhundert wurde das Gebiet zu einem Zentrum der industriellen Revolution. Heute noch sind Fabrikfassaden erhalten – darunter eine alte Abfüllfabrik, die einer der größten Brauereien der Stadt diente. Das erste Relikt dieser Zeit (das alte Fabrikgebäude der Glasfabrik) liegt direkt rechts neben dem Bahnhof Treptower Park.

Verlasst den Bahnhof und überquert die Spree über die Parkwegbrücke. Geht danach rechts die Treppe hinunter zum Wasser und folgt dem Fußweg am Stralauer Spreeufer entlang. Dieser führt euch gegen den Uhrzeigersinn um die Halbinsel, mit Sicht auf den belebten Treptower Park auf der anderen Seite des Flusses.

Nach einem Kilometer schlängelt sich der Weg um die Dorfkirche herum. Der Bau stammt aus dem Jahr 1464 und ist damit das älteste Gebäude in Friedrichshain/Kreuzberg. Auf dem Weg zurück zur Spree beginnt der Weg nach etwa 500 Metern nach links abzufallen. Dies sind die Überreste eines alten Spreetunnels, der einst unter dem Fluss verlief und ihn mit dem Park auf der anderen Seite verband.

Der Weg umrundet die Halbinsel und führt auf der anderen Seite zurück, vorbei an zahlreichen malerischen Bootshäusern und dem schwimmenden Café Kap Frida, einem perfekten Ort für eine Pause. Nach einigen hundert Metern führt der Weg an einem roten Backsteingebäude vorbei, der alten Palmölfabrik. Umrundet die Rummelsburger Bucht für einen weiteren Kilometer, bevor ihr links Richtung Hauptstraße geht, diese überquert und durch den S-Bahnhof Rummelsburg auf die Nöldnerstraße gelangt.

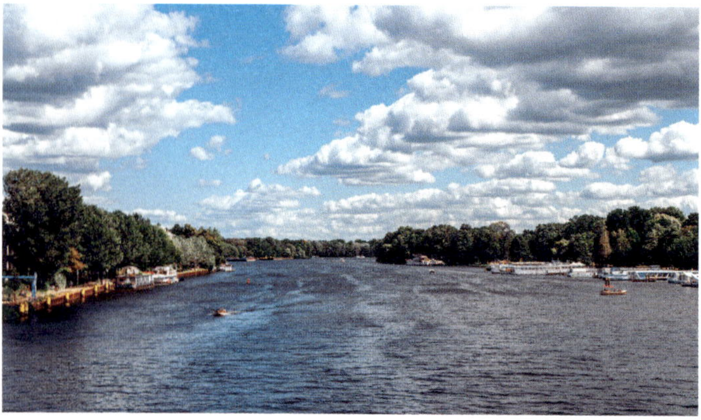

Biegt links in die Nöldnerstraße, dann rechts in die Karlshorster Straße, die nach einer Linkskurve in die Marktstraße übergeht. Folgt der Marktstraße für 500 Meter geradeaus durch die Victoriastadt bis zur Neuen Bahnhofstraße. An der Ecke der Kreuzung liegt Victoria Stadler – eine helle und charmante kleine Nachbarschaftsbrauerei. Biegt links in die Neue Bahnhofstraße ein, bis ihr die Brauerei Straßenbräu auf der rechten Seite erreicht.

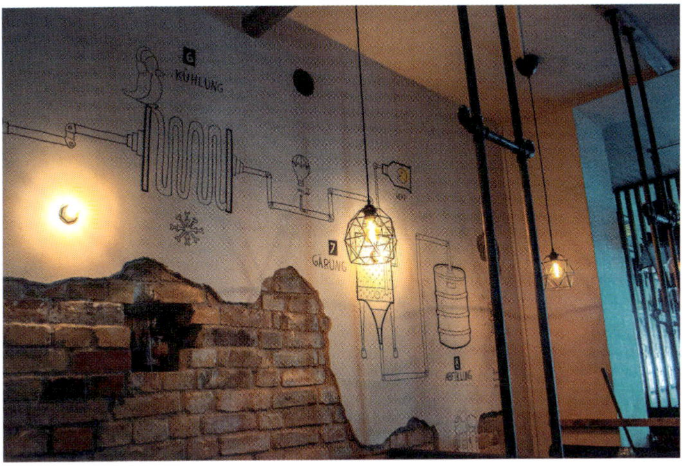

ÜBER STRASSENBRÄU

Die moderne und elegant gestaltete Craftbeer-Bar ist mit allen schicken und gemütlichen Annehmlichkeiten ausgestattet, damit ihr euch wohlfühlt, während ihr euch an der umfangreichen Speisekarte abarbeitet. Mit seiner Spezialisierung auf geschmackvolle Ales, Weißbiere und Pilsener (das Bier *Sonnenallee* ist da ein weiterer hochgelobter Tipp!), die mit Liebe von der Brauerei gleich um die Ecke hergestellt werden, hat Straßenbräu mit seinem Händchen für perfektionierte, herzhafte Biere Heerscharen lokaler Fans gewonnen. Es werden keine Speisen angeboten, aber das Team freut sich, wenn ihr euch Leckereien aus den benachbarten Restaurants oder von zu Hause mitbringt, die ihr drinnen oder draußen genießen könnt.

ADRESSE

Straßenbräu Taproom
Neue Bahnhofstraße 30
10245 Berlin
+ 49 33 17043211
www.strassenbraeu.de

Fotos © Daniel Cole

MÜGGELSEE

SEEN, STRÄNDE UND WÄLDER

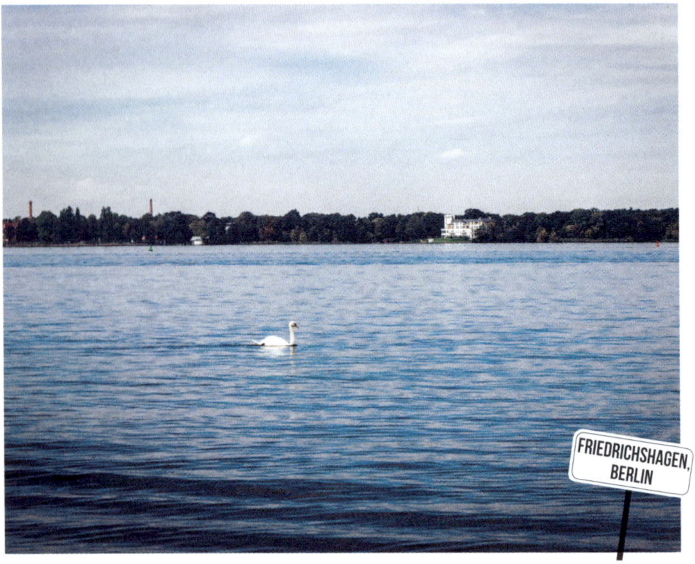

▷··· AUSGANGSORT	···✕ ZIEL
S-BAHNHOF FRIEDRICHSHAGEN	BRAU- & GENUSSWERKSTATT BERLIN-FRIEDRICHSHAGEN
BIER	SCHWIERIGKEITSGRAD
DOLLE MOLLE KUPFERSAMT	SCHWER
ÖV	WANDERZEIT
S3	4 STD.
ZONE	LÄNGE
B	18,3 KM
SEHENSWÜRDIGKEITEN	HÖHENUNTERSCHIED
SPREETUNNEL, RAHNSDORF, STRANDBAD MÜGGELSEE, WASSERWERKSMUSEUM	AUF: 100 M AB: 100 M

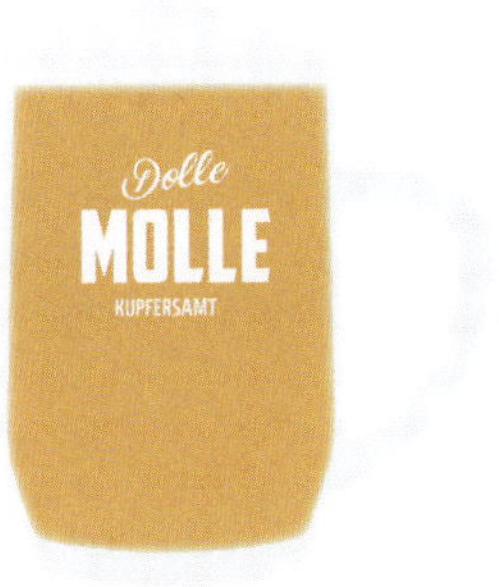

5,3 % ALKOHOL-GEHALT — KUPFER

KUPFER

MALZ, HOPFEN

KARAMELL, MALZ, HOPFEN

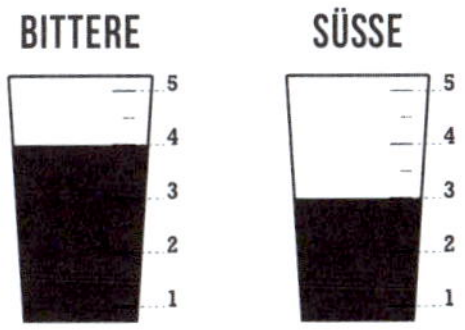

DOLLE MOLLE KUPFERSAMT. Ein süffiges und würziges Bier, mit leichtem Karamellaroma und leicht bitterer und abgerundeter Hopfennote.

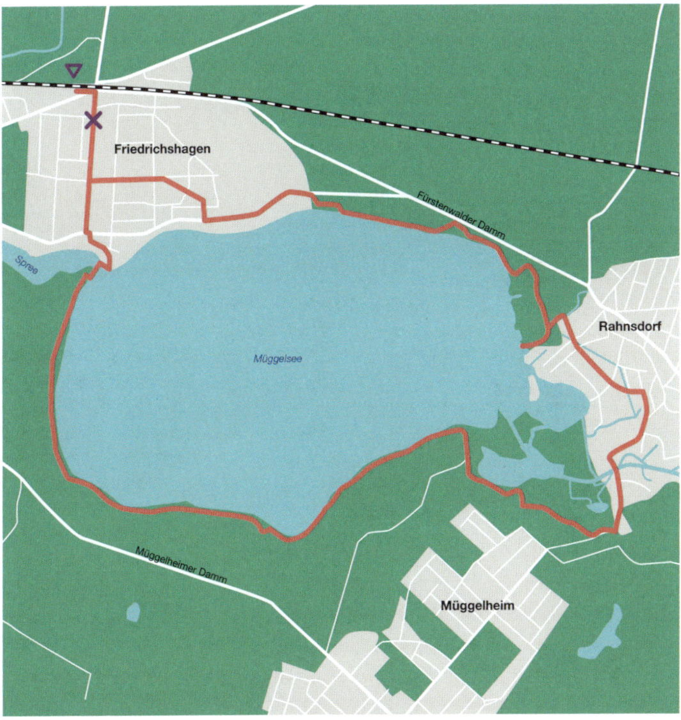

WEGBESCHREIBUNG

Wie eine riesige Binnenoase erstreckt sich im Osten Berlins der Müggelsee über 4 Kilometer Länge. Umgeben von üppigen Wäldern und mehreren einsamen Sandstränden und Restaurants, ist er mit Sicherheit eines der schönsten Gewässer der Stadt. Die vielen Waldwege, Fahrradrouten und Bootsverleihstellen bieten Unternehmungslustigen ein Repertoire an Möglichkeiten, wenn schwimmen für sie nicht genug ist. Aber denkt daran: Wenn ihr in den Sommermonaten kommt, ist Badebekleidung ein Muss.

Verlasst den Bahnhof Friedrichshagen, geht etwa einen guten Kilometer auf der Bölschestraße in Richtung Süden, biegt am Müggelseedamm links ab und folgt direkt am Ufer des Müggelsees der Beschilderung zum Spreetunnel. Der beeindruckende Unterwassertunnel führt euch auf die andere Seite, wo ihr dem Wasser 6 Kilometer gegen den Uhrzeigersinn folgt. Kurz bevor der Uferweg am Hotel Müggelhort endet, biegt ihr rechts ab und folgt mit dem Rücken zum See der Straße zum Müggelhort. Nach 150 Metern nehmt ihr links den kleinen Fußpfad, der euch an das Ufer des Kleinen Müggelsees führt. Nach ein paar hundert Metern passiert ihr einen großen Sandstrand am Seeufer, der neben dem ruhigen, sauberen Wasser liegt und von wo aus ihr die opulenten Häuser auf der anderen Seite überblicken könnt.

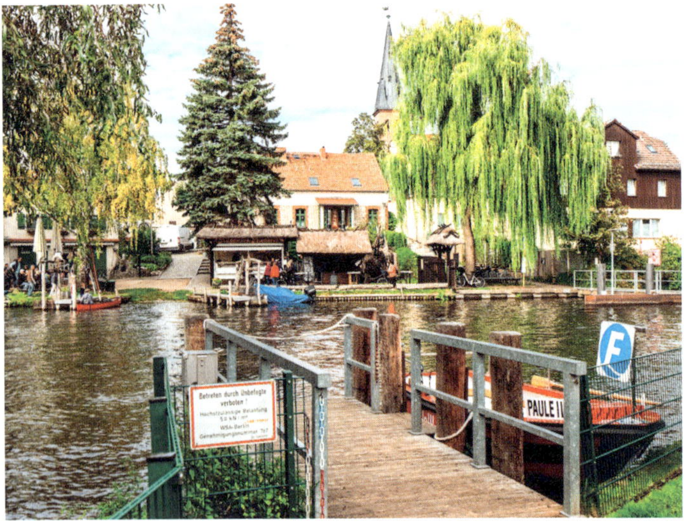

Folgt dem Weg für ca. 800 Meter, bevor ihr links auf Zu den Müggelheimer Wiesen und dann wieder links auf Zur Fähre abbiegt. Am Ende der Straße werdet ihr einen Mann in einem Ruderboot vorfinden, der euch zum Preis eines BVG-Kurzstreckentickets auf die andere Seite der Müggelspree bringt. Der winzige Flussdienst ist seit über 100 Jahren in Betrieb, verkehrt jedoch nur zwischen Mai und Oktober an Wochenenden und Feiertagen.

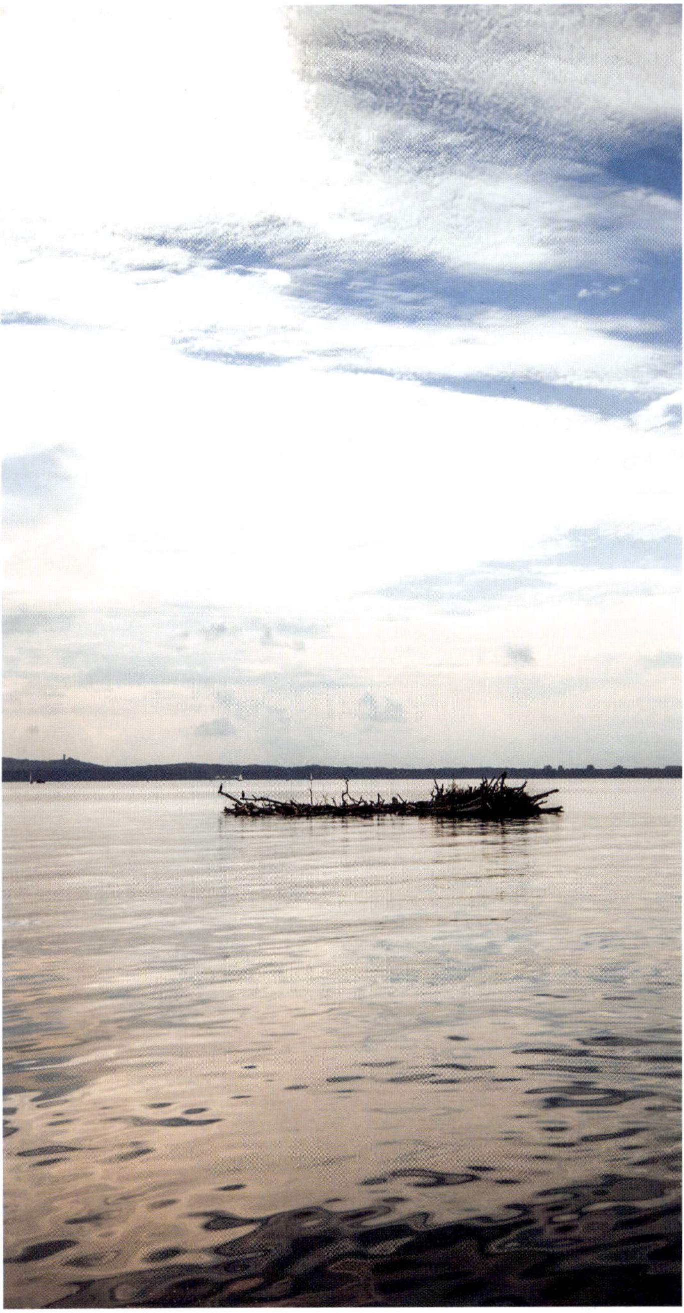

Auf dieser Seite des Kanals liegt das malerische Fischerdorf Rahnsdorf aus dem 14. Jahrhundert, das für seine traditionelle Räucherfischbude bekannt ist. Geht weiter ins Dorf, umrundet die Dorfkirche auf der charmanten Dorfstraße und biegt an deren Ende links auf die Straße Lachsfang und dann wieder links auf Aalsteig ab, die in die Wiesenstraße übergeht. Nach 750 Metern biegt rechts in die Seestraße ein, dann gleich wieder links in die Brückenstraße. Folgt der Brückenstraße

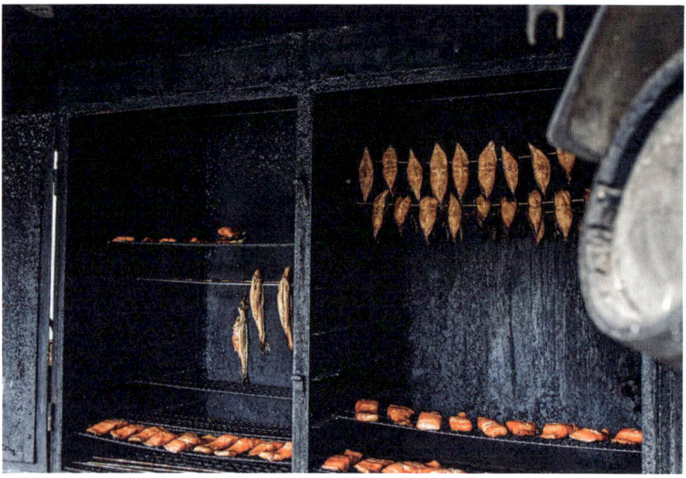

für 200 Meter, bevor ihr den Fredersdorfer Mühlenfließ überquert und dann links auf einen Waldweg abbiegt. Nach 150 Metern zweigt der Weg nach rechts ab. Kurz bevor er zum Fürstenwalder Damm führt, geht nach links ein Seitenweg ab, dessen Wegweiser zur Fisch-Borke, einem Biergarten am See, führen. Von dort folgt ihr wieder dem Seeuferweg gegen den Uhrzeigersinn bis zum Strandbad Müggelsee, immer dem Sandstrand entlang bis zum FKK-Gelände.

Folgt dem Seeuferweg vorbei am schönen und abgelegenen Nordstrand weiter in den Wald hinein. Der Weg endet schließlich am Müggelseedamm. Geht auf dieser Straße einen Kilometer in westliche Richtung, vorbei am Wasserwerksmuseum auf der linken Seite. Weiter geht es auf der Kalkseestraße Richtung Norden, dann auf der Rahnsdorfer Straße Richtung Westen. Folgt dieser Straße für einen Kilometer, bis ihr wieder auf die Bölschestraße kommt, und geht diese für ca. 400 Meter in nördliche Richtung, wo euch auf der linken Seite das Rathaus und der Ratskeller der Brau- & Genusswerkstatt Friedrichshagen begrüßen.

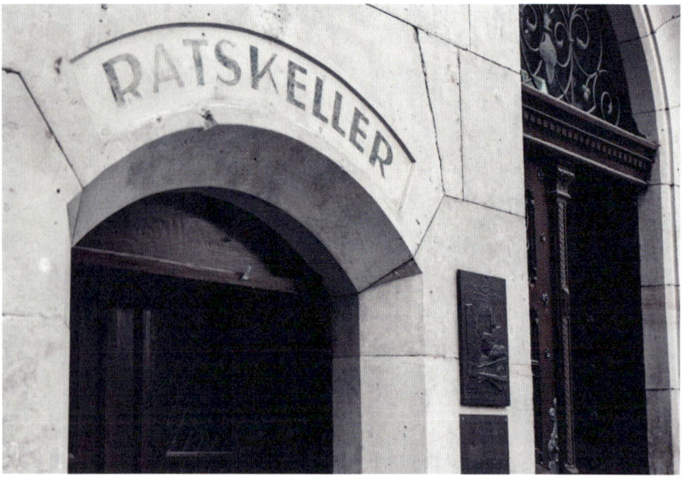

ÜBER BRAU- & GENUSSWERK-STATT BERLIN-FRIEDRICHSHAGEN

Einst ein ehemaliges Feriendorf und heute ein lebhafter und schicker Berliner Vorort, war Friedrichshagen früher die Heimat der riesigen Bürger-Bräu-Brauerei, deren leere Räumlichkeiten immer noch am Müggelsee liegen. Mit der Absicht, diese Lücke in der lokalen Brauereiszene zu füllen, hat sich eine Gruppe von Einheimischen im alten Rathaus niedergelassen und begonnen, das Friedrichshagener Dolle-Molle-Bier zu brauen, das in der antiquierten Umgebung serviert wird. Die erst kürzlich vorgenommene Renovierung, während derer wiederentdeckte, klassische Wandgemälde aufwendig restauriert wurden, verhalfen den Fundamenten des Ratskellers zu ihrem früheren Glanz und geben dem Ort den alten, klassischen Brauhaus-Charme. Mit zwei Bieren im Angebot – einem Pils und einem Kupfer –, hausgemachtem Schnaps und echtem Kneipenessen ist hier alles geboten, was das Herz begehrt.

ADRESSE

Brau- & Genusswerkstatt Berlin-Friedrichshagen AG
Bölschestraße 87/88
12587 Berlin
+49 30 64091227
post@brauerei-friedrichshagen.de
www.brauerei-friedrichshagen.de

Fotos © Yvonne Hartmann

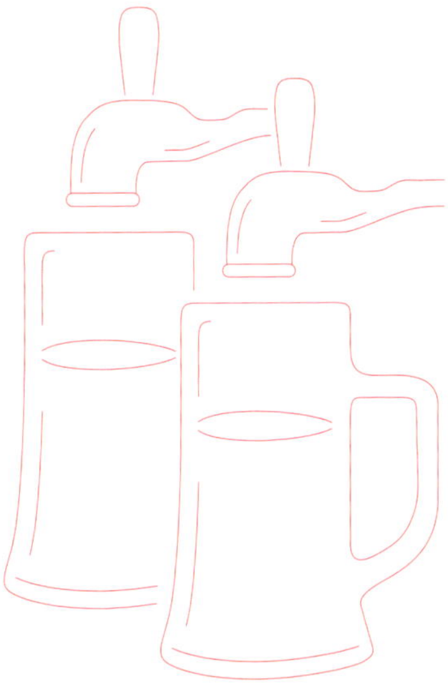

RIXDORF

EIN VERSTECKTES BÖHMISCHES DORF IM HERZEN DER METROPOLE

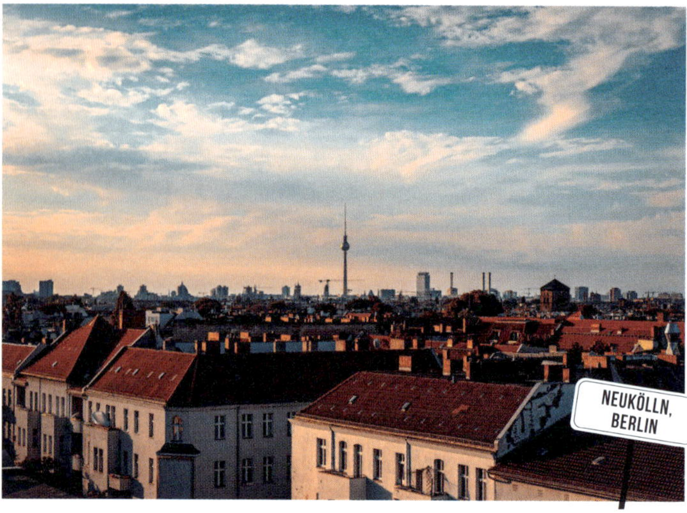
NEUKÖLLN, BERLIN

AUSGANGSORT	ZIEL
U-BAHNHOF HERMANNPLATZ	ROTBART
BIER	SCHWIERIGKEITSGRAD
ROTBART ROTBIER	LEICHT
ÖV	WANDERZEIT
U7, U8	1 STD. 15 MIN.
ZONE	LÄNGE
A	5 KM
SEHENSWÜRDIGKEITEN	HÖHENUNTERSCHIED
RATHAUS NEUKÖLLN, KINDL-BRAUEREI, KÖRNERPARK, RICHARDPLATZ	AUF: 20 M AB: 20 M

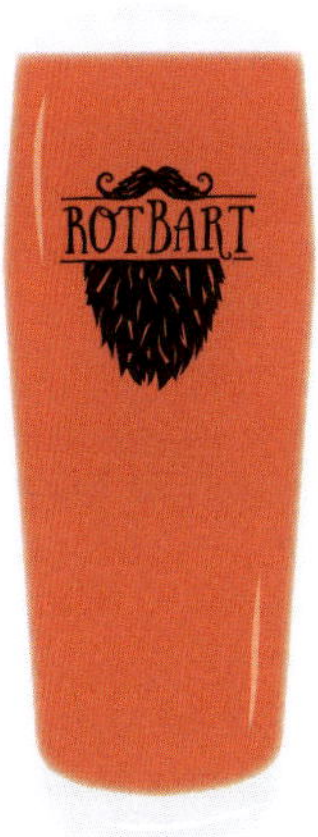

5,4 % ALKOHOL-GEHALT — ROTBIER

DUNKEL, MAHAGONIBRAUN

MALZIG, SCHOKOLADIG, FRUCHTIG

GERÖSTETES MALZ, KARAMELL

BITTERE

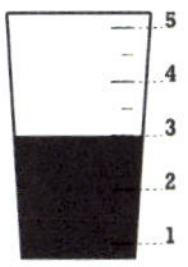

SÜSSE

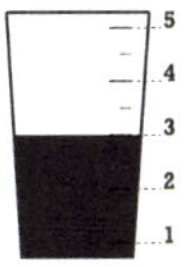

ROTBART ROTBIER. Herb und fast schokoladig im Geschmack, malzig und gut ausbalanciert, mit einem holzigen Nachgeschmack, der an in Eichenfässern gereiften Whisky erinnert.

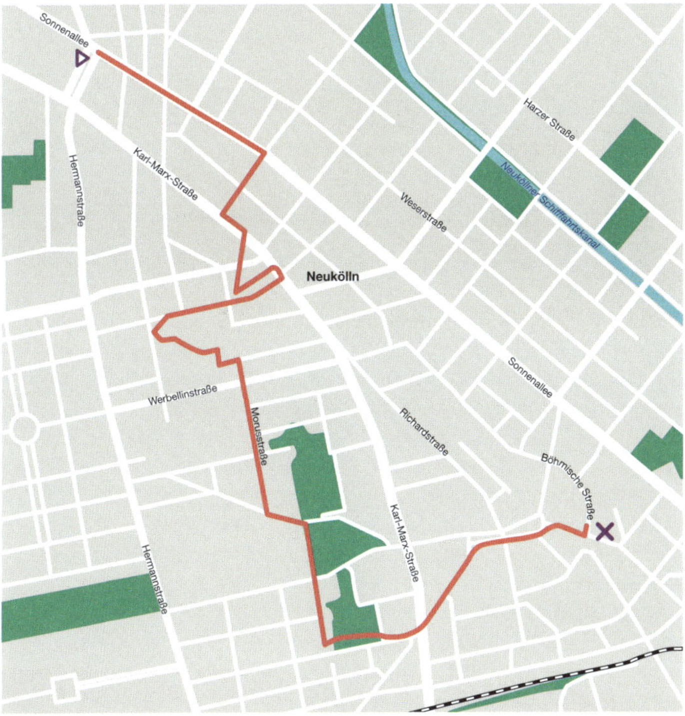

WEGBESCHREIBUNG

Eingebettet zwischen der Sonnenallee und der Karl-Marx-Straße liegt das ehemals böhmische Dorf Rixdorf. In dem grünen Viertel mit seinen Kopfsteinpflasterstraßen, historischen Gebäuden und riesigen offenen Innenhöfen findet ihr noch heute alte Kirchen und Remisen, die den Richardplatz umgeben. Das alte Dorf lädt mit seinen gemütlichen Bars und Boutiquen zu einer Zeitreise in die Vergangenheit ein und lockt mit seiner ruhigen, gelassenen Atmosphäre viele Einheimische für einen Bummel in diesen Teil der Stadt.

Los geht es am U-Bahnhof Hermannplatz! Nehmt den Ausgang Sonnenallee und taucht von dort aus mitten in den Trubel des Neuköllner Alltags ein, indem ihr zunächst nach Osten geht. In einer der belebtesten Straßen der Stadt sieht man die Einheimischen von Gemüseläden zu Cafés, Boutiquen und Metzgern eilen. Mit seiner großen türkischstämmigen Bevölkerung bietet Neukölln eine enorme Auswahl an orientalischen Restaurants, Geschäften, die an Basare erinnern, und Cafés.

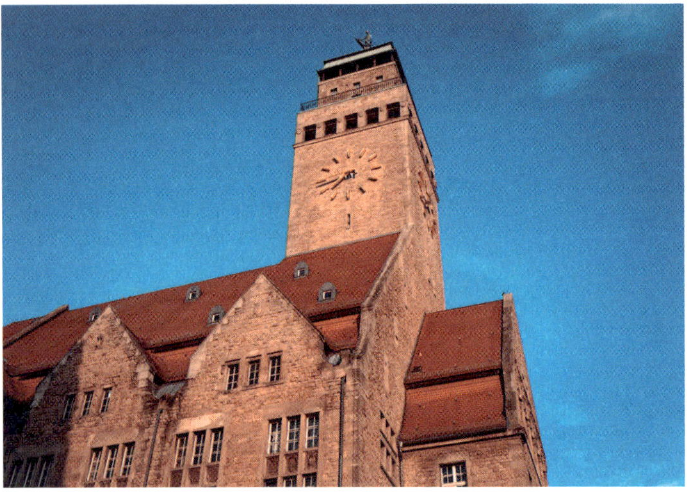

Biegt an der Weichselstraße rechts ab und geht vorbei an jaja (Berlins bestem Biowein-Restaurant) und Peppikäse, wo ihr die leckersten Käsespezialitäten Berlins finden könnt. An der Karl-Marx-Straße angelangt, biegt links ab und folgt der Straße für einen Block, bis ihr vor den Neukölln Arcaden steht. Auf dem Dach des Einkaufszentrums befindet sich der Klunkerkranich, eine gemütliche Bar mit atemberaubender Aussicht über die Stadt. Ein kleiner Zwischenstopp ist hier sehr zu empfehlen.

Biegt von der Karl-Marx-Straße am Rathaus Neukölln rechts in die Boddinstraße, nach 800 Metern links in die Mainzer Straße und dann wieder links in Am Sudhaus ein. Dort erreicht ihr die alte Kindl-Brauerei, die heute ein Kulturzentrum ist und wo man noch einen Blick auf die alten kupfernen Brautanks werfen oder sich einfach ein nebenan gebrautes Rollberg-Bier schnappen kann. Von hier biegt ihr links auf die Werbellinstraße und dann rechts auf die Morusstraße ab.

Von der Morusstraße geht ihr in Richtung Süden bis zum Mittelweg. Dort biegt ihr links und dann gleich wieder rechts ab, geht durch den Friedhof und gelangt über die Selkestraße in den Körnerpark, einen barocken Schlossgarten mit üppigen Grünflächen, Zierbrunnen und gepflegten Blumenbeeten.

Geht durch den Park und nehmt den östlichen Ausgang, zur Schierker Straße. Hier biegt ihr links ab und folgt der Schierker Straße für 350 Meter. Dann geht ihr über die Karl-Marx-Straße in Richtung Osten und die Kirchhofstraße hinunter auf den Richardplatz. Die riesigen Höfe, die einst als Pferdestallungen genutzt wurden, sowie die alte, weiterhin aktive Schmiede und die Bethlehemskirche bieten noch heute eine historische Kulisse mit einer Atmosphäre des 18. Jahrhunderts.

Am östlichen Ende des Richardplatzes, in der Schudomastraße, gegenüber dem belebten Böhmischen Platz, befindet sich die Bar Rotbart, ein zentraler und beliebter Treffpunkt des bescheidenen kleinen Dorfes.

ÜBER ROTBART

Diese gemütliche Eckkneipe verkörpert in jeder Hinsicht ein typisches Berliner Nachbarschaftslokal. Secondhandmöbel, rustikale, selbst gemachte Einrichtungsstücke und putzfreie Wände mit Kerzen erinnern an das Berlin der späten 1990er-Jahre mit dem Flair eines schicken und beliebten lokalen Treffpunkts.

Mit einem großen Angebot an Cocktails bis hin zu Weinen wandten sich die Barbesitzer für ihr Bier an das lokale Brauteam der Bierfabrik, die später von Brewer's Tribute, einem unabhängigen Craftbeer-Unternehmen Berlins, übernommen wurde. Für Rotbart wollte das Brauteam nicht nur etwas brauen, das zum Namen der Bar passt, sondern auch zu dessen Atmosphäre. Daher die spezielle Eichennote und der ausgewogene Geschmack. Ein echtes Unikat – genau wie die Bar selbst.

ADRESSE

Rotbart
Böhmische Straße 43
12055 Berlin
+49 30 49080740
www.rotbart-rixdorf.de

Fotos © Yvonne Hartmann

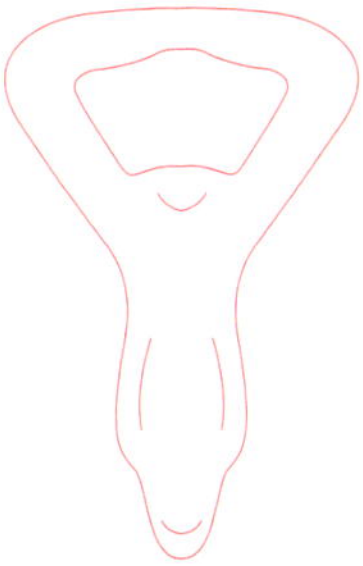

HERZBERGE

EIN OSTBERLINER ABENTEUER

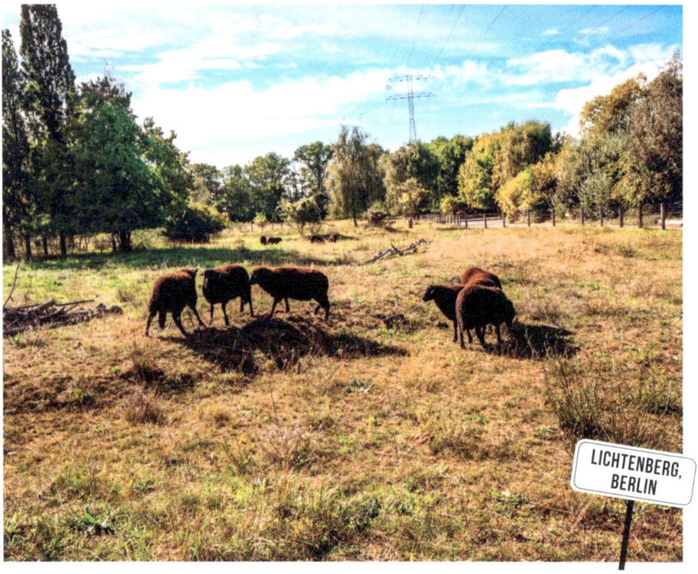

AUSGANGSORT	ZIEL
S-BAHNHOF FRIEDRICHSFELDE-OST	PROTOKOLL
BIER	SCHWIERIGKEITSGRAD
RESEARCH CHEMICALS	MITTEL
ÖV	WANDERZEIT
S5, S7, S75	3 STD. 30 MIN.
ZONE	LÄNGE
B	12 KM
SEHENSWÜRDIGKEITEN	HÖHENUNTERSCHIED
GEDENKSTÄTTE DER SOZIALISTEN, LANDSCHAFTSPARK HERZBERGE, DONG XUAN CENTER, VOLKSPARK LICHTENBERG, SAMARITERKIRCHE	AUF: 40 M AB: 90 M

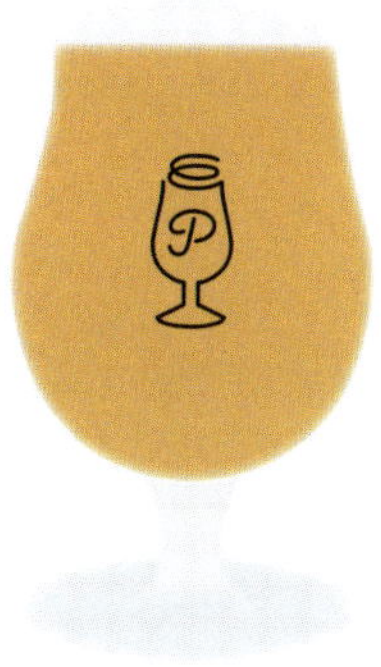

8,0 % ALKOHOL-GEHALT

DNEIPA

DUNKELORANGE

FRUCHTIG, HOPFENAROMATISCH

ORANGE, HOPFEN

BITTERE

SÜSSE

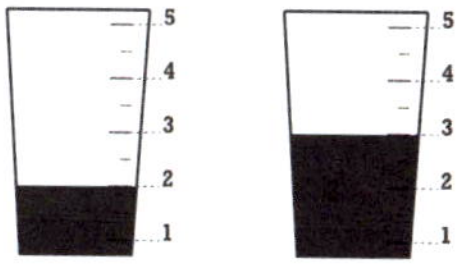

RESEARCH CHEMICALS. Ein wunderbar verarbeitetes, trübes IPA, mit einem fruchtigen Aroma und einer breiten Palette exotischer Geschmacksnoten.

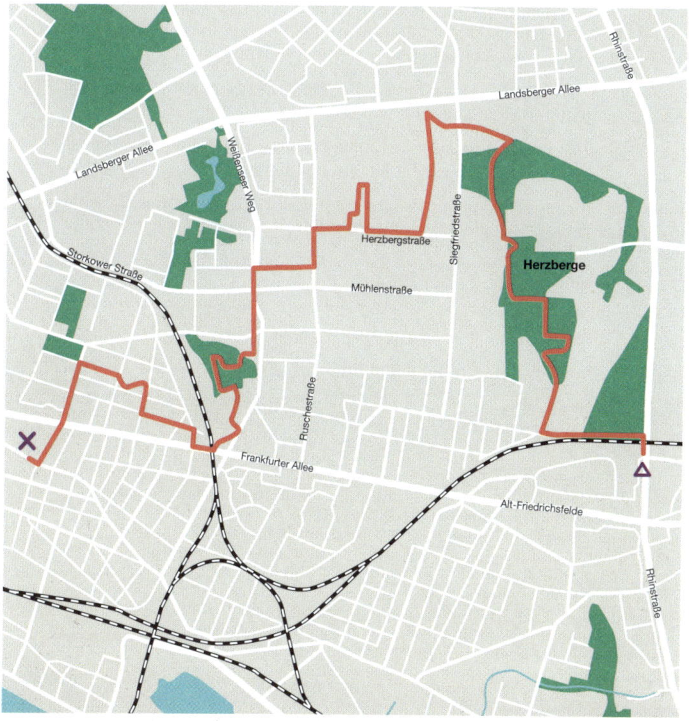

WEGBESCHREIBUNG

Im Herzen des östlich gelegenen Bezirks Lichtenberg, inmitten von Industriehallen und Hochhäusern, liegt eine Weidelandschaft mit grünen Feldern und Nutztieren. Der Landschaftspark Herzberge ist ein städtisches Landwirtschaftsgebiet. Neben grasenden pommerschen Schafen findet man hier auch einen Biohof mit saisonalem Gemüseanbau und einer eigenen Fischzucht. Der Park wurde entlang einer ehemaligen Eisenbahnlinie angelegt und ist Teil eines umfassenderen Regenerierungsprojekts für ehemalige Industriegebiete. Dessen Ziel ist es, mehr Natur und Farbe in den östlichen Teil Berlins zu bringen.

Verlasst den Bahnhof Friedrichsfelde Ost auf der Rhinstraße Richtung Norden. Nach wenigen hundert Metern führt eine Treppe links nach unten. Von hier aus folgt ihr dem Weg zwischen Gartenanlagen und Bahngleisen.

Biegt nach 200 Metern hinter der Gedenkstätte der Sozialisten rechts ab und folgt der alten Bahntrasse am Friedhof entlang Richtung Norden, direkt in den Landschaftspark Herzberge hinein. Der bewaldete Weg schlängelt sich schließlich durch Gemüsebeete und Gärten quer durch den Stadtgarten.

Weiter geht es durch städtische Landwirtschaftsgebiete in nördlicher Richtung, zwischen Viehweiden und Wäldern hindurch. Wenn ihr das Evangelische Krankenhaus Königin Elisabeth Herzberge erreicht, geht auf der Herzbergstraße Richtung Westen. Biegt dann in Richtung Norden auf den Fußweg entlang der alten Bahngleise ab und folgt dem Landschaftsschutzgebiet auf der Westseite. Folgt dem Weg für ca. 700 Meter und geht dann über die Siegfriedstraße Richtung Westen durch die Kleingartenanlagen und dann Richtung Süden über Am Wasserwerk zurück zur Herzbergstraße.

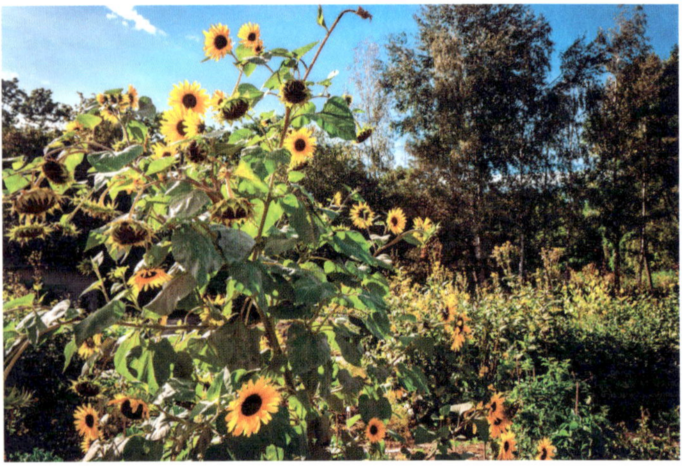

In westlicher Richtung führt die Herzbergstraße nun am Dong Xuan Center vorbei, einer Reihe von Lagerhäusern, die auf asiatische Waren spezialisiert sind. Geht weiter Richtung Westen und biegt auf der Möllendorffstraße Richtung Süden ab. Nach einem Kilometer geht es rechts weiter in den Volkspark Lichtenberg, wo ihr spiralförmig den Wegen folgt, an Teichen und Einheimischen, die hier ihre Freizeit genießen, vorbei. Verlasst den Park durch den Ausgang neben dem Theater an der Parkaue.

Folgt Parkaue in südliche Richtung, geht dann links auf Deutschmeisterstraße und dann rechts auf Möllendorffstraße. Folgt dieser Richtung Süden und biegt rechts auf die Frankfurter Allee ab. Biegt nach 800 Metern rechts auf die Voigtstraße ab, bevor ihr nach 300 Metern auf der Bänschstraße nach Westen weitergeht. Nach 200 Metern führt diese Straße um die Samariterkirche, ein wichtiges Herzstück der ostdeutschen Friedensbewegung der 1980er-Jahre, herum.

Geht noch 300 Meter weiter auf der Bänschstraße und biegt dann auf der Proskauer Straße Richtung Süden ab. Nachdem ihr die Frankfurter Allee überquert habt, geht es weiter auf der Niederbarnimstraße, der ihr für 300 Meter folgt. Biegt dann rechts auf die Boxhagener Straße ab, die euch schließlich zur Schankstube von Protokoll auf der rechten Seite bringt.

ÜBER PROTOKOLL

Der makellos gestaltete Schankraum Protokoll ist ein wahres Paradies für Bier-Nerds und zeichnet sich durch das Angebot fabelhafter Biere aus Deutschland und der ganzen Welt aus. Die 24 Zapfhähne und der reichlich gefüllte Kühlschrank erfreuen die Besucher mit einer Auswahl an IPAs, Ales, Weißen, Gueuze-Bieren und vielem mehr.

Das Team von Protokoll versteht das eine oder andere vom Bierbrauen. So bieten die Zapfhähne eine sich ständig weiterentwickelnde Auswahl neuer Kreationen aus Protokolls neuer Brauerei, eine kaleidoskopische Mischung aus handwerklich hergestellten, gemischten IPAs. Die Bar ist immer gut besucht und Treffpunkt für Bierliebhaber und Anwohner. Speisen stehen nicht auf der Karte, aber ihr werdet keine Probleme haben, etwas Leckeres für den großen oder kleinen Hunger in der Nachbarschaft zu finden.

ADRESSE

Protokoll
Boxhagener Straße 110
10245 Berlin
+ 49 33 17043211
hello@protokollberlin.de
www.protokollberlin.de

Fotos © Daniel Cole

WUHLETAL-WANDERWEG

WO BRUTALISTISCHES DESIGN AUF GESUNDE NATUR TRIFFT

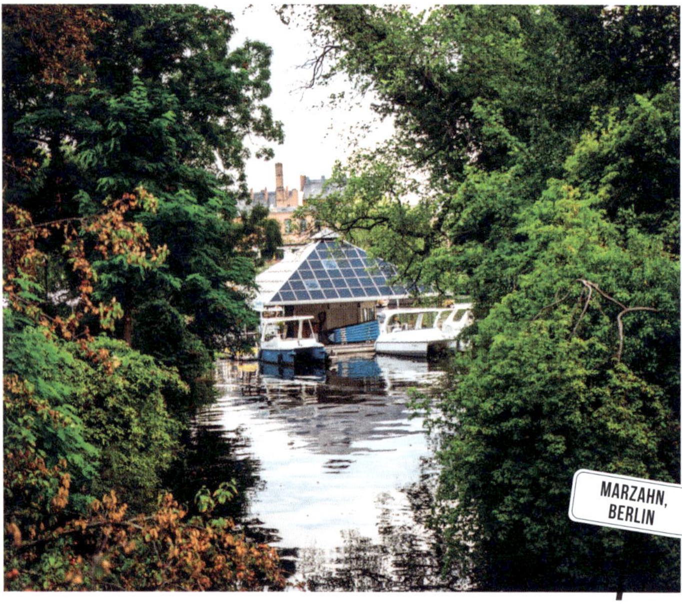

MARZAHN, BERLIN

AUSGANGSORT	ZIEL
S-BAHNHOF AHRENSFELDE	SCHLOSSPLATZBRAUEREI KÖPENICK
BIER	SCHWIERIGKEITSGRAD
HELLES	SCHWER
ÖV	WANDERZEIT
S7, RB25	4 STD. 30 MIN.
ZONE	LÄNGE
B	19 KM
SEHENSWÜRDIGKEITEN	HÖHENUNTERSCHIED
EICHEPARK, GÄRTEN DER WELT, KIENBERG, STADION AN DER ALTEN FÖRSTEREI, ALTSTADT KÖPENICK	AUF: 80 M AB: 110 M

5,2 % ALKOHOLGEHALT

HELLES

TRÜB, HELL

MANGO, ORANGE, MALZ

MANGO, ORANGE, MALZ

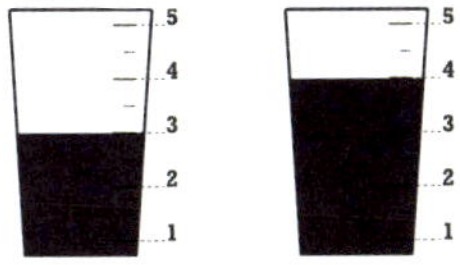

HELLES. Ein reichhaltiges und vollmundiges, fruchtiges Helles, sowohl süß als auch erfrischend mit einer leicht bitteren Note.

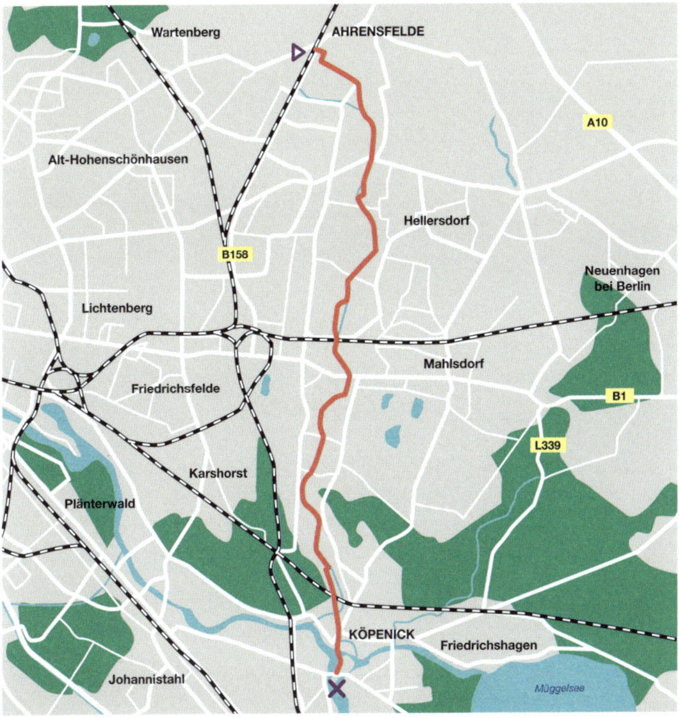

WEGBESCHREIBUNG

Der kleine Spree-Nebenfluss Wuhle entspringt im Norden Berlins, verläuft entlang der Stadtgrenze mit Brandenburg und mündet schließlich in Köpenick in die Spree. Das geschützte Grünland dieses Gebiets steht den brutalistischen, von der Sowjetunion gebauten Einzelkomplexen gegenüber, die sich vor der Wasserkulisse aneinanderreihen. Hier, in den Außenbezirken Berlins, schlängelt sich die Wuhle durch eine der schönsten Naturlandschaften der Stadt und bietet einige äußerst lohnende Aussichtspunkte. Ein Abstecher in die Gärten der Welt, die auf diesem Spaziergang liegen, sind das i-Tüpfelchen dieses Natur-Hotspots.

Verlasst den S-Bahnhof Ahrensfelde, überquert die Märkische Allee und folgt den blauen Wegweisern mit der Nummer 14, die euch bis nach Köpenick begleiten werden. Geht über die Klandorfer Straße bis zur Eichhorster Straße, biegt hier rechts ab und dann links in die Havemannstraße. Folgt dieser bis zum Eichepark. Hier ist der Wuhletal-Wanderweg ausgeschildert, der direkt am Flüsschen entlangführt.

In Richtung Süden kommt ihr durch ein Reservat mit wilden Hochlandrindern, bevor ihr die Ahrensfelder Berge erreicht, die mit 114,5 Metern über Meer der vierthöchste Punkt Berlins sind. Über die Landsberger Allee führt der Weg weiter Richtung Süden durch Felder von Wildhopfen, ein Überbleibsel der einstigen Braulust Berlins.

Weiter geht es auf dem von Wildpflanzen gesäumten Weg unter der Seilbahn der Gärten der Welt hindurch. In den Frühlingsmonaten verwandelt sich das Areal hier in einen Hotspot für Zuggänse, die mit ihrem anhaltenden Schnattern der Stille die Stirn bieten. Auf der rechten Seite seht ihr den Kienberg mit dem Wolkenhain, einer beeindruckenden modernen Stahlkonstruktion. Ein Abstecher hinauf wird mit einer phänomenalen Aussicht über die ganze Stadt belohnt.

Der Beschilderung weiter folgend, überquert der Weg nach 1,2 Kilometern die Wuhle, bevor er unter der S-Bahn Wuhletal hindurchführt. Abermals die Wuhle überquerend und in südlicher Richtung bringt euch der Weg durch den idyllischen Ortsteil Biesdorf, vorbei an Gartenhäusern, Gemüsebeeten und bunten Blumen.

Zwei Kilometer vor Köpenick führt euch ein Wegweiser Richtung Altstadt noch einmal über den Bach und auf die Mozartstraße, von der ihr links in die Hämmerlingstraße abbiegt. Folgt dieser für 1,4 Kilometer weiter in Richtung Süden, unter den Bahngleisen hindurch und am Stadion An der Alten Försterei vorbei. Das Stadion ist Heimat des FC Union Berlin, einer der größten Fußballmannschaften der Stadt.

Biegt an der Annenallee links ab, dann rechts in die Bahnhofstraße und an der Kreuzung mit der Lindenstraße wieder links über die Dammbrücke in die Köpenicker Altstadt. Hier lädt euch die mittelalterliche Altstadt mit ihren gepflasterten Straßen und jahrhundertealten Gebäuden zu einer kleinen Zeitreise ein.

Folgt der Alt-Köpenicker Straße zum Stadtplatz, vorbei an der St. Laurentius-Kirche aus dem 14. Jahrhundert, dem illustren Rathaus und zahlreichen altmodischen Gaststätten, bis ihr schließlich den Schlossplatz erreicht. Der offene und einladende Platz liegt direkt gegenüber dem barocken Schloss Köpenick, einem der malerischsten Wahrzeichen der Stadt. Hier findet ihr auch die Schlossplatzbrauerei Köpenick, die bei Einheimischen sehr beliebt ist.

ÜBER SCHLOSSPLATZBRAUEREI KÖPENICK

Die einst als kleinste Brauerei Deutschlands geltende, verheißungsvolle Schlossplatzbrauerei befindet sich auf dem königlichen Schlossplatz in der Köpenicker Altstadt.

Obwohl das Team sein Bier nicht mehr hier vor Ort herstellt, ist auch die neue Brauerei – jetzt mit erhöhter Kapazität – weiterhin lokal geblieben. Aufgrund der steigenden Nachfrage hat das Brauereiteam kürzlich das MaRu Bräu gegründet, das die Bar nun mit Bier versorgt. Die gemütliche Bar und die dazugehörige Terrasse bieten eine interessante Auswahl an Bieren, darunter ein Kirsch-Chili-Bier sowie IPAs, Dunkles und Lager. Die Bar ist ein Magnet für Einheimische, die das 35 Quadratmeter große Lokal mit dem nötigen Ambiente füllen. Da für eine Küche kein Platz ist, werdet ihr hier keine Speisen finden und könnt euch ganz auf die ausgezeichnete Bierkarte konzentrieren.

ADRESSE

Schlossplatzbrauerei Köpenick
Grünstraße 24
12555 Berlin
+ 49 30 42096876
www.schlossplatzbrauerei-koepenick.de

Fotos © Yvonne Hartmann

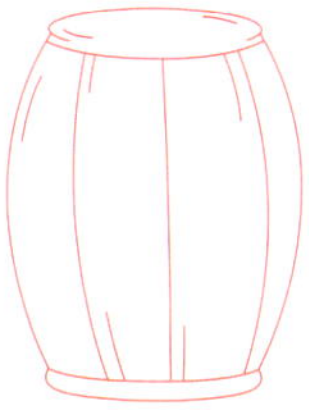

NORDBERLIN

KIRSCHBLÜTENPFAD

EIN SPAZIERGANG IM NAMEN DER WIEDERVEREINIGUNG

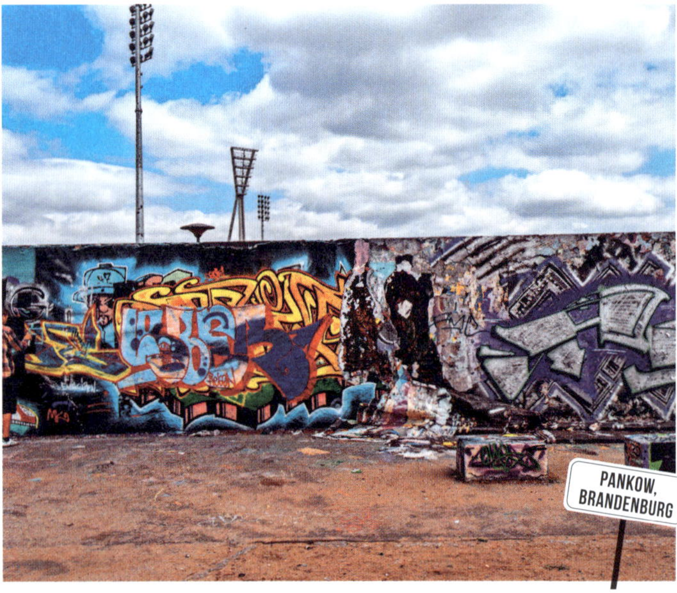

PANKOW, BRANDENBURG

AUSGANGSORT	ZIEL
S-BAHNHOF SCHÖNHOLZ	BRÄUGIER BREWPUB
BIER	SCHWIERIGKEITSGRAD
SUMMER IPA	MITTEL
ÖV	WANDERZEIT
S1, S25, S26	1 STD. 30 MIN.
ZONE	LÄNGE
B	7,7 KM
SEHENSWÜRDIGKEITEN	HÖHENUNTERSCHIED
KIRSCHBLÜTENPFAD, MAUERPARK, BERLINER MAUER	AUF: 30 M AB: 20 M

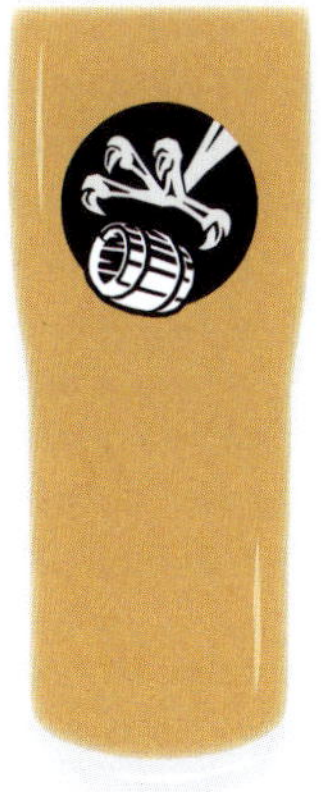

4,6 %
ALKOHOL-
GEHALT

SUMMER IPA

HELL,
KUPFER

MALZIG,
FRUCHTIG (ZITRUS)

HERB,
FRUCHTIG,
MALZIG

BITTERE

SÜSSE

SUMMER IPA. Ein knackiges, ausgewogenes, tropisches Ale mit erfrischendem Geschmack.

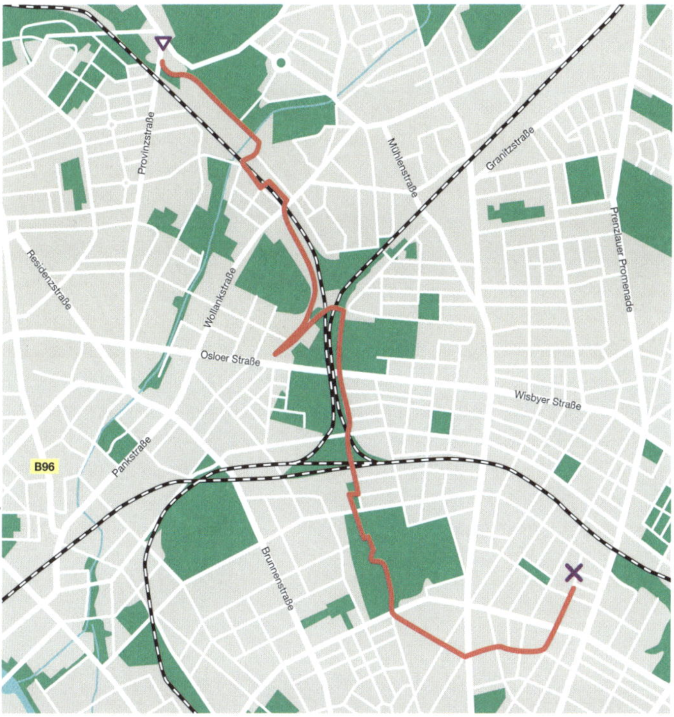

WEGBESCHREIBUNG

Als die Berliner Mauer die Stadt noch in zwei Teile teilte, wurde an der Bornholmer Straße der erste Kontrollpunkt geöffnet, der den Bürgern der Stadt den freien Grenzübertritt ermöglichte. Es war einer der bedeutendsten Momente in der Geschichte Berlins, an den noch heute ein Meer aus blühenden Kirschblütenbäumen entlang der alten Mauerroute gebührend erinnert. Der historische Rundgang führt entlang des teilweise noch sichtbaren Mauerverlaufs, der heute noch die Stadtteile Pankow und Wedding voneinander trennt. Die Route bringt euch in den Bezirk Prenzlauer Berg, einen ehemaligen Ostberliner Kiez, der von der Wiedervereinigung profitiert hat.

Verlasst den Bahnhof Schönholz, biegt rechts auf die Provinzstraße ab und folgt dieser, bis ihr auf den ausgeschilderten Berliner Mauerweg stoßt. Folgt dem Weg in südliche Richtung, der im Bogen in die an den Pankower Friedhof angrenzende Straße Am Bürgerpark mündet. Folgt Am Bürgerpark weiter Richtung Süden, biegt an der Wilhelm-Kuhr-Straße rechts ab und nehmt dann links den Pfad, der parallel zu den Eisenbahngleisen durch eine von Kirschbäumen gesäumte Landschaft verläuft.

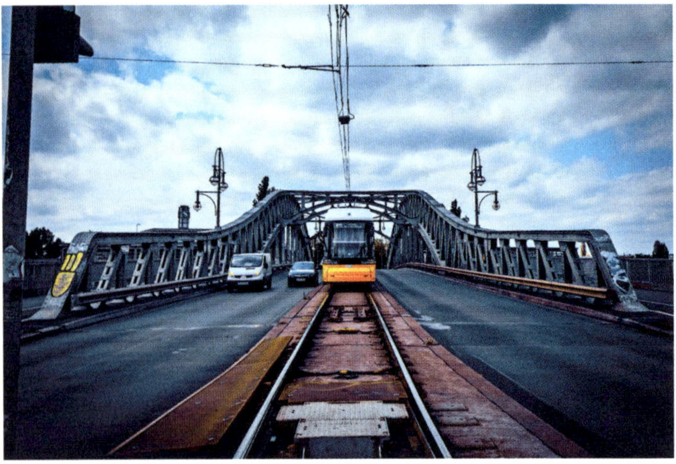

Folgt dem Mauerweg weiter Richtung Süden entlang der Steegerstraße und biegt links auf die Grüntaler Straße. Folgt dieser unter den Bahngleisen hindurch und biegt dann rechts auf den Kirschblütenpfad ab, der unter der Bösebrücke an der Bornholmer Straße verläuft. Der Kirschblütenpfad wird auf beiden Seiten von markanten japanischen Kirschblütenbäumen gesäumt und ist im Frühling, wenn die Bäume in leuchtenden Rosafarben erblühen, ein beliebtes Ausflugsziel.

Nach der Bösebrücke geht der Fußweg in die Norweger Straße über. Folgt dem Straßenverlauf Richtung Süden, überquert die Behmstraße und geht dann weiter über die Fußgängerbrücke Schwedter Steg. Am Ende der Brücke an der Schwedter Straße befindet sich auf der rechten

Seite ein kleiner Fußweg, der euch auf eine Böschung führt. Von hier aus gelangt ihr über einen Fußweg an kleinen Gärten und weiteren Kirschblütenbäumen vorbei. Geht 200 Meter entlang der Böschung Richtung Süden und überquert die Gleimstraße in den Mauerpark. Folgt dem Weg ca. 800 Meter nach Süden bis zur Eberswalder Straße durch den Park.

Überquert die Eberswalder Straße und folgt der Oderberger Straße vorbei an Manifest Taproom zu eurer Linken, einer der besten Craftbeer-Bars der Stadt, Richtung Süden. Nachdem ihr die Kastanienallee und Schönhauser Allee überquert habt, geht es auf der Sredzkistraße weiter, die euch an der Kulturbrauerei vorbeiführt, der ehemaligen Schultheiß-Brauerei und heute Veranstaltungsort der jährlichen Beer Week.

Geht ca. 500 Meter weiter die Sredzkistraße hinunter und an weiteren Kirschblütenbäumen vorbei, biegt links in die Kollwitzstraße ein und folgt dieser in nördliche Richtung. Biegt nach weiteren 500 Metern rechts in die Stubbenkammerstraße ein, in der ihr die Brauerei Bräugier findet.

ÜBER BRÄUGIER

Die Brauerei und Schankräume von Bräugier sind in Berlin ein Synonym für warme, einladende und gute Stimmung. Als Neuzugang in der Berliner Szene – es wurde im Jahr 2017 gegründet – ist Bräugier vor allem für seine Kreativität bekannt. Diese zeigt sich in seiner ständig wechselnden Bierauswahl, die immer etwas Ausgefallenes und Neues bietet. Bräugier bietet eine Vielzahl von Bieren und ist berühmt für seine reichhaltige und geschmackvolle Mischung aus IPAs. Mit zwölf Zapfhähnen und einem Kühlschrank, der mit Bieren anderer lokaler Anbieter gefüllt ist, werdet ihr hier nicht auf dem Trockenen sitzen bleiben. Auch die vertraute und sympathische Atmosphäre hat zum Erfolg von Bräugier beigetragen. Speisen gibt es hier nicht, aber ihr könnt gerne eure eigenen aus einem der unzähligen Restaurants der Nachbarschaft mitbringen.

ADRESSE

Bräugier BrewPub Prenzlauer Berg
Stubbenhammerstraße 6
10437 Berlin
+49 30 80098514
www.braeugier.de

Fotos © Daniel Cole

HUMBOLDTHAIN

ÜBER DEN DÄCHERN BERLINS

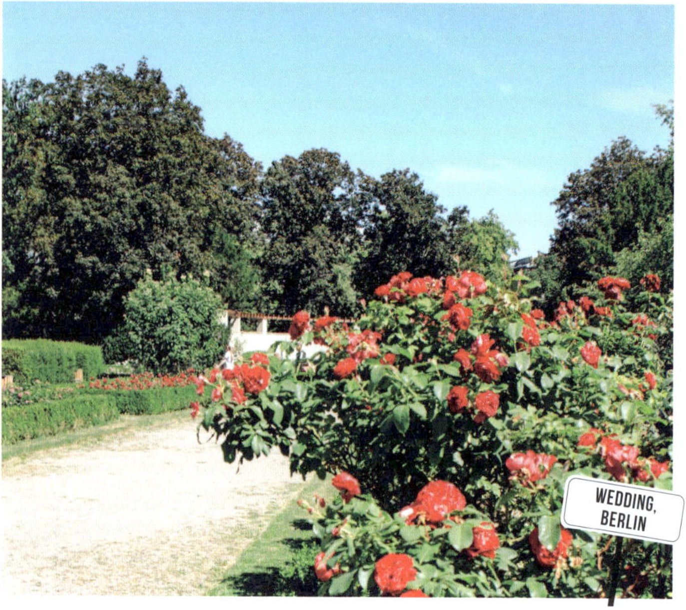

AUSGANGSORT	ZIEL
U-BAHNHOF VOLTASTRASSE	BRAUEREI VAGABUND KESSELHAUS
BIER	SCHWIERIGKEITSGRAD
DAY PARTY	LEICHT
ÖV	WANDERZEIT
U8	1 STD.
ZONE	LÄNGE
A	4,7 KM
SEHENSWÜRDIGKEITEN	HÖHENUNTERSCHIED
ROSENGARTEN HUMBOLDTHAIN, FLAKTURM HUMBOLDTHAIN, SILENT GREEN KULTURQUARTIER	AUF: 30 M AB: 40 M

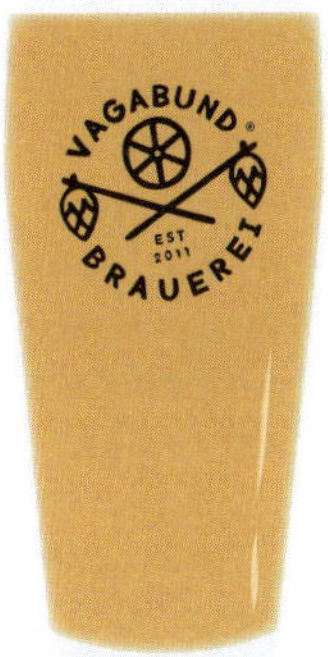

3,5 % ALKOHOLGEHALT

HAZY IPA

WEISSGOLD

SÜSS, FRUCHTIG

ANANAS, ETWAS BITTER

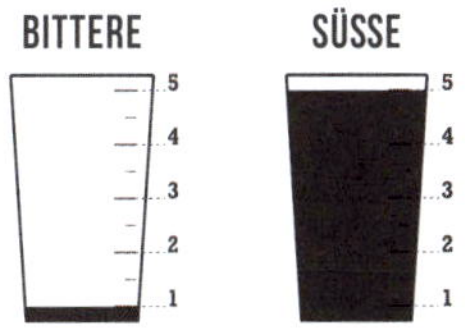

DAY PARTY. Ein luftig-leichtes Ale, reich an Fruchtaromen, die das Bier jedoch nicht aus seinem Gleichgewicht bringen.

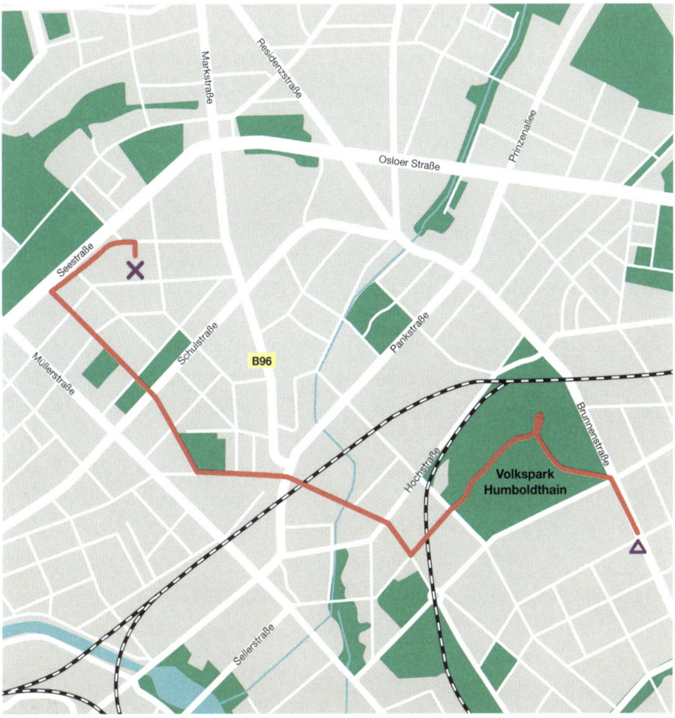

WEGBESCHREIBUNG

Die Besteigung des alten Flakturms im Volkspark Humboldthain beschert euch eine der besten Aussichten, die Berlin zu bieten hat. Obwohl der Park nach dem Zweiten Weltkrieg teilweise zerstört war, sind die zwei Türme neben den Rosengärten erhalten geblieben. Die riesigen von Bäumen gesäumten Betonwälle wirken jedoch nicht mehr wie Geschütztürme. Sie sind neben dem Schwimmbad, dem Weinberg und dem Wasserpark nur einige von vielen fantastischen Sehenswürdigkeiten des Humboldthains, der nach dem preußischen Entdecker Alexander von Humboldt benannt ist.

Verlasst den U-Bahnhof Voltastraße in Richtung Norden auf der Brunnenstraße, überquert die Gustav-Meyer-Allee und betretet den Volkspark Humboldthain. Nehmt die erste Abzweigung links nach Nordwesten und in Richtung Parkzentrum. Biegt nach ca. 200 Metern an der Humboldt-Gedenkstatue rechts ab und folgt dem Weg bis zu den umschlossenen Rosengärten.

An den Toren zum Garten führt eine Treppe zu eurer Linken nach oben. Folgt den Stufen den Hügel hinauf bis zur Spitze des Flakturms. Hier erwartet euch ein Ausblick, der zu beiden Seiten bis zu den Stadtgrenzen reicht.

Geht die Stufen zurück nach unten, biegt ganz unten neben dem Rosengarten rechts ab und folgt dem Weg für 800 Meter bis zum Parkausgang. Wenn ihr den Park verlassen habt, überquert die Wiesenstraße und geht die Grenzstraße entlang. Nach 500 Metern biegt ihr rechts in die Gerichtstraße ein und folgt ihr bis zum Nettelbeckplatz.

Nachdem ihr den Nettelbeckplatz überquert habt, schaut kurz im Silent Green Kulturquartier rein, das mit seinem idyllischen Garten und Veranstaltungsraum auf dem Gelände eines ehemaligen Krematoriums gegründet wurde. Direkt danach biegt ihr rechts in die Ruheplatzstraße

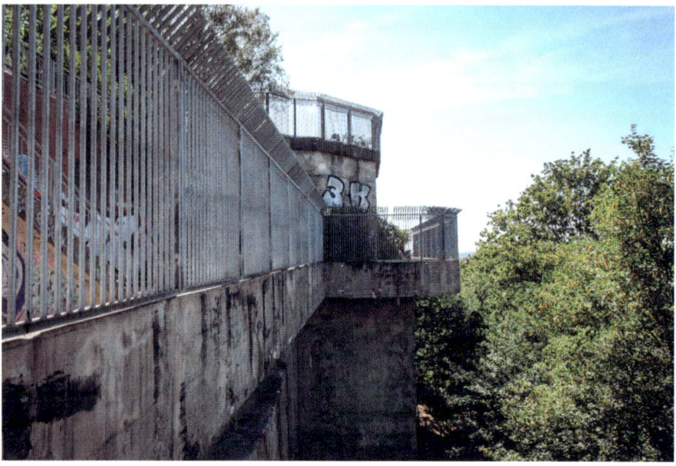

ein und folgt dieser für einen Kilometer Richtung Norden, vorbei am Leopoldplatz und einem Friedhof für ehemalige Soldaten, bis die Ruheplatzstraße in die Turnierstraße übergeht.

Folgt der Turnierstraße bis zur Seestraße und biegt an dieser rechts ab. Folgt der Seestraße und biegt dann wieder rechts auf die Oudenarder Straße ab. Von dort gelangt ihr auf eurer rechten Seite in die Osram-Höfe, eine ehemalige Fabrik, die heute unter anderem vom Vagabund-Brauteam bewohnt wird.

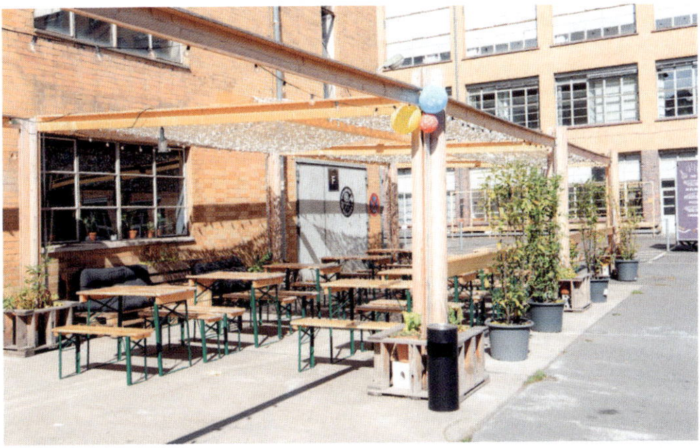

ÜBER VAGABUND

Die neue Brauerei und Bar von Vagabund befinden sich auf dem Gelände einer riesigen ehemaligen Glühbirnenfabrik und bieten dank des weitläufigen Biergartens und der postindustriellen Ästhetik eine entspannte und unbeschwerte Atmosphäre. Ursprünglich von einem amerikanischen Trio gegründet, das die Bierkultur der Stadt mitgestalten wollte, bietet Vagabund eine Fülle an Bieren, die alle im Streben nach Kreativität und Vielfalt vereint sind. Helles und IPAs sind ihre Stärke. Einmal gefunden, ist die abgelegene Brauerei eine wahre Fundgrube. Obwohl es kein festes Menü gibt, werden gelegentlich lokale Gastronomen dazu eingeladen, ihre Pop-up-Essensstände im Innenhof aufzubauen, um die hungrigen Bierwanderer mit einem gemischten Angebot an internationalen Köstlichkeiten zu verpflegen.

ADRESSE

Vagabund Brauerei Kesselhaus
Oudenarder Straße 16–20
13347 Berlin
+ 49 33 17043211
www.vagabundbrauerei.com

Fotos © Yvonne Hartmann

TEGELER FLIESS

BÄCHE UND BAUERNHÖFE ENTLANG DER BERLINER MAUER

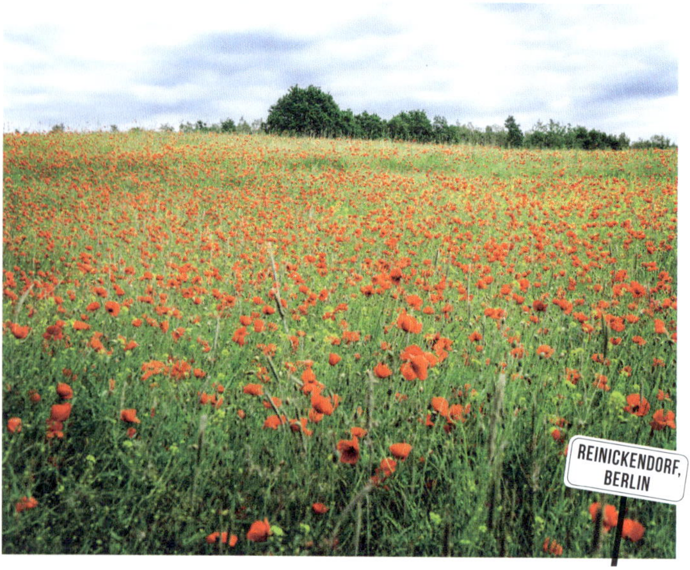

AUSGANGSORT	ZIEL
S-BAHNHOF WAIDMANNSLUST	BRAUEREI TWO FELLAS
BIER	**SCHWIERIGKEITSGRAD**
CALIFORNIA COMMON	SCHWER
ÖV	**WANDERZEIT**
S1, S2, S26	4 STD.
ZONE	**LÄNGE**
B	16 KM
SEHENSWÜRDIGKEITEN	**HÖHENUNTERSCHIED**
LÜBARS, VOLKSPARK SCHÖNHOLZER HEIDE, BÜRGERPARK PANKOW	AUF: 70 M AB: 30 M

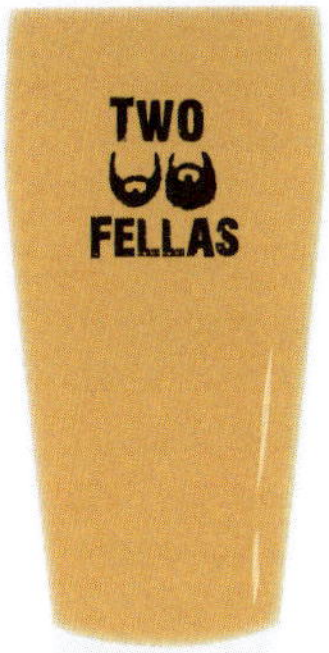

4,5 % ALKOHOL-GEHALT — PILSNER

WEISSGOLD

FRUCHTIG (ZITRONE)

LEICHT,
MALZIG,
ETWAS FRUCHTIG

BITTERE SÜSSE

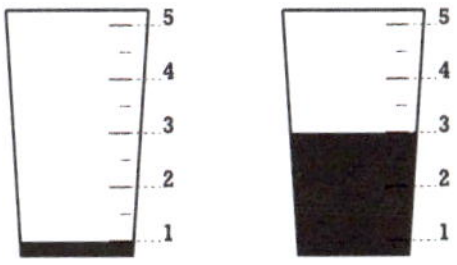

CALIFORNIA COMMON. Ein frisches, würziges Pilsener mit einem leicht holzigen und fruchtigen Geschmack, angereichert mit einer kalifornischen Sommernote.

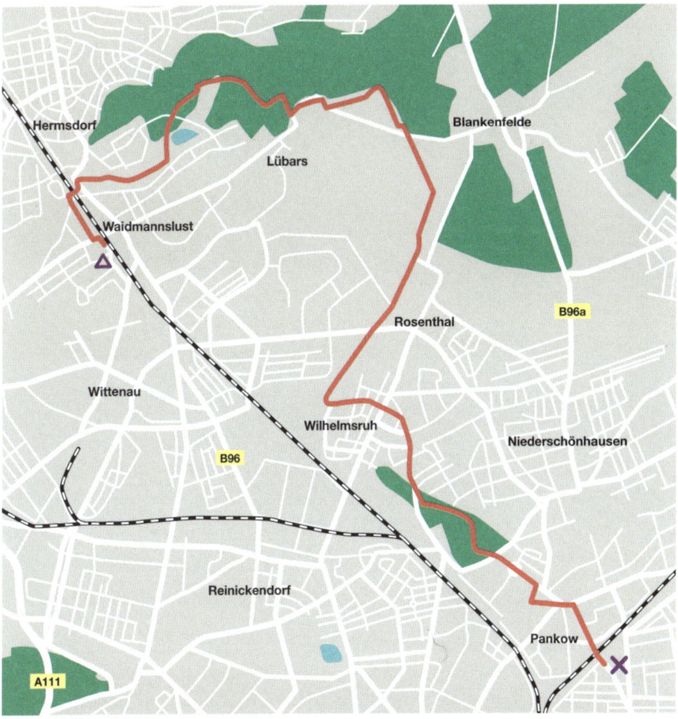

WEGBESCHREIBUNG

Entlang der Nordgrenze Berlins befindet sich ein von der Großstadt isoliertes Naturschutzgebiet voller Wildblumenwiesen, mit malerischer Landschaft und einem Bach, der mehrere große Seen und Sumpfgebiete verbindet. Die Wanderung vereint zwei tolle Wanderwege: den Barnimer Dörferweg und den Berliner Mauerweg, an dem ehemals die Mauer entlangführte. Herzstück des Areals ist das tadellos erhaltene Lübars, das älteste Dorf Berlins. Das jahrhundertealte Dorf ist von traditionellen Bauernhöfen umgeben. Diese Höfe bieten nun Reitern Stellplätze für ihre Pferde. In der Mitte der gepflasterten Straßen befindet sich eine Kirche mit einem klassischen barocken Interieur, die so alt wie Berlin selbst ist. Wenn ihr dem alten Weg nach Pankow folgt, führt der Spaziergang euch durch zwei der nördlichsten Parks der Stadt – den Volkspark Schönholzer Heide und den Bürgerpark Pankow –, bevor ihr schließlich die Brauerei Two Fellas erreicht. Die moderne Bar wurde von einem Einwandererpaar gegründet, was den internationalen Charakter der Stadt verdeutlicht.

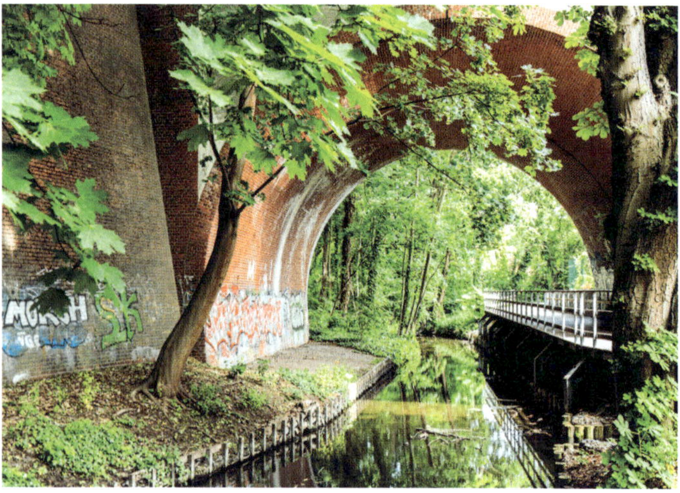

Geht unmittelbar nach Verlassen des Bahnhofs Waidmannslust nach Westen auf den Waidmannsluster Damm und biegt dann direkt nach Norden in die Artemisstraße ab. Nach 500 Metern erreicht ihr den Tegeler Fließ, einen Bach, der durch den Norden der Stadt fließt und in den Tegeler See mündet. Folgt dem Bach Richtung Osten entlang des ausgeschilderten Barnimer Dörferwegs, der dem Wasser für die nächsten 5 Kilometer folgt.

Der Barnimer Dörferweg gilt als eine der besten Wanderrouten der Stadt. Folgt dem Weg bis zur Berliner Straße, überquert diese und folgt weiter dem Wasserlauf. Dann passiert ihr den Hermsdorfer See, ein wunderschönes Gewässer mit verschiedenen Vogel- und Entenarten.

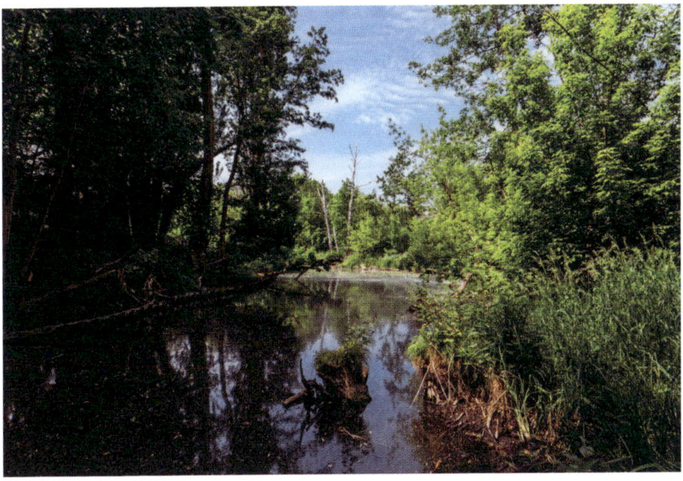

Der Weg führt am Strandbad Lübars vorbei, bevor er eine Kreuzung erreicht, an der sich mehrere Gehwege kreuzen. 700 Meter nach dem Hermsdorfer See, an der nächsten Abzweigung, biegt der Weg nach links in eine Reihe von Spazierwegen ab, die ein geschütztes Moorgebiet voller Wildtiere durchqueren. Die Route, die wir nehmen, ist als »Barnimer Dörferweg« ausgeschildert und führt durch die mit seltenen und bunten Wildblumen übersäten Lübarser Felder. In einer Kurve des Weges seht ihr in der Ferne die Bauernhöfe des Dorfes Lübars.

Bleibt auf dem ausgeschilderten Weg und biegt links in eine leichte Steigung in Richtung Dorf ab, vorbei an rustikalen Bauernhäusern auf beiden Seiten. Nach ca. 1,5 Kilometern erreicht ihr die Straße Alt-Lübars, folgt den Schildern ins Zentrum und direkt zur Dorfkirche.

Von der Kirche aus folgt Alt-Lübars stadtauswärts, bis die Kopfsteinpflasterstraße endet. Unmittelbar links befindet sich ein Feldweg, der wieder als Barnimer Dörferweg gekennzeichnet ist. Folgt dem Weg durch Felder und idyllische Wildblumenwiesen, bis ihr den nächsten

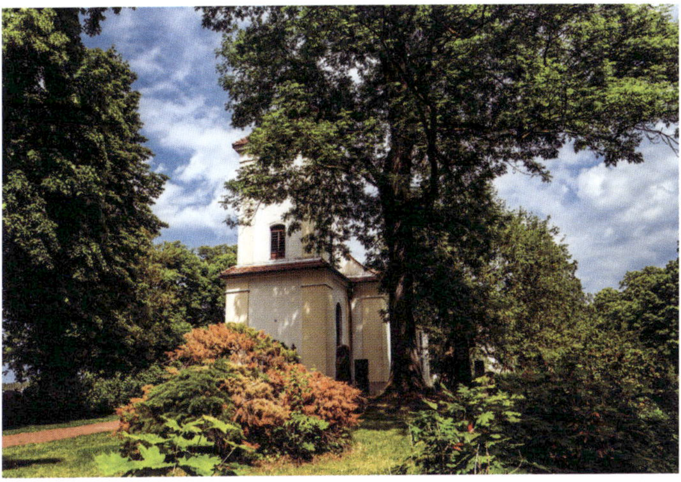

kultigen Wanderweg erreicht, den Berliner Mauerweg. Wenn ihr diesem Wanderweg für die nächsten 3 Kilometer nach Süden folgt, werdet ihr mit einer hervorragenden Aussicht auf die Umgebung und das Zentrum von Lübars belohnt. Nach einer Weile folgt der Weg einer alten, stillgelegten Eisenbahnlinie, die einst Lübars mit dem Dorf Wandlitz verband.

Nach ein paar Kilometern auf dem Berliner Mauerweg kommt ihr wieder in die Nähe der Stadt: Der Wanderweg beginnt sich durch die Berliner Vororte zu schlängeln. Zunächst müsst ihr die Quickborner Straße überqueren. Bleibt auf dem Mauerweg und folgt ihm bis zum Wilhelmsruher Damm. Hier verlasst ihr den Mauerweg und folgt der unmittelbar vor euch liegenden Uhlandstraße. Nach einem Kilometer erreicht ihr die Lessingstraße im Stadtteil Wilhelmsruh.

Geht auf der Lessingstraße 500 Meter in östliche Richtung, biegt dann rechts auf den Schönholzer Weg ab, der später in die Germanenstraße übergeht, und folgt diesem für einen Kilometer. Direkt vor euch liegt dann der Volkspark Schönholzer Heide, in dem sich eines der zahlreichen sowjetischen Ehrenmale der Stadt befindet. Wenn ihr den Park betretet, nehmt den Weg auf der linken Seite, der euch parallel zur Friesenstraße direkt Richtung Süden führt. Nach 500 Metern in südlicher Richtung gelangt ihr an eine Abzweigung, von der aus euch der rechte Weg durch die wimmelnde Wildnis direkt ins Zentrum des Parks und wieder hinaus auf die Heinrich-Mann-Straße führt. Folgt der Heinrich-Mann-Straße ca. einen Kilometer ins Zentrum von Pankow. Auf der rechten Seite seht ihr den Bürgerpark Pankow mit seinen makellos gepflegten Gärten, Rosenbüschen und Wasserspielen, in den sich einen Abstecher wirklich lohnt.

Am Ende der Heinrich-Mann-Straße überquert ihr die Panke und folgt dem Straßenverlauf, der in die Schönholzer Straße und dann in die Breite Straße übergeht. Auf der Breiten Straße und vorbei am beeindruckenden Pankower Rathaus aus rotem Backstein geht ihr bis zur Mühlenstraße und nehmt diese in südliche Richtung bis zur Brauerei Two Fellas. Ein Glas sommerliches Pils wartet im Garten des Brauhauses auf euch!

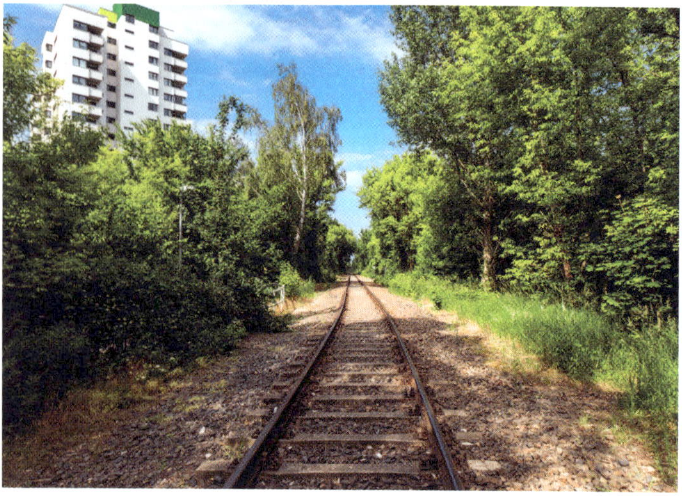

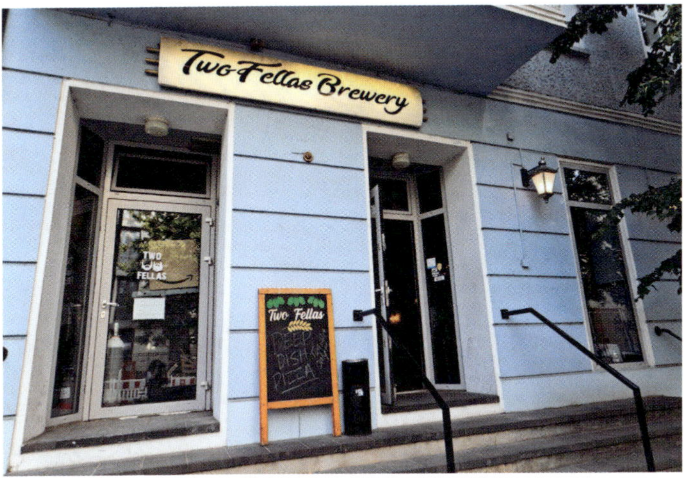

ÜBER TWO FELLAS

Diese moderne Brauerei wurde 2017 von den Amerikanern Mike Moineau und Rob Faber neu in der Region Pankow gegründet. Die Zapfhähne werden zusätzlich zu ihren eigenen im Haus hergestellten Pilsnern und IPAs mit gut kuratierten, in Berlin gebrauten IPAs und Pilsnern versorgt. Gleich am Eingang der Bar kann man auch einen Blick auf den Brauraum werfen. Das multikulturelle Angebot, das zwischen klassischer amerikanischer Gastfreundschaft und deutscher Tradition alles zu bieten hat, unterstreicht Berlins internationales Flair. In dem großartigen Biergarten werden an den Wochenenden auch amerikanische Gerichte angeboten, u.a. die berühmten Pizzas aus Chicago.

ADRESSE

Two Fellas Brewery
Mühlenstraße 30
13187 Berlin
+49 176 61375525
drink@twofellas.beer
www.twofellas.beer

Fotos © Lisa Khanna

TEGEL

HEIMAT DER WAHREN BERLINER

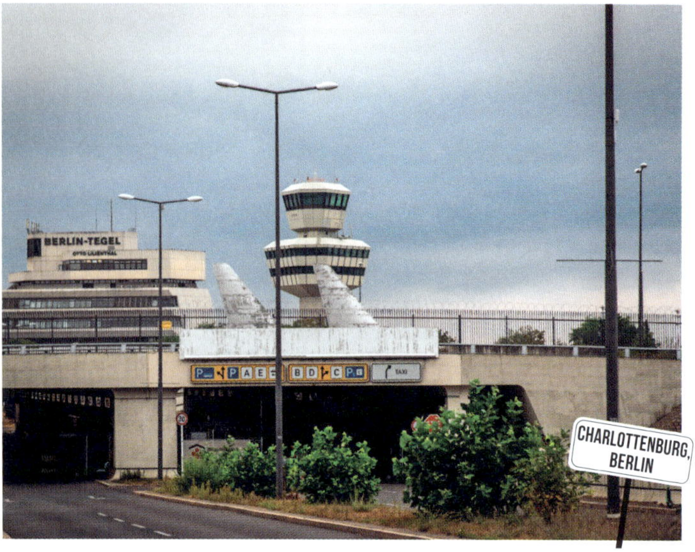

AUSGANGSORT	ZIEL
U-BAHNHOF HALEMWEG	SCHNEEEULE SALON
BIER	**SCHWIERIGKEITSGRAD**
MARLENE	MITTEL
ÖV	**WANDERZEIT**
U7	2 STD.
ZONE	**LÄNGE**
B	9,2 KM
SEHENSWÜRDIGKEITEN	**HÖHENUNTERSCHIED**
JUNGFERNHEIDE VOLKSPARK, WASSERTURM, FLUGHAFEN TEGEL, BERLIN-SPANDAUER SCHIFFFAHRTSKANAL, VOLKSPARK REHBERGE	AUF: 20 M AB: 20 M

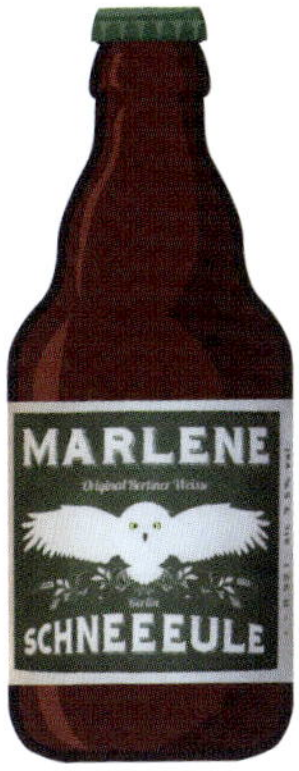

3,0 % ALKOHOL-GEHALT

BERLINER WEISSE

TRÜB, GELB

BITTER, FRUCHTIG, BLUMIG, SCHWEFLIG

GRAPEFRUIT, BITTER

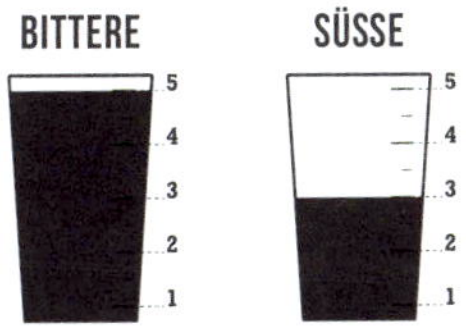

MARLENE. Wie seine Namensvetterin Marlene Dietrich ist dieses Bier ein Berliner Klassiker. Ein echter Durstlöscher, mit komplexen Blumen- und Grapefruitnoten und einer leichten, weinähnlichen Textur.

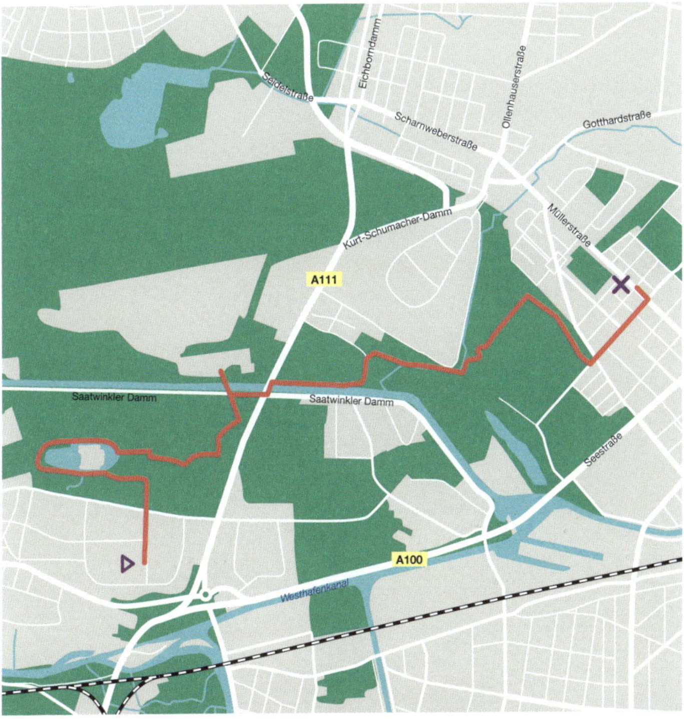

WEGBESCHREIBUNG

Der einstige Hauptflughafen Berlins, Tegel, war mit seinem modernen Design der Neid der Welt, bevor er mit dem Bau des neuen Flughafens Berlin Brandenburg 2020 seine Pforten endgültig schloss. Der ehemalige Flughafen liegt im Norden Berlins. Direkt südlich davon befindet sich die Jungfernheide. Dieses ehemalige Jagdgebiet ist heute ein öffentlicher Park und bietet neben weitläufigen Grünflächen und der Möglichkeit, Wildtiere zu beobachten, auch einen öffentlichen Strand. Östlich des Flughafens befindet sich der atemberaubende Volkspark Rehberge mit mehreren Seen, Tiergehegen und einem Open-Air-Kino. Neben dem Schifffahrtskanal (wo es heute von Luxusbooten wimmelt) bietet dieses ehemalige Industriegebiet ein Schauspiel der Gegensätze, in dem Natur auf Relikte einer vergangenen Ära trifft.

Vom Bahnhof Halemweg geht es geradeaus Richtung Norden in den Volkspark Jungfernheide. Dort nehmt ihr die zweite Abzweigung links und folgt dem Weg im Uhrzeigersinn um den See herum, entlang des weitläufigen öffentlichen Strandes. Folgt dem Ufer Richtung Parkzentrum und ihr gelangt zum monumentalen Wasserturm, der sich über dem Park erhebt.

Geht gegen den Uhrzeigersinn um den Wasserturm herum und nehmt den östlichen Ausgang aus dem Park, bis ihr die A111 erreicht. Biegt dann links ab und folgt dem parallel zur Autobahn verlaufenden Parkweg bis zur Kreuzung mit dem Saatwinkler Damm, von wo aus ihr über die General-Ganeval-Brücke zum ehemaligen Flughafen Tegel blicken könnt. Geht 300 Meter auf dem Saatwinkler Damm nach Osten. Dort führt euch auf der Südseite der Straße, direkt unter der Hinckeldeybrücke, eine Treppe hoch zu einem öffentlichen Fußweg an der Autobahn entlang und auf die andere Seite des Berlin-Spandauer Schifffahrtskanals.

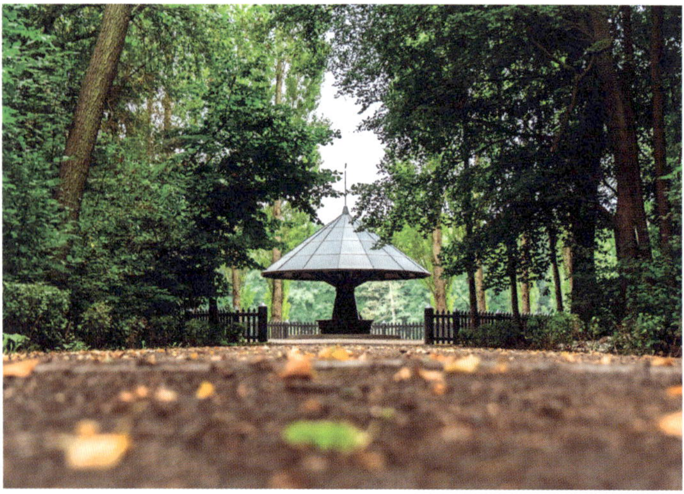

Geht auf der anderen Seite der Brücke die Treppen wieder zum Kanal hinunter und folgt dem Uferweg Richtung Osten, vorbei an einer Reihe kunstvoll mit Blumen und Flaggen geschmückter Schrebergärten, die vielen Berlinern als Sommerresidenz dienen.

Nach 2 Kilometern erreicht ihr auf dem Weg entlang der Kleingärten den Volkspark Rehberge. Nehmt hier die erste Abzweigung links und geht Richtung Norden, wo ihr nach 750 Metern zu einem uralten Open-Air-Kino gelangt. Nehmt den Weg entlang des Möwensees Richtung Süden und folgt ihm bis zum Ausgang des Parks an der Transvaalstraße. Biegt links ab und folgt der Transvaalstraße in Richtung Osten für 800 Meter bis zur Müllerstraße. Geht hier links und biegt dann gleich wieder rechts in die Ofener Straße ein. Ihr steht nun direkt vor den Türen des Schneeeule Salons.

ÜBER SCHNEEEULE SALON FÜR BIERKULTUR

Nur in Berlin gebraute Berliner Weiße dürfen sich tatsächlich als solche bezeichnen. Die besten Sorten findet man im gemütlichen Salon von Braumeisterin Ulrike Genz. Schneeeule bringt das historische Bier der Stadt im klassischen Stil zurück und bietet eine Vielzahl von Weißen mit unterschiedlichen Geschmacksrichtungen, die in verschiedenen Reifestadien gereift sind. Diese leicht sauren Biere, einst als »Champagner des Nordens« bezeichnet (Ulrike hat sogar eine »Schampus-Weiße« auf der Karte – eine spezielle Kreation, bei der das Bier viermal gegoren wird, wobei im letzten Gärungsvorgang Champagnerhefe verwendet wird), sind nicht nur ein fester Bestandteil der Berliner Geschichte, sondern erfrischen auch mit einer überraschenden Bandbreite komplexer Aromen. Der Salon selbst bietet ein charmantes Ambiente, in dem das abwechslungsreiche Angebot probiert werden kann. Speisen gibt es hier nicht, dafür bietet die Nachbarschaft ein großes Angebot internationaler Gerichte.

ADRESSE

Schneeeule Salon für Berliner Bierkultur
Ofener Straße 1
13349 Berlin
+49 30 98437323
www.schneeeule.berlin

Fotos © Yvonne Hartmann

MOABIT

EIN BUMMEL ENTLANG DES SCHIFFFAHRTSKANALS

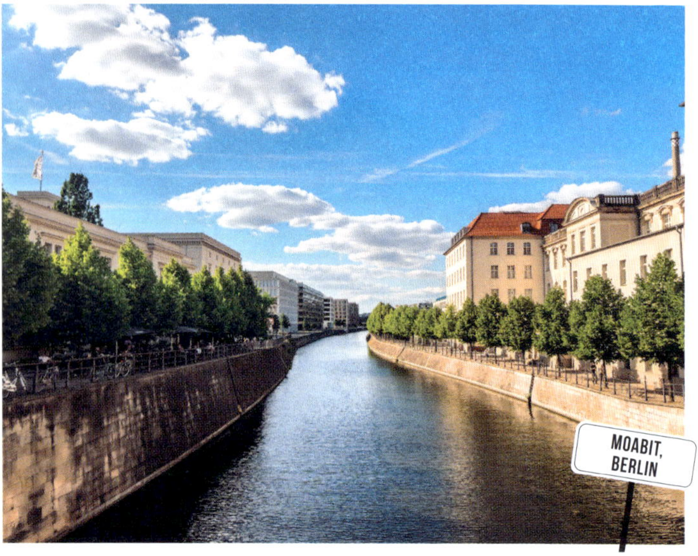

AUSGANGSORT	ZIEL
HAUPTBAHNHOF	ESCHENBRÄU
BIER	SCHWIERIGKEITSGRAD
PANKE GOLD	LEICHT
ÖV	WANDERZEIT
U5, RE, S-BAHN	1 STD. 15 MIN.
ZONE	LÄNGE
A	7 KM
SEHENSWÜRDIGKEITEN	HÖHENUNTERSCHIED
HAUPTBAHNHOF, HAMBURGER BAHNHOF, INVALIDENFRIEDHOF, GÜNTER-LITFIN-DENKMAL, PLÖTZENSEE	AUF: 20 M AB: 20 M

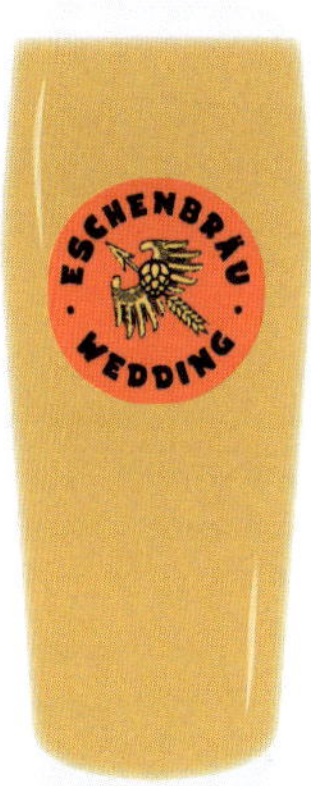

5,1 % ALKOHOL-GEHALT — PALE ALE

TRÜB, WEISSGOLD

ZITRUS, BLUMEN

ANANAS, GRAPEFRUIT, STROH

BITTERE

SÜSSE

PANKE GOLD. Ein einzigartiges, trocken gehopftes, frisch gezapftes, aromatisches Lagerbier, reich an fruchtigen Zitrus- und Blumenaromen.

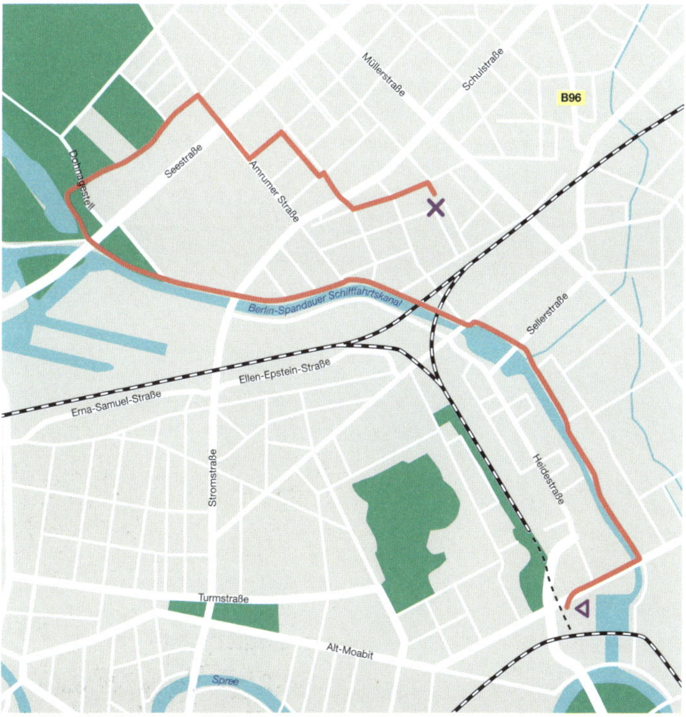

WEGBESCHREIBUNG

Der Berliner Hauptbahnhof ist nicht der übliche Ausgangspunkt für eine Wanderung. Doch oberhalb des Berlin-Spandauer Schifffahrtskanals gelegen, führt von hier aus ein Uferweg entlang der alten Berliner Mauer in Richtung Norden, an einer alten Industrieanlage vorbei bis zum wunderschönen Plötzensee, an dem man endlose Sommertage verbringen kann. Es ist eine Reise durch Moabit, einen nicht so stark frequentierten, aber dennoch schönen Bezirk Berlins, der einem beim Spaziergang entlang des Kanals einige herrliche und beeindruckende Momente bietet.

Verlasst die Hektik des Hauptbahnhofs auf der Invalidenstraße und geht Richtung Osten, vorbei am Hamburger Bahnhof, einem makellos erhaltenen ehemaligen Bahnhof aus dem 19. Jahrhundert, bis ihr die Mauerwegbrücke erreicht. Überquert die Brücke und geht dann sofort links auf den gepflasterten Weg entlang des Berlin-Spandauer Schifffahrtskanals, der einen Teil des Berliner Mauerwegs bildet. Folgt dem Weg Richtung Norden, wo ihr den Invalidenfriedhof betretet. Neben Kommandantengräbern des Militärs findet man hier auch Denkmäler für jene, die bei dem Versuch, die Berliner Mauer zu überqueren, ums Leben kamen. Beim Verlassen des Friedhofs kommt ihr am Günter-Litfin-Denkmal vorbei. Der alte Wachturm ist heute dem ersten Menschen gewidmet, der bei einem Fluchtversuch nach Westberlin getötet wurde.

Weiter geht es auf der Kieler Straße durch den grasbewachsenen Nordhafen, wo die Panke (nach der das Bier dieses Ausflugs benannt ist) ihren Lauf beendet. Hier führt der Gehweg über die Fennstraße in das grüne Moabit. Geht am Nordufer weiter, bis ihr die Seestraße erreicht. Wenn ihr diese überquert, lädt der idyllische, leuchtend blaue Plötzensee zu einer Bootsfahrt oder einem Bad ein.

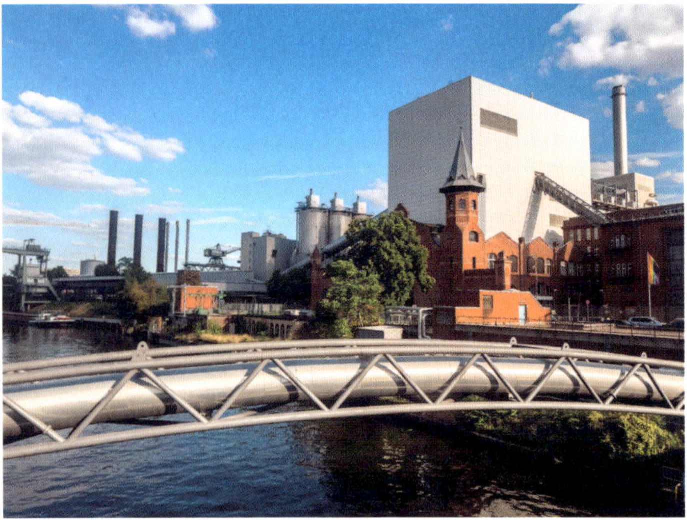

Geht am See entlang Richtung Osten und biegt rechts durch den Goethepark ab bis zur Afrikanischen Straße. Biegt hier wieder rechts ab, geht in Richtung Süden, überquert nochmals die Seestraße und geht dann weiter auf der Amrumer Straße bis zur Brüsseler Straße. Folgt dieser Richtung Osten, vorbei am Anti-Kriegs-Museum und dann auf der Lütticher Straße Richtung Süden, bis ihr die Triftstraße erreicht. Geht auf dieser Richtung Osten bis zur Genter Straße. Hier findet ihr Eschenbräu versteckt in einem Hinterhof zu eurer Rechten. Als Belohnung wartet ein frisches, goldenes Bier auf euch!

ÜBER ESCHENBRÄU

Diese leicht versteckte Privatbrauerei ist mit ihrem großen Biergarten, hausgemachten Bieren und Gemeinschaftsgeist ein norddeutsches Abbild des typisch fränkischen Lokals. Der Biergarten und die Bar sind eine Idee des örtlichen Braumeisters Martin Eschenbräu und befinden sich im Innenhof eines Studentenwohnheims, in dem Martin selbst früher lebte.

Hier könnt ihr die ganzjährig erhältlichen hausgemachten Biere (Pils, Dunkles, Gold und Weißbier) sowie saisonale Köstlichkeiten probieren. Weiter könnt ihr Martins empfehlenswerte Schnaps- und Whiskeykreationen testen. Die Bar bietet außerdem verschiedene Sorten leckerer »Tartes« (Flammkuchen) und ein überaus liebenswürdiges Team, wie es nur in Eschenbräus geheimer Ecke zu finden ist.

ADRESSE

Eschenbräu
Triftstraße 67
13353 Berlin
+ 49 162 4931915
info@eschenbraeu.de
www.eschenbraeu.de

Fotos © Yvonne Hartmann

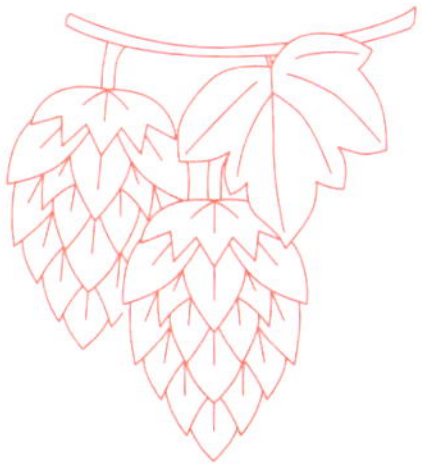

PANKETOUR

AUF GRÜNEN WEGEN ZU EINER ABGELEGENEN BIER-COMMUNITY

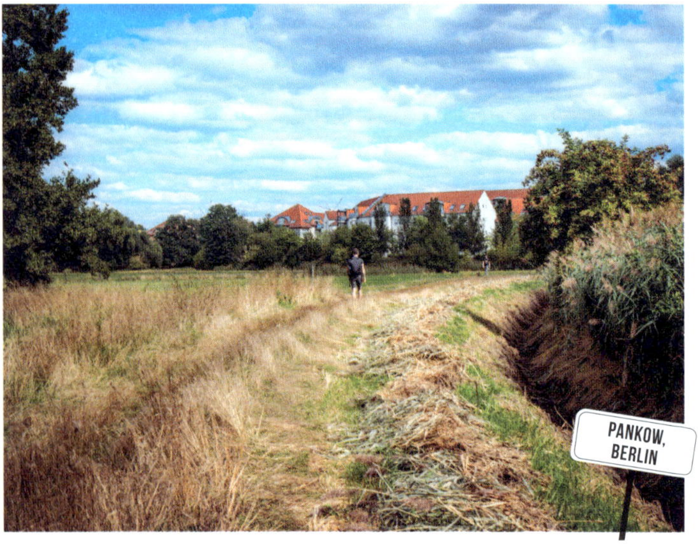

▷··· AUSGANGSORT	··✕ ZIEL
S-BAHNHOF BUCH	ERSTE BERNAUER BRAUGENOSSENSCHAFT
BIER	SCHWIERIGKEITSGRAD
DAS BERNAUER	MITTEL
ÖV	WANDERZEIT
S2	3 STD. 15 MIN.
ZONE	LÄNGE
B	14 KM (HINWEG)
SEHENSWÜRDIGKEITEN	HÖHENUNTERSCHIED
SCHLOSSPARK BUCH, PANKE, BERNAU, KINDERBAUERNHOF BÖRNICKE	AUF: 50 M AB: 20 M

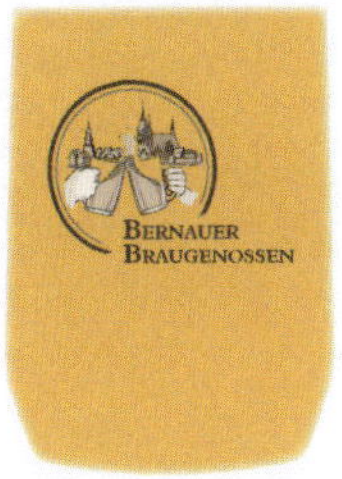

4,8 % ALKOHOL-GEHALT

PILSNER

KLAR,
GOLD

MALZIG,
HERB

HONIG,
BITTER,
HERB

BITTERE	SÜSSE
5	1

DAS BERNAUER. Ein leichtes und bitteres norddeutsches Pilsner mit feinen Frucht- und Honignoten und leicht im Abgang.

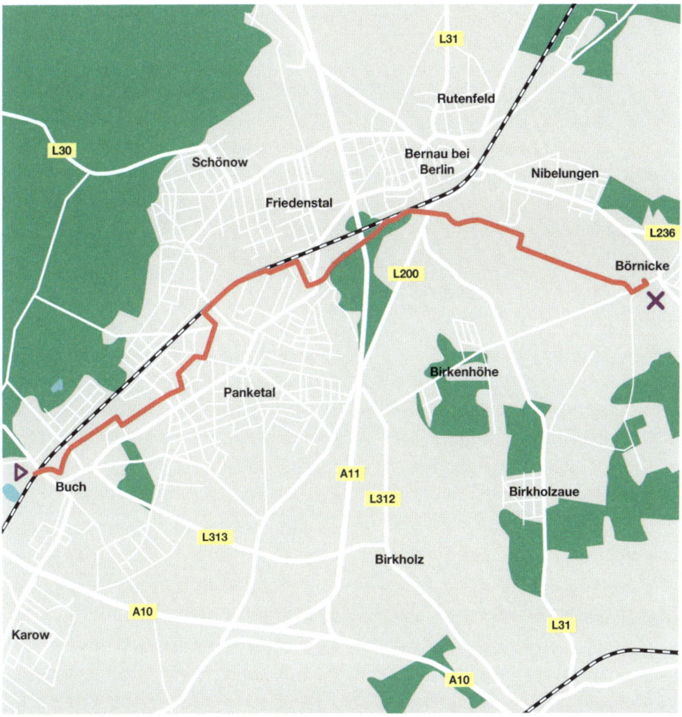

WEGBESCHREIBUNG

Die Panke, der drittgrößte Fluss der Stadt, schlängelt sich aus Berlin heraus und in das historische Dorf Bernau hinein. Ihr Verlauf markiert gleichzeitig einen der schönsten Naturspaziergänge Berlins, der euch durch Felder und Naturschutzgebiete führt. Umgeben von einer grenzenlos scheinenden Landschaft bringt euch der Spaziergang aus Berlin hinaus und durch abgelegene Dörfer in üppiges, grünes Ackerland. In dieser idyllischen Umgebung hat ein lokales Kollektiv eine neue Brauerei eröffnet, die sich den traditionellen Methoden der Bierherstellung widmet.

Für den Großteil dieser Wanderung folgt die Route dem Wanderweg Pankeweg, der innerhalb Berlins durch die blauen Schilder mit der Nummer 5 gekennzeichnet ist. Außerhalb der Stadt ist der Weg nur mit einem roten Quadrat gekennzeichnet. Der Weg wird auch von Radfahrern genutzt, ist gut ausgeschildert und führt euch Richtung Bernau.

Verlasst den S-Bahnhof Buch an der Wiltbergstraße, überquert diese und betretet direkt den Schlosspark Buch. Folgt der blauen Beschilderung an der Panke entlang durch den Park in nördliche Richtung. An der Nordseite des Parks überquert ihr den Pölnitzweg und folgt der Panke weiter nordwärts, bevor ihr Berlin verlasst und in den Ort Panketal gelangt.

In Panketal biegt ihr links auf die Bahnhofstraße ab, dann sofort wieder rechts auf die Triftstraße. Nach 800 Metern biegt ihr rechts auf die Straße der Jugend ab, auf der ihr die Panke überquert. Folgt dann den Wegweisern Richtung Norden durch Felder und Pferdeweiden. Überquert die Schönerlinder Straße, geht auf der Poststraße Richtung Norden und biegt dann gleich wieder links auf die Eisenbahnstraße ab.

Am Ende der Eisenbahnstraße biegt ihr rechts ab und folgt dem Fußweg neben den Bahngleisen 2 Kilometer Richtung Norden. Ihr kommt automatisch auf die Oderstraße, auf der ihr erneut die Panke überquert. Geht weiter auf der Oderstraße, die in die Ernst-Moritz-Arndt-Straße übergeht, und biegt dann rechts in die Eichendorffstraße ein. Folgt dieser für 400 Meter in Richtung Süden und biegt dann links auf die Theodor-Körner-Straße ab. Überquert die Zepernicker Chaussee, bevor ihr auf einem Feldweg für 2,5 Kilometer entlang der Panke weitergeht. Dann führt der Weg durch eine Autobahnunterführung und an einem Fischteich vorbei, bis ihr auf die Weißenseer Straße gelangt. Weiter der Beschilderung Richtung Bernau folgend, biegt ihr rechts ab, überquert die Weißenseer Straße und geht auf dem Hesselweg Richtung Norden weiter.

Nach 300 Metern führt euch eine Rechtskurve durch eine Straußenfarm. Nehmt nach der Straußenfarm den ersten Feldweg links und folgt ihm durch die Felder an einem Seitenarm der Panke entlang. Biegt nach 500 Metern rechts ab, überquert das Wasser und folgt dem Weg zu eurer Rechten, der die Stadt Bernau vom Land trennt. Folgt dem Weg für einen Kilometer mit den Feldern auf eurer rechten Seite, bevor ihr an eine Kreuzung gelangt, die euch auf den Jakobsweg führt. Folgt dem mit gelben Schildern markierten Weg Richtung Süden, durch Felder und an mehreren Bauernhöfen vorbei, bevor ihr nach links abbiegt und dem Jakobsweg für weitere 2 Kilometer folgt.

Am Ende führt die Route durch den Kinderbauernhof Börnicke mit seinen Hochlandrindern, Gänsen, Hühnern und Schweinen. Biegt hier links in die Ernst-Thälmann-Straße ein, wo nach ein paar Gehminuten die Bernauer Braugenossenschaft auf euch wartet. Für den Rückweg könnt ihr den Bus nach Bernau oder Werneuchen nehmen, wo euch Anschlusszüge ins Zentrum von Berlin zurückbringen.

ÜBER BERNAUER BRAUGENOSSENSCHAFT

Die mittelalterliche Stadt Bernau hatte eine stolze Braugeschichte, die im Laufe der Jahrhunderte jedoch verloren ging. Im Jahr 2016 tat sich eine Gruppe einheimischer Bierliebhaber zusammen und gründete ein Kollektiv, das sich der Herstellung vom traditionellen Bier Bernaus nach modernen Standards verschrieben hat. Erst 2020 eröffnete das Kollektiv eine eigene Brauerei in einer alten Brennerei im Dörfchen Börnicke, das etwas außerhalb von Bernau liegt. Die alte Fabrik und das Bauernhaus bieten ihren Besuchern eine friedliche und idyllische Atmosphäre in ländlicher Umgebung. Bei frisch gegrillten Speisen, die gelegentlich angeboten werden, und einem frisch gezapften Bier kann man in der modernen Brauerei einiges über Bernaus Biergeschichte lernen. Neben Pilsner, dunklen und hellen Ales, die das ganze Jahr über erhältlich sind, werden auch saisonale Biere angeboten.

ADRESSE

Erste Bernauer Braugenossenschaft e.G.
Ernst-Thälmann-Straße 2c
16321 Bernau bei Berlin
+49 33 38768528
post@braugenosse.de
www.braugenosse.de

Fotos © Yvonne Hartmann

WESTBERLIN

ANHALTER BAHNHOF

ENTLANG VERGESSENER BAHNGLEISE

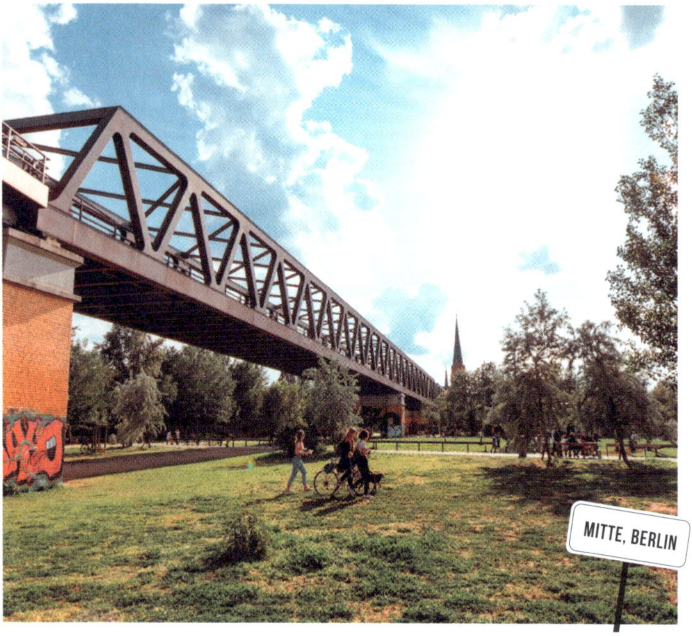

AUSGANGSORT	ZIEL
U-BAHNHOF HAUSVOGTEIPLATZ	BRLO BRWHOUSE
BIER	SCHWIERIGKEITSGRAD
BRLO PALE ALE	LEICHT
ÖV	WANDERZEIT
U2	1 STD.
ZONE	LÄNGE
A	5 KM
SEHENSWÜRDIGKEITEN	HÖHENUNTERSCHIED
FRANZÖSISCHER DOM/GENDARMENMARKT, CHECKPOINT CHARLIE, ANHALTER BAHNHOF	AUF: 10 M AB: 0 M

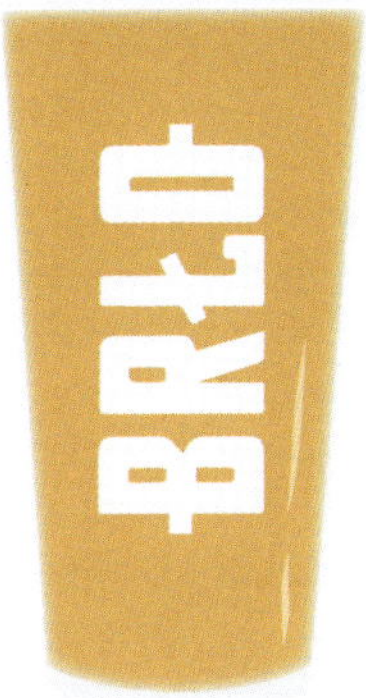

6,0 % ALKOHOLGEHALT — PALE ALE

TRÜB, BERNSTEIN

GRAPEFRUIT, MANGO

KARAMELL, HOPFEN, BEEREN

BITTERE — SÜSSE

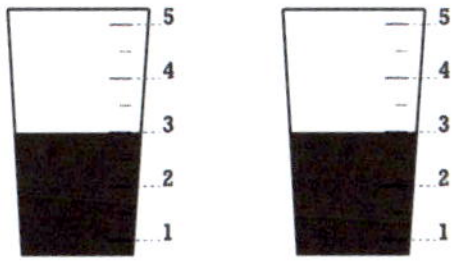

BRLO PALE ALE. Ein kräftiges, komplexes Bier, das mit seinem fruchtig-hopfigen Aroma und seiner mild-bitteren Mangonote im Abgang eine Vielzahl an Geschmacksrezeptoren bedient.

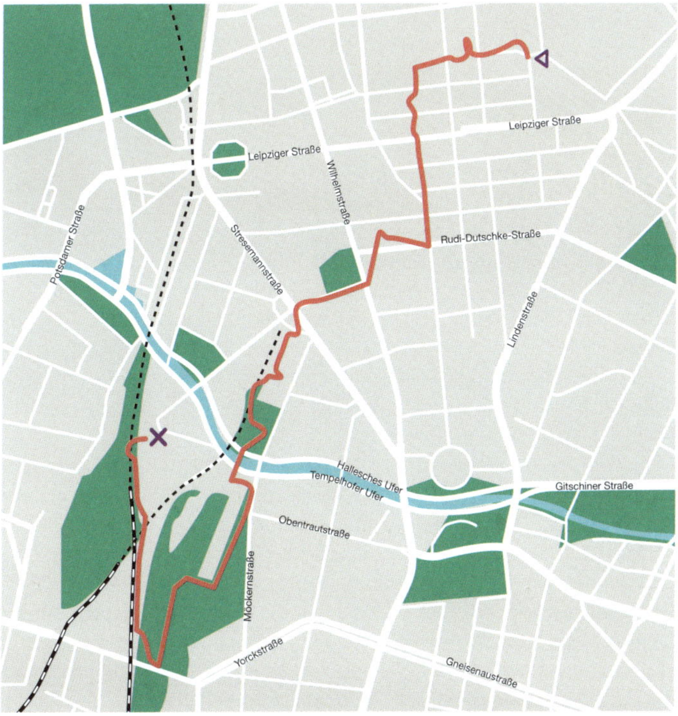

WEGBESCHREIBUNG

Auf dieser Wanderung vom barocken königlichen Gendarmenmarkt über Checkpoint Charlie, Berlins berühmtesten Mauerübergang, durch die stillgelegten Bahnstrecken am Gleisdreieck bis hin zu den pulsierenden modernen Kulissen des BRLO zeigt Berlin seine enorme Vielseitigkeit. Die freigelegte und zerstörte Fassade des Anhalter Bahnhofs symbolisiert die Geschichte des postindustriellen Niedergangs, in der sowohl die Zerstörung durch alliierte Bombenangriffe als auch der Bau der Berliner Mauer zum Untergang vieler internationalen Eisenbahnlinien der Stadt führten. Als die Mauer fiel, wurde der größte Teil dieses Gebiets von der Öffentlichkeit zurückerobert und führte letztendlich zur Gründung des Parks am Gleisdreieck, in dem sich heute die Brauerei BRLO inklusive Bar, Restaurant und Biergarten befindet.

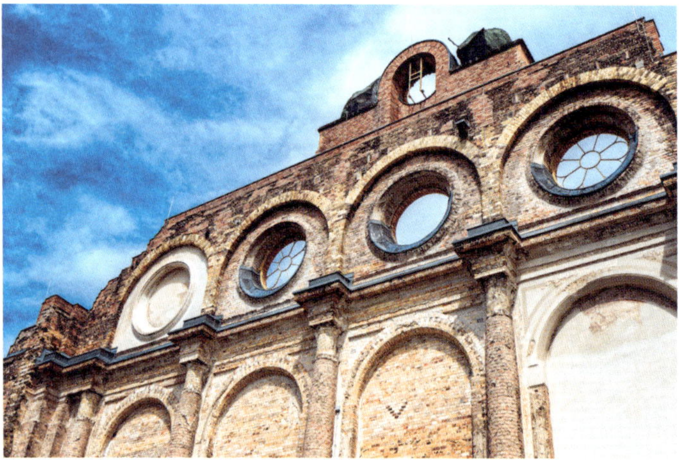

Die Tour startet am Hausvogteiplatz. Geht von hier aus auf der Taubenstraße Richtung Westen, überquert die Markgrafenstraße und betretet direkt den Gendarmenmarkt, einen der schönsten historischen Plätze Berlins. Hier bilden der Französische Dom zusammen mit dem Deutschen Dom und dem Berliner Konzerthaus eine wunderschöne romantische Kulisse.

Überquert die Charlottenstraße auf der anderen Seite des Platzes und geht von hier aus für einen Block weiter auf der Taubenstraße bis zur Fußgängerzone Friedrichstraße in westliche Richtung. Folgt der Friedrichstraße in Richtung Süden bis zum geschichtsträchtigen Checkpoint Charlie, der sich durch die beeindruckenden Bilder der amerikanischen und sowjetischen Soldaten auszeichnet, die die alte Grenzstation überblicken. Nach einer kleinen Fotosession geht ihr noch ein Stück weiter in südliche Richtung und biegt dann rechts in die Kochstraße, an der nächsten Kreuzung links in die Wilhelmstraße und gleich wieder rechts in die Anhalterstraße ein.

Die aufragende Fassade des ehemaligen Anhalter Bahnhofs sticht sofort ins Auge. Überquert die Stresemannstraße, geht rechts am Sportplatz in Richtung Tempodrom vorbei und nehmt dann den kleinen Waldweg rechts neben der Veranstaltungshalle. Folgt diesem durch den Elise-Tilse-Park, in dem ihr noch Reste alter Bahnsteige des Bahnhofs erkennen könnt.

Am Ende des Parks am Halleschen Ufer befindet sich der Anhalter Steg, eine Fußgängerbrücke, die hier den Landwehrkanal überquert. Auf der anderen Seite des Kanals folgt man dem Fußweg entlang der noch sichtbaren Gleisanlagen geradeaus in den Gleisdreieckpark. Geht etwa 900 Meter geradeaus durch den Park, bevor dieser an der Yorckstraße endet. Im Park bleibend, geht hier ca. 100 Meter nach rechts, biegt erneut rechts ab und folgt dem Parkpfad für einen Kilometer Richtung Norden, parallel zu den Intercity-Bahnlinien. Vorbei am Skatepark und einer Graffitiwand sowie unter der U-Bahn-Brücke, die den gesamten Park durchquert, hindurch gelangt ihr direkt zum Biergarten von BRLO.

ÜBER BRLO BRWHOUSE

BRLO bringt das Bier zurück nach Berlin. BRLO ist viel mehr als ein Sudhaus und Restaurant: Es ist eine moderne Berliner Institution. Progressiv, integrativ, umweltfreundlich und regelmäßig in lokale Gemeinschaftsinitiativen eingebunden, repräsentiert BRLO alles, wofür das moderne Berlin steht. Selbst der Name ist authentisch, denn »Brlo« ist der ursprüngliche, altslawische Name für Berlin. Das Essen im Restaurant, mit der überwiegend vegetarischen Haute Cuisine, die zur kunstvoll beleuchteten Umgebung passt, ist ein feines kulinarisches Erlebnis. Im Freien bietet der beachtlich große Biergarten Platz für alle und gelegentlich auch Streamings von großen Sportveranstaltungen. Die Bio-Brauerei arbeitet jetzt nach CO_2-neutralen Standards und kreiert in Kooperation mit bevorzugten lokalen und internationalen Brauereien und berühmten Rapstars (z.B. Run the Jewels) regelmäßig neue Biere.

ADRESSE

BRLO BRWHOUSE
Schöneberger Straße 16
10963 Berlin
+ 49 33 17043211
www.brlo.de/gastronomien/brlo-brwhouse

Fotos © Yvonne Hartmann

SCHLOSS CHARLOTTENBURG

BERLINS KÖNIGLICHE GÄRTEN

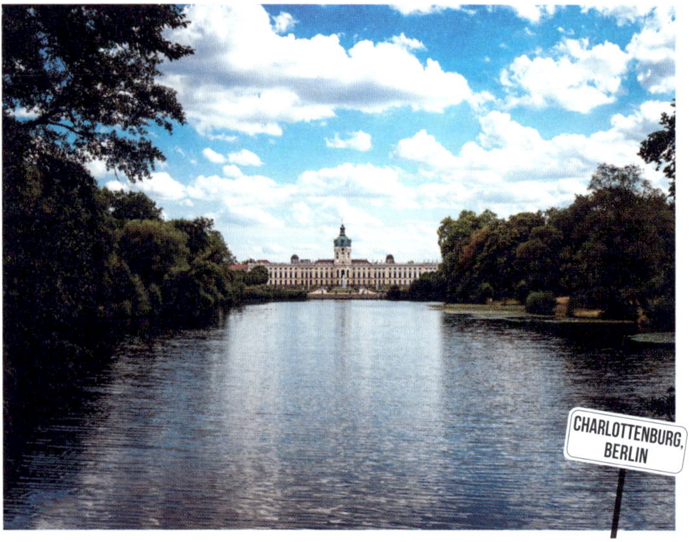

AUSGANGSORT	ZIEL
U-BAHNHOF JUNGFERNHEIDE	LEMKE AM SCHLOSS
BIER	SCHWIERIGKEITSGRAD
LEMKE WEIZEN	LEICHT
ÖV	WANDERZEIT
U7, S41, S42, S46	1 STD.
ZONE	LÄNGE
A	4,5 KM
SEHENSWÜRDIGKEITEN	HÖHENUNTERSCHIED
BELVEDERE, HOHE BRÜCKE, MAUSOLEUM CHARLOTTENBURG, LUISENINSEL, SCHLOSS CHARLOTTENBURG	AUF: 10 M AB: 0 M

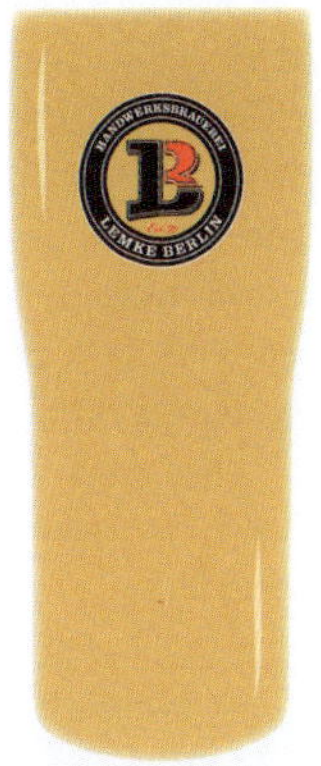

5,5 % ALKOHOLGEHALT — HEFEWEIZEN

TRÜB, BERNSTEIN

BANANE, VANILLE

BANANE, APRIKOSE, KARAMEL

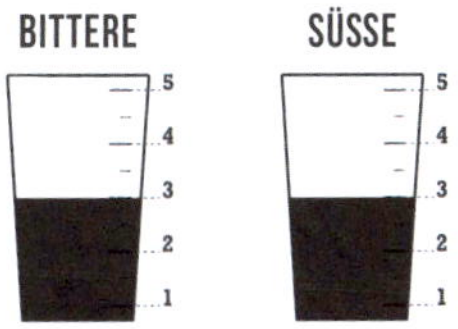

LEMKE WEIZEN. Dieses kräftige und aromatische Weizen sieht köstlich aus und schmeckt mit seinen Bananen-, Nelken- und Karamellnoten noch besser.

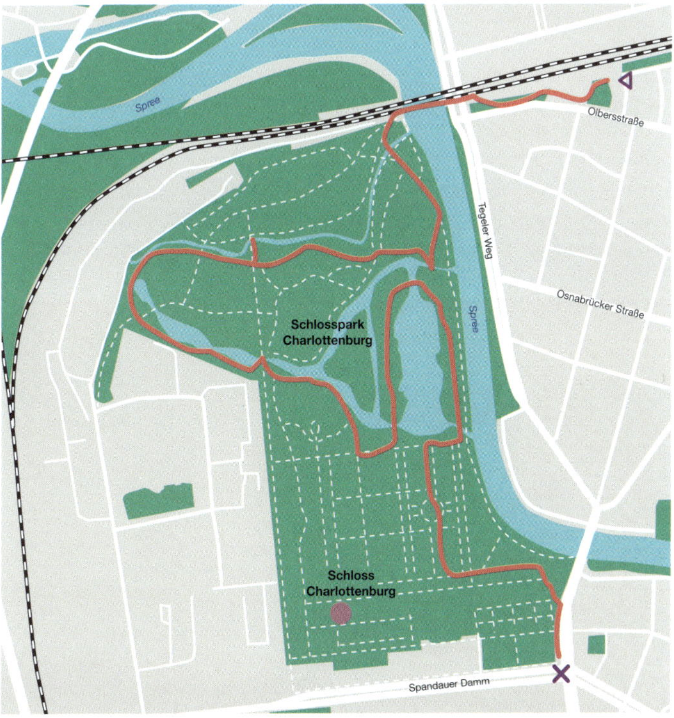

WEGBESCHREIBUNG

Die königlichen Gärten von Schloss Charlottenburg, Berlins ureigenstem Versailles, gehören zu den malerischsten und erhabensten, die ihr in der ganzen Stadt finden könnt. Die barocken Gärten halten Rokokoarchitektur, exotische Pflanzen und eine idyllische Kulisse für euch bereit. Das über 300 Jahre alte ehemalige Schloss und der dazugehörige Park waren einst die Heimat der preußischen Königin Sophie Charlotte von Hannover, die hier residierte und internationale Gäste empfing. Der Palast wurde in der preußischen Linie weitergegeben, wobei jeder der nachfolgenden Könige der sich ständig weiterentwickelnden Residenz seinen eigenen Stil und seinen eigenen Glanz hinzufügte.

Verlasst den Bahnhof Jungfernheide in westlicher Richtung und folgt den Wegweisern über die Spree in den Schlossgarten. Von hier aus kann man sich leicht in dem Labyrinth von Wegen verlieren, die sich zwischen Liegewiesen, Bächen und Blumenlandschaften kreuzen. Geht vom Eingang des Parks direkt links Richtung Süden, am Obelisk vorbei zum ehemaligen Teehaus Belvedere, das 1788 erbaut wurde und heute unter Denkmalschutz steht.

Wenn ihr dem Weg um das Teehaus herum und in westlicher Richtung folgt, habt ihr hinter der berühmten Hohen Brücke einen hervorragenden Blick auf das Schloss selbst mit den Silhouetten der Besucher auf der Brücke im Vordergrund.

Geht weiter Richtung Westen, bis ihr parallel zum Bach Fürstenbrunner Graben geht, und folgt diesem rund um den Park. Hier könnt ihr exotische Pflanzen und Vögel beobachten, die das Gelände bewohnen. Nachdem ihr dem Bach für einen Kilometer nach Westen gefolgt seid und dann den südlichen Rand des Parks umrundet habt, führt euch der Weg zum Mausoleum und dann zu den farbenfrohen Schlossgärten im französischen Stil. Hier bringt euch eine kleine Brücke hinüber zur ruhigen Luiseninsel, die inmitten

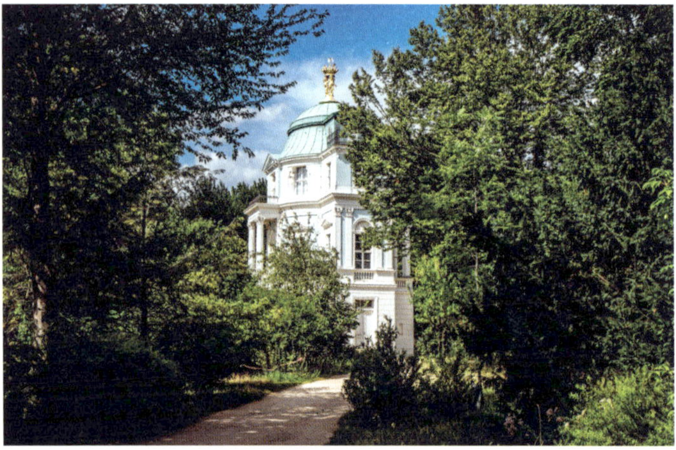

des Karpfenteichs liegt und einen noch beeindruckenderen Blick auf den Schlosspark bietet. Geht um die Insel herum, überquert die Hohe Brücke und geht dann südlich zurück direkt durch die Gärten zum Schloss.

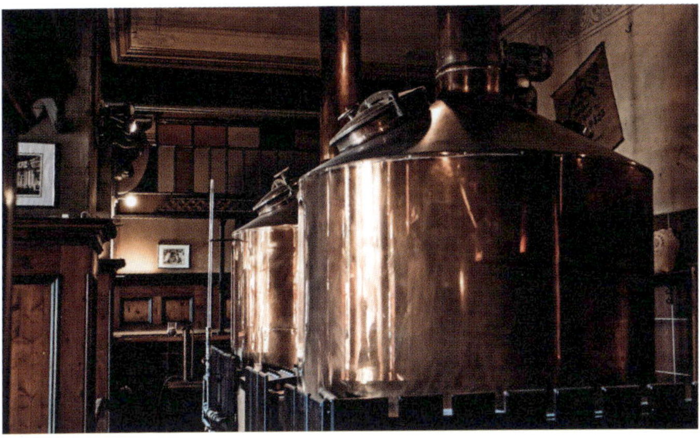

Direkt vor dem Schloss geht ihr links in östlicher Richtung am neapolitanischen Neuen Pavillon vorbei zur Schlossbrücke. Dort überquert ihr den Luisenplatz und gelangt direkt zu der klassisch rustikal eingerichteten Brauerei Lemke am Schloss.

ÜBER LEMKE AM SCHLOSS

Gegründet in einem alten Sudhaus der 1980er-Jahre, führte Lemke die Brautradition ab 2007 in dem Charlottenburger Anwesen weiter. Ironischerweise war das Sudhaus – Luisenbräu – der Ort, an dem der Gründer Oli Lemke während seines Studiums arbeitete. Heute ist Lemke am Schloss eine von drei Lemke-Filialen in Berlin und repräsentiert die traditionelle und herzliche Atmosphäre, für die die Brauerei steht. Das Angebot bietet neben herzhafter deutscher Küche eine beeindruckende Auswahl an Bieren. Von Klassikern wie Pilsner und Dunkles bis hin zu abenteuerlustigeren Fassgereiften ist hier für jeden Geschmack etwas dabei.

ADRESSE

Lemke am Schloss
Luisenplatz 1
10585 Berlin
+49 30 30878979
schloss@lemkeberlin.com
www.schloss.lemke.berlin

Fotos © Yvonne Hartmann

SPANDAUER FORST

FLÜSSE, WÄLDER UND SÜMPFE

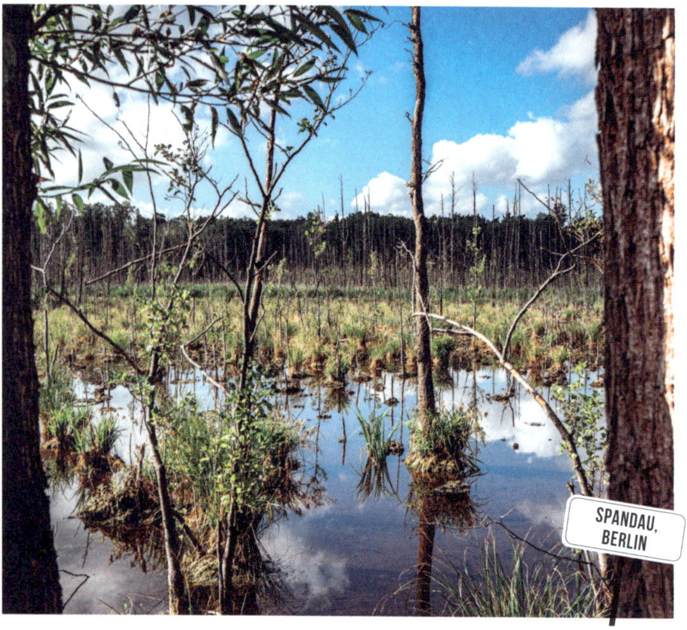

AUSGANGSORT	ZIEL
S-BAHNHOF HENNIGSDORF	BRAUHAUS SPANDAU
BIER	**SCHWIERIGKEITSGRAD**
SPANDAUER HAVELBRÄU	SCHWER
ÖV	**WANDERZEIT**
S25	4 STD.
ZONE	**LÄNGE**
C	15 KM
SEHENSWÜRDIGKEITEN	**HÖHENUNTERSCHIED**
GRENZTURM NIEDER NEUENDORF, WILDGEHEGE SPANDAU, TEUFELSBRUCH UND NEBENMOORE	AUF: 30 M AB: 30 M

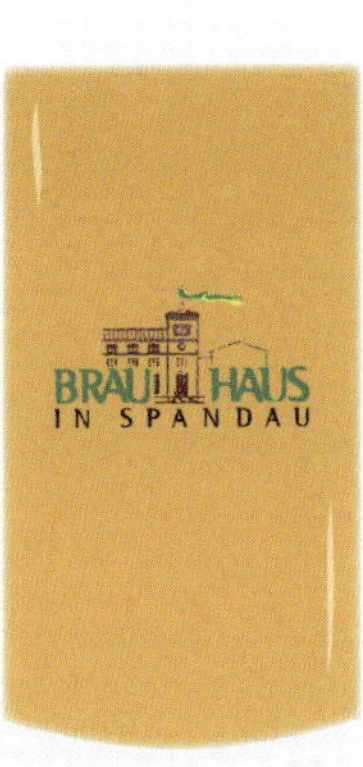

5,2 % ALKOHOLGEHALT

VOLLBIER

TRÜB, NARZISSENGELB

MALZ, TROCKENFRÜCHTE

BANANE, ORANGE, WÜRZIG, MALZIG

BITTERE

SÜSSE

SPANDAUER HAVELBRÄU. Ein ungefiltertes, erfrischendes und würziges Bier mit köstlichen Fruchtnoten, die noch lange auf der Zunge liegen.

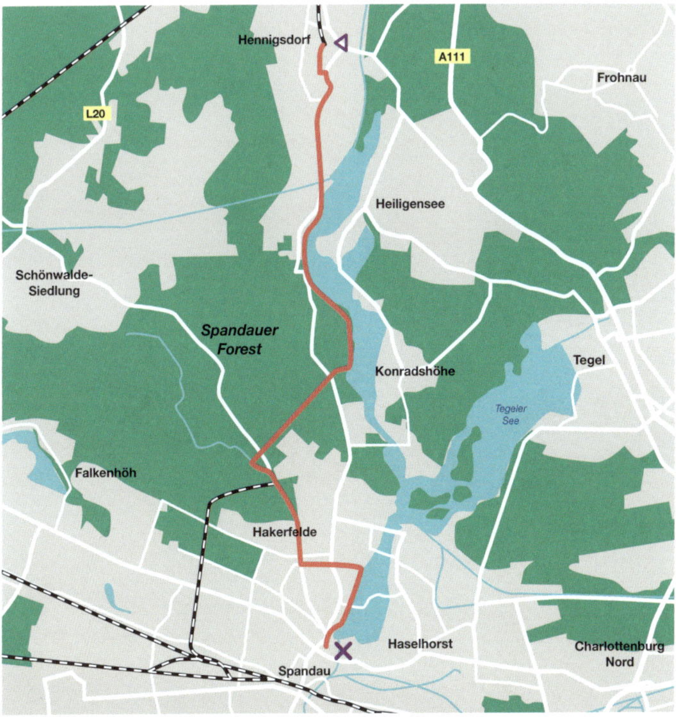

WEGBESCHREIBUNG

Auf diesem Spaziergang am Flussufer vor den Toren Berlins könnt ihr die Ruhe und Stille der Natur genießen. Entlang des romantischen Havelwegs wird die ruhige, dörfliche Umgebung von grünen Wäldern und wilden Sumpfgebieten abgelöst. Der erste Abschnitt folgt dem Berliner Mauerweg, der kennzeichnet, wie die Mauer das Dorf Hennigsdorf einst vom Rest der Stadt trennte. Hier findet man heute noch viele Relikte und Überbleibsel der Zeit der Teilung und Feindseligkeit, die diese friedliche Gegend einst dominierten.

Verlasst den Bahnhof Hennigsdorf, geht Richtung Westen zur Rathenaustraße, dann Richtung Süden auf die Spandauer Allee und folgt dieser für 2 Kilometer. Nachdem ihr die Brücke der Deutsch-Sowjetischen Freundschaft überquert habt, biegt ihr links in die parallel zur Havel verlaufende Uferpromenade ein, der ihr Richtung Süden bis nach Berlin folgt.

Dieser Fußgängerweg spiegelt den Verlauf der Berliner Mauer und passiert deswegen schließlich einen alten Grenzturm, bevor er geradewegs in einen Kiefernwald führt. Nach etwa 6 Kilometern von Hennigsdorf führt der Weg über die Stadtgrenze auf Berliner Boden weiter zum Jagdhaus Spandau am Waldstrand. Folgt dem ausgeschilderten Berliner Mauerweg um die Rückseite des Restaurants herum. An der Weggabelung verlasst ihr den Berliner Mauerweg und biegt rechts ab. Folgt dem Straßenverlauf um eine Linkskurve rund 50 Meter bis zur Niederneuendorfer Allee.

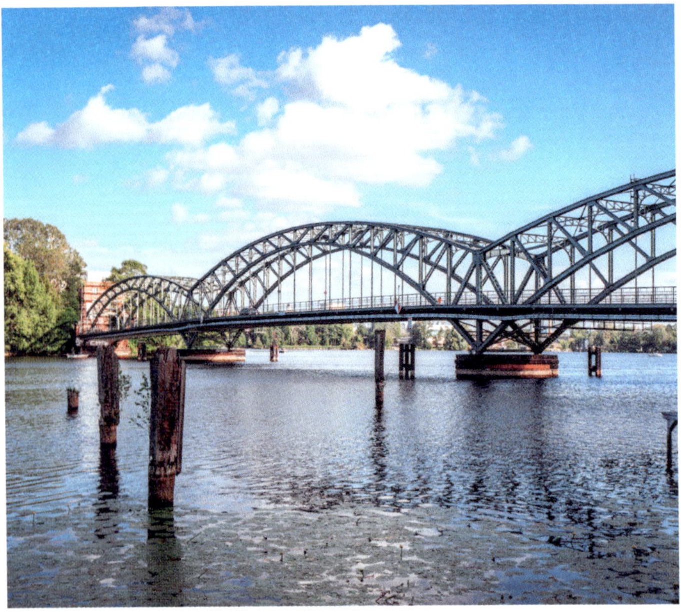

Überquert die Niederneuendorfer Allee und folgt dem Weg weiter direkt in den Wald hinein. Nach 700 Metern wird der Waldboden durch einen hölzernen Fußweg ersetzt, der über ein mit Gestrüpp, Fröschen und Schlangen besiedeltes Sumpfland führt.

Weiter geht es für rund 1,2 Kilometer geradeaus durch den Wald. Überquert die Schönwalder Allee sowie etwas weiter das kleine Gewässer Kuhlake und biegt dahinter gleich links ab. Genießt den Spaziergang durch das Naturschutzgebiet und biegt nach ca. 700 Metern Richtung Osten ab, wo ihr erneut die Kuhlake überquert. Vorbei am Wildgehege gelangt ihr nun wieder auf die Schönwalder Allee. Geht hier für ca. 1,8 Kilometer Richtung Süden, dann für 1,1 Kilometer auf dem Askanierring nach Osten. Überquert die Neuendorf Straße und geht weiter auf der Havelschanze, bis ihr wieder die Havel erreicht. Folgt dem Havelufer für ca. 1,5 Kilometer Richtung Süden durch das opulente Vorstadtviertel, bis ihr die Wröhmännerstraße erreicht. Diese führt euch geradewegs in den Wröhmännerpark, in dem sich auch das Brauhaus Spandau befindet.

ÜBER BRAUHAUS SPANDAU

In einem renovierten, zweistöckigen Backsteingebäude, etwas außerhalb der Spandauer Altstadt gelegen, ist das traditionell gestaltete Sudhaus und Restaurant ein leuchtender Stern in der Bierszene der Stadt. Es ist eine Reise von der Berliner Innenstadt her wert. Das Restaurant und die Bar wurden 1994 gegründet und verfügen über imposante Braukessel und eine großzügige Außenterrasse. Neben dem Havelbräu hat sich die Brauerei auf den regelmäßigen Wechsel saisonaler Biere spezialisiert, besonders beliebt sind Märzen und Maibock. Die Küche serviert ausgezeichnete Klassiker wie Schweinshaxe, Schnitzel und verschiedene Wurstspezialitäten. Dieses umfassende kulinarische Erlebnis ist auch bei Einheimischen sehr beliebt. Wir empfehlen daher, vor allem an den Wochenenden einen Tisch im Voraus zu reservieren. Es sind auch Brauereibesichtigung oder der Kauf hauseigener Biere zum Mitnehmen möglich.

ADDRESSE

Brauhaus Spandau
Neuendorfer Straße 1
13585 Berlin
+ 49 30 3539070
info@brauhaus-spandau.de
www.brauhaus-spandau.de

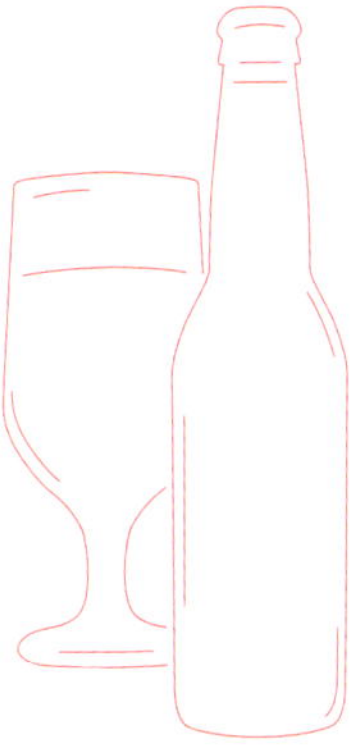

Fotos © Yvonne Hartmann

TEGELER FORST

VON HEILIGENSEE NACH TEGEL

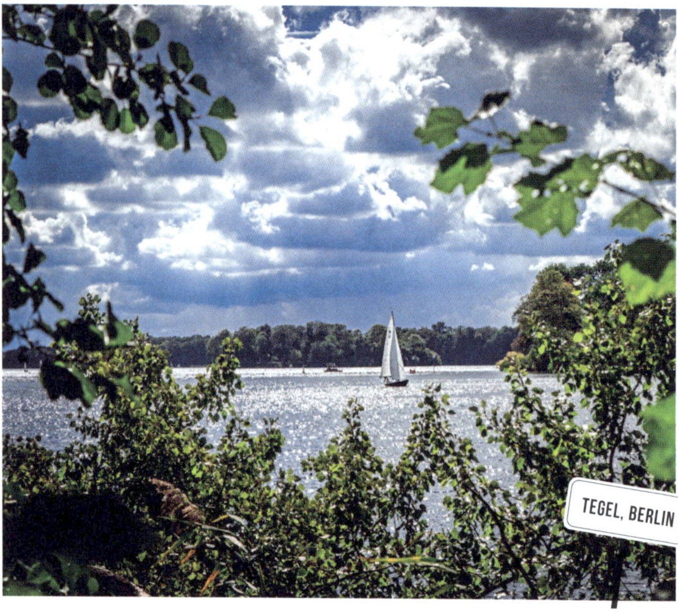

TEGEL, BERLIN

AUSGANGSORT	ZIEL
S-BAHNHOF HEILIGENSEE	KUBI'S POINT
BIER	SCHWIERIGKEITSGRAD
MESSING	MITTEL
ÖV	WANDERZEIT
S25	3 STD. 30 MIN.
ZONE	LÄNGE
B	13,7 KM
SEHENSWÜRDIGKEITEN	HÖHENUNTERSCHIED
HEILIGENSEE, DICKE MARIE, DER ARCHAISCHE ENGEL VON HEILIGENSEE, GREENWICHPROMENADE	AUF: 30 M AB: 30 M

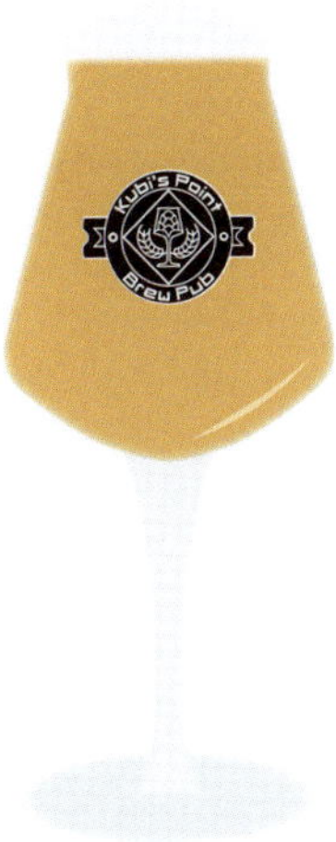

5,0 % ALKOHOLGEHALT — PILSNER

HELL, BERNSTEIN

BITTER, MALZIG, LEICHT FRUCHTIG

BITTER, MALZIG, LEICHT BLUMIG

BITTERE

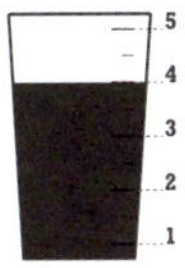

SÜSSE

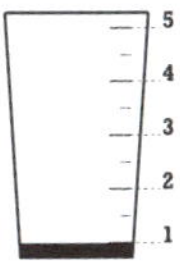

MESSING. Ein sehr leichtes, sehr bitteres, kristallklares Pils mit einer süßlichen Note, leicht kräuterig und blumig im Abgang.

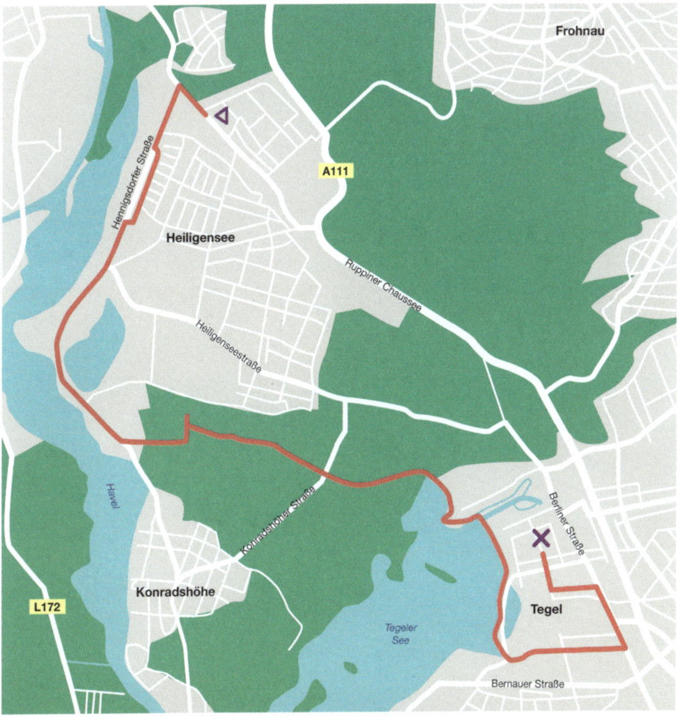

WEGBESCHREIBUNG

In den weitläufigen Kiefernwäldern des Tegeler Forsts, auf dem Weg von dem malerischen Dorf Heiligensee zur Greenwichpromenade, findet sich so manche versteckte Überraschung. Zwischen Dünenlandschaften, einem Wildtierreservat und Palästen trifft man unter anderem auf Berlins höchsten Baum sowie auf den ältesten Baum der Stadt, eine als Dicke Marie bekannte 900 Jahre alte Eiche.

Verlasst den S-Bahnhof Heiligensee auf der Ruppiner Chaussee in Richtung Norden und biegt kurz darauf parallel zur Havel in die Hennigsdorfer Straße in südliche Richtung ab. Nach 800 Metern biegt ihr links auf den Kurzebracker Weg ab und nach ca. 50 Metern rechts in einen Waldpfad, der euch am Erlengraben entlang weiter Richtung Süden führt. Folgt diesem Weg für 600 Meter bis zum kleinen und abgelegenen Erlengrabenteich. Geht rechts vorbei am Teich zurück auf die Hennigsdorfer Straße und auf dieser ca. 450 Meter weiter in Richtung Süden.

Haltet euch rechts und geht auf der Straße Alt-Heiligensee weiter in den alten Ortskern von Heiligensee. Der gut erhaltene und abgelegene Vorort mit seinen gepflasterten Straßen, der Dorfkirche aus dem 15. Jahrhundert, dem Eisenwarenhändler und ganzen Zeilen alter Ladenfassaden erinnert an ein Dorfleben aus längst vergangenen Zeiten.

Folgt der Straße Alt-Heiligensee, die hier die Havel vom Heiligensee trennt und euch durch das Ortszentrum führt, vorbei am Seebad Heiligensee, wo sich der Strand im Sommer mit einheimischen Badegästen füllt. Für alle, die sich den Eintritt zum Strand sparen möchten, ist ein Blick über das Wasser allein schon die Reise hierher wert. Überquert die Sandhauser Brücke und folgt der gleichnamigen Straße für ca. 900 Meter. Biegt auf dem Rallenweg Richtung Osten in den Tegeler Wald ab.

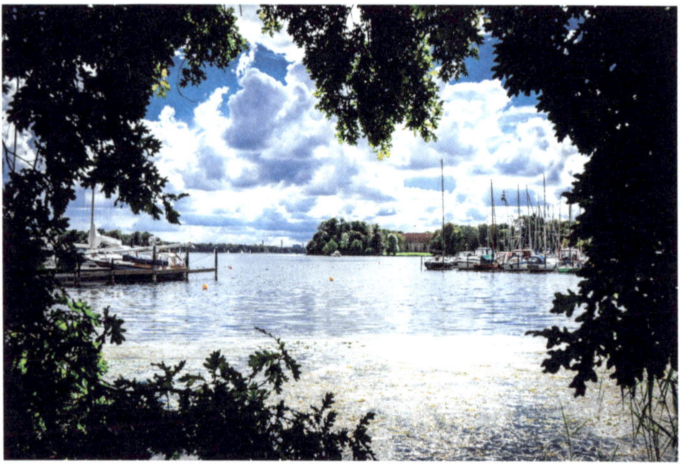

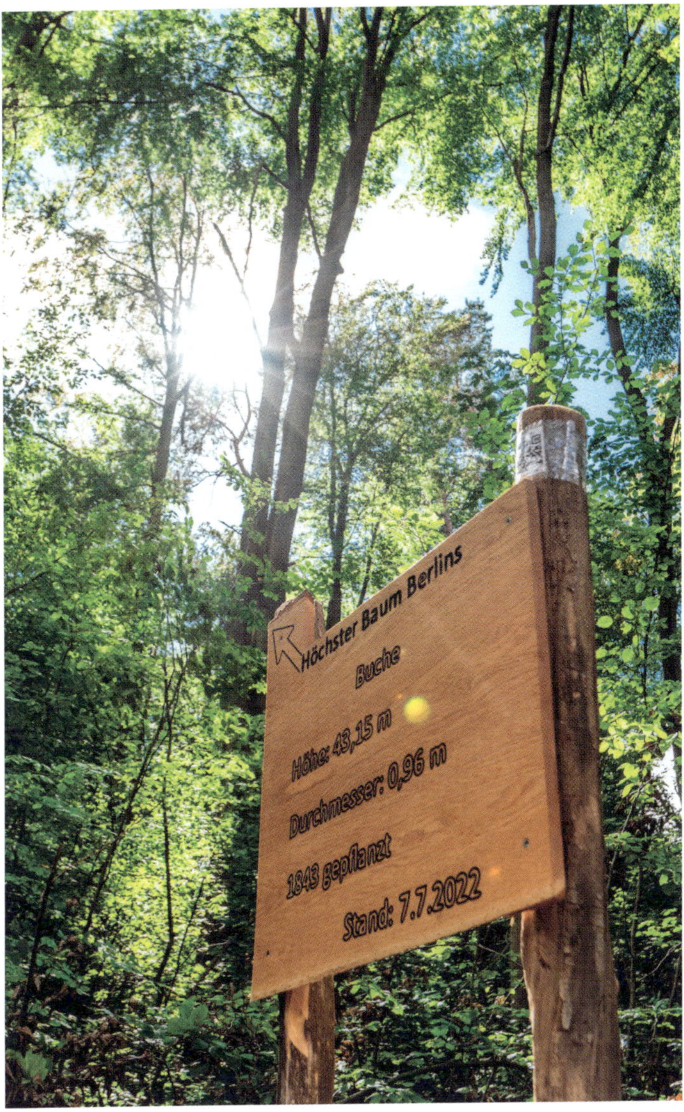

Hier taucht ihr in die grüne Oase mit ihren üppigen Baumkronen ein und folgt dem Forstweg für 300 Meter. Nehmt dann den zweiten Weg links Richtung Norden, bevor ihr euch Baumberge nähert, eine Sanddünenlandschaft, die sich über diesen zentralen Teil des Waldes erstreckt.

Geht 500 Meter über die Dünen Richtung Osten und biegt dann an der ersten Waldkreuzung rechts Richtung Süden ab und geht zurück zum Hauptweg, über den ihr gekommen seid. Biegt hier links ab und geht Richtung Osten. Nach 500 Metern stoßt ihr auf den höchsten Baum der Stadt. Er ist gut ausgeschildert, ihr könnt ihn also nicht verpassen.

Folgt dem Weg weiter in südöstliche Richtung. Nach 1,5 Kilometern und dem Überqueren der Konradshöher Straße kreuzt der Weg schließlich den Schwarzen Weg und erreicht dann hinter dem Restaurant

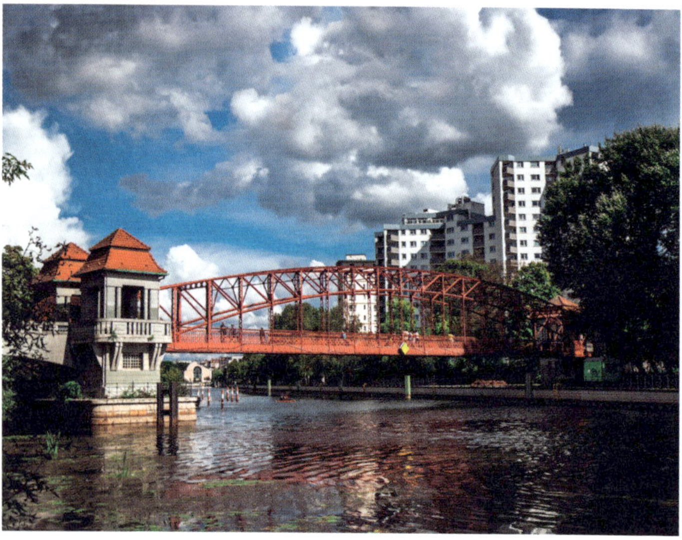

Waldhütte die Dicke Marie – so benannt von Wilhelm und Alexander von Humboldt, die in der Nähe aufgewachsen sind. Seit Jahrhunderten steht sie hier am Ufer des Tegeler Sees. Folgt für einen weiteren Kilometer dem begrünten Uferweg, der sich, vorbei am Denkmal des archaischen Engels von Heiligensee, am Wasser entlangwindet. Von hier aus kann man über das atemberaubend klare Wasser bis nach Spandau blicken und direkt gegenüber auf der anderen Seite des Sees die Villa Borsig sehen.

Folgt dem Weg für ca. 300 Meter weiter Richtung Osten und geht dann Richtung Süden weiter über die beeindruckende rote Tegeler Hafenbrücke aus Stahl, die euch auf die elegante Greenwichpromenade führt. Flaniert wie die Einheimischen entspannt auf der Promenade und genießt hier bei einem Kaffee oder einem Eis den Ausblick auf den See mit seinen vielen Enten, Segelbooten und Dampfern.

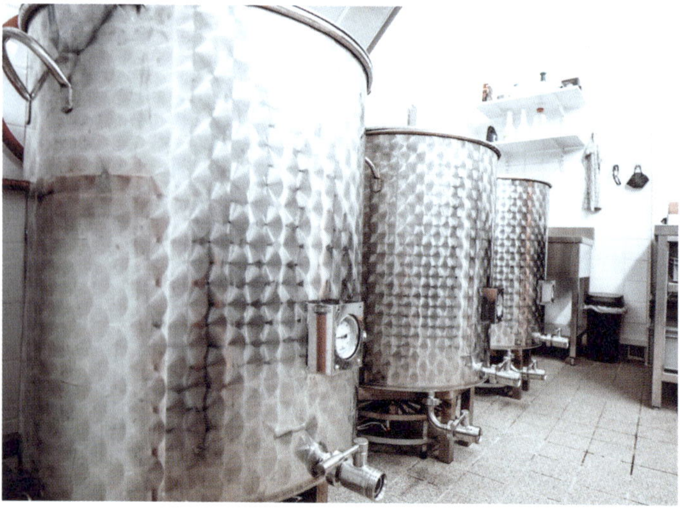

Folgt der Promenade Richtung Süden, vorbei an Kanonen aus dem 18. Jahrhundert, durch den Wald und über die Borsigdammbrücke. Biegt nach einem Kilometer links auf die Neheimer Straße ab und geht geradewegs auf die riesigen Wandmalereien zu, die hier die Fassaden einiger Wohnhäuser schmücken. Haltet euch rechts und biegt nach 200 Metern auf die Namslaustraße ab, der ihr für ca. einen Kilometer Richtung Osten folgt. Biegt dann links auf die Berliner Straße und folgt ihr für weitere 900 Meter in nördliche Richtung bis ins Herz von Tegel, bevor ihr auf der Straße Am Borsigturm in Richtung Westen in das ehemalige Stahlwerks- und Industriegebiet gelangt. Nach 500 Metern auf Am Borsigturm biegt ihr rechts auf den Medebacher Weg ab und folgt ihm Richtung Norden. Kubi's Point liegt kurz vor dem Brunowplatz auf der rechten Straßenseite.

ÜBER KUBI'S POINT

Mit Erinnerungsstücken aus der ganzen Welt dekoriert, war Kubi's Point 2017 die erste Craftbeer-Bar im üppigen und weitläufigen Wohnviertel Tegel. Das liebenswerte und gesellige Team setzt sich für die Berliner Brauerei-Community ein und beherbergt in seinem Kühlschrank auch Biere anderer lokaler Hersteller. Erst seit 2022 wird hier gebraut, jedoch mit viel Beifall – fragt einfach die unzähligen Einheimischen, die hier ihr Feierabendbier genießen. Die sieben Zapfhähne bieten neben Messing (das Pilsner von Kubi's Point) und anderen lokalen Bieren, die das ganze Jahr über erhältlich sind, auch immer ein saisonales Bier. Zu besonderen Anlässen gibt es gelegentlich sowohl kulinarische Spezialitäten als auch Bierverkostungen und Filmvorführungen.

ADRESSE

Kubi's Point
Medebacher Weg 14
13507 Alt-Tegel
+ 49 177 3163999
kubanek@kubis-point.de
www.kubis-point.de

Fotos © Yvonne Hartmann

WESTBERLIN

VOM GRUNEWALD NACH SIEMENSSTADT

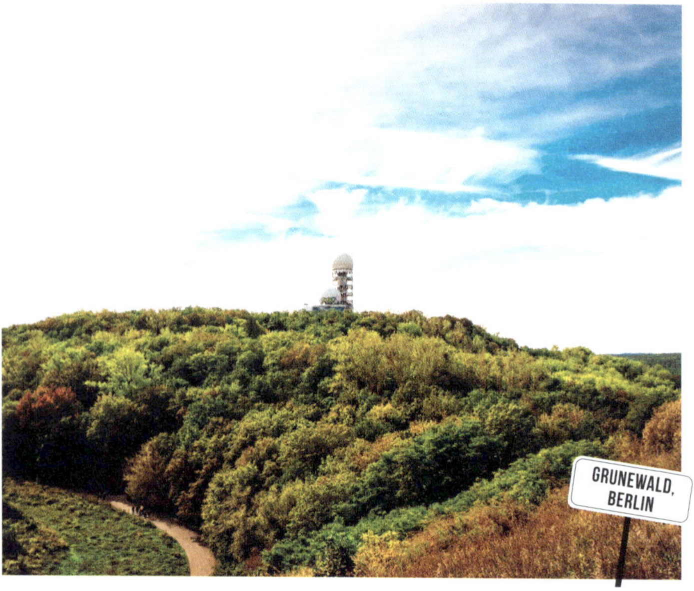

AUSGANGSORT	ZIEL
S-BAHNHOF GRUNEWALD	FUERST WIACEK
BIER	SCHWIERIGKEITSGRAD
AFTER PARTY	MITTEL
ÖV	WANDERZEIT
S3, S5, S7	2 STD. 30 MIN.
ZONE	LÄNGE
B	11,5 KM
SEHENSWÜRDIGKEITEN	HÖHENUNTERSCHIED
DRACHENBERG, OLYMPIASTADION, SIEMENSTURM	AUF: 110 M AB: 130 M

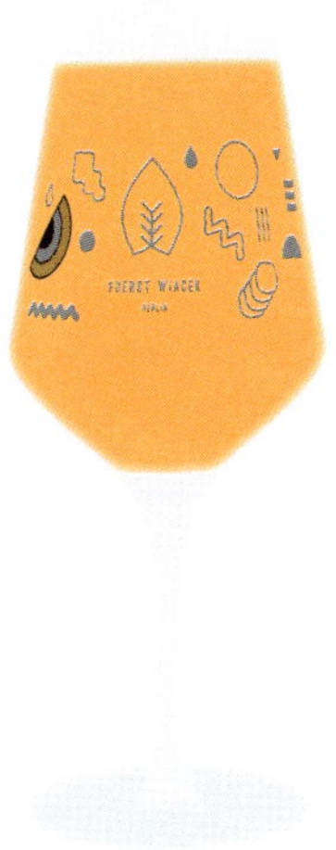

5,0 % ALKOHOLGEHALT — PALE ALE

TRÜB, DUNKELORANGE

MANGO, ORANGE, ZITRUS

GRAPEFRUIT, ORANGE, HOPFEN

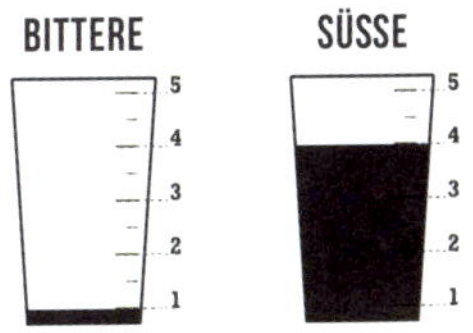

AFTER PARTY. Ein fesselndes Pale Ale, reich an fruchtigen Aromen, aber leicht genug, um die Sinne nicht zu überfordern.

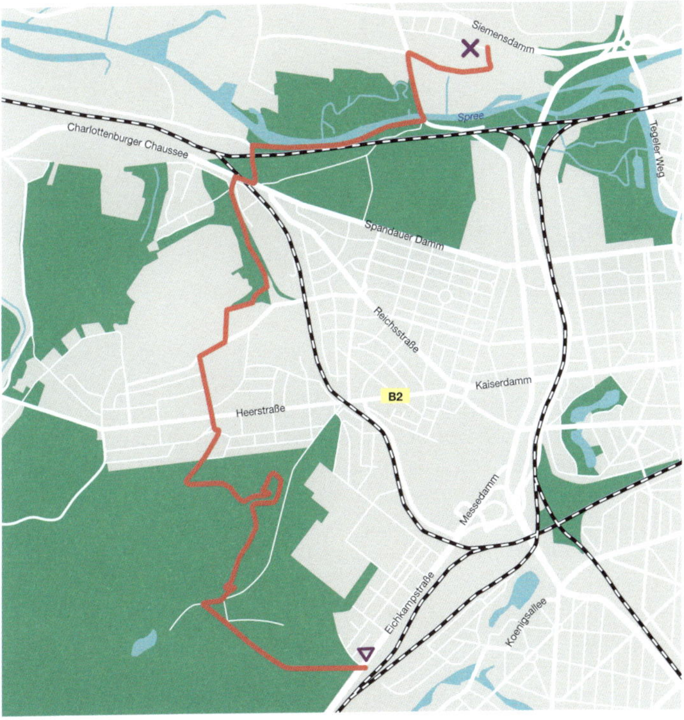

WEGBESCHREIBUNG

Der Grunewald erstreckt sich entlang der Havel im Westen der Stadt und ist das größte Waldgebiet Berlins. Inmitten des 3000 Hektar großen Geländes finden sich eine Reihe miteinander verbundener Seen, mehrere Hügel mit Blick über die Stadt, viele versteckte Restaurants und sogar ein alter Spionageturm aus dem Kalten Krieg. Mit seinen idyllischen Pfaden ist das ruhige Naherholungsgebiet ein erstklassiges Wandergebiet für die Stadtbewohner und -bewohnerinnen und daher der perfekte Ausgangspunkt für das Abenteuer dieses Kapitels.

Verlasst den Bahnhof Grunewald Richtung Westen und nehmt den ersten Fußweg links in den Wald, den Schildhornweg. Folgt diesem einen Kilometer geradeaus an den Kleingartenanlagen entlang bis zur Teufelsseechaussee. Biegt hier rechts ab und folgt der Teufelsseechaussee entweder 1,3 Kilometer bis zum Parkplatz Drachenberg oder geht auf einem der Fußwege auf der anderen Straßenseite in den Wald und folgt diesem aufwärts in nordöstlicher Richtung, bis ihr ebenfalls dort ankommt.

Steigt entweder die Treppe aufwärts oder folgt dem Pfad hinauf bis zum Gipfel des Drachenbergs. Dieser entstand aus einem riesigen Hügel aus Trümmern, die sich nach dem Zweiten Weltkrieg angesammelt haben. Von hier könnt ihr die wunderbare Aussicht über die ganze Stadt bis hinüber zum Teufelsberg genießen, wo am Horizont die Kuppeln einer ehemaligen Abhörstation aus dem Kalten Krieg hervorragen.

Der Abstieg erfolgt von der gegenüberliegenden Seite des Drachenbergs, die dem Teufelsberg am nächsten liegt. Nehmt hier den ersten Weg rechts, der euch durch den Wald vorbei an der Winterrodelbahn herabführt. Folgt dem nach links schwenkenden Waldweg für 200 Meter, bevor ihr rechts in den Wald abbiegt und dann gleich die erste Straße rechts nehmt, die euch zur Tapiauer Allee führt.

Den Wald auf der Tapiauer Allee verlassend, geht ihr links auf die Lyckallee und dann rechts auf die Kranzallee. Überquert die Heerstraße und geht die Flatowallee hinauf bis zum Olympiastadion. Biegt direkt nach dem S-Bahnhof Olympiastadion rechts ab auf die Trakehner Allee und folgt dieser, bevor ihr links auf den Gutsmuthsweg abbiegt und die monumentale Fassade des Stadions erreicht. Das kolossale Stadion, das für die Olympischen Sommerspiele 1936 erbaut wurde, ist eine beeindruckende architektonische Leistung, die zu jeder Jahreszeit einen Besuch wert ist.

Verlasst das Stadion über den Olympischen Platz Richtung Osten und biegt links auf Rossitter Weg in Richtung U-Bahnhof Olympiastadion ab. Geht von dort Richtung Norden auf die Rominter Allee und folgt dem Straßenverlauf für 1,4 Kilometer. Biegt am Spandauer Damm in

Richtung Osten ab und dann die nächste links auf den Wiesendamm. Nach 250 Metern überquert ihr die Bahngleise und biegt dann rechts auf einen Fußweg ab, der zwischen einer Kleingartenanlage und der Spree verläuft.

Folgt dem bewaldeten Uferweg für 1,5 Kilometer, bevor ihr die Spree über die Rohrdammbrücke überquert. Auf Rohrdamm Richtung Norden gelangt ihr nach ca. 500 Metern zum Industriegebiet von Siemensstadt. Biegt rechts auf den Wohlrabedamm ab, vorbei am ehemaligen Siemens-Industrie- und Wohnturm, und dringt tiefer in das Industriegelände hinein. Folgt nach 750 Metern auf dem Wohlrabedamm dem Straßenverlauf Richtung Norden, unter der Diffusor-U-Bahn hindurch und spaziert weiter bis zum ehemaligen Bahnhof Wernerwerk. Gegenüber findet ihr den Eingang zur Brauerei Fuerst Wiacek.

ÜBER FUERST WIACEK

Fuerst Wiacek ist zweifellos eine der spannendsten und angesehensten Brauereien in ganz Deutschland. Das relativ neue Unternehmen, das 2016 von Georg Fürst und Lukasz Wiacek gegründet wurde, begann sich mit seinen vollmundigen, trüben IPAs einen Namen zu machen, bevor es sich auf eine ganze Reihe verschiedener Biere spezialisierte, darunter Pils, Sour, Porter und viele, viele mehr – wöchentlich wird ein neues Bier ins Sortiment aufgenommen! In nur wenigen Jahren hat Fuerst Wiacek sich dank seiner sorgfältig gebrauten Biere und seines kreativen Brandings eine Fangemeinde in ganz Europa aufgebaut. Gastfreundlichkeit und Aufgeschlossenheit tun ihr Übriges. Die Brauerei hat leider keinen Schankraum, aber es gibt regelmäßige Tage der offenen Tür, Veranstaltungen und Führungen. Für weitere Informationen besucht also einfach die Webseite. Fuerst-Wiacek-Biere werden in allen Berliner Schankstuben angeboten. Außerdem ist die Brauerei freitags nachmittags für Abholungen vor Ort geöffnet.

ADRESSE

Fuerst Wiacek GmbH
Wohlrabedamm 3
13629 Berlin
+49 152 23779829
hey@fuerstwiacek.com
www.fuerstwiacek.com

Fotos © Yvonne Hartmann

SÜDBERLIN

DOGWALK

EINE REISE DURCH BERLINS INDUSTRIELLE VERGANGENHEIT

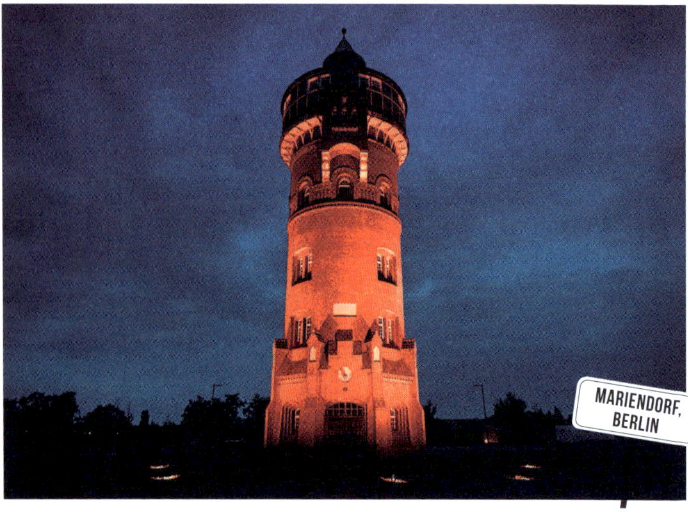

MARIENDORF, BERLIN

AUSGANGSORT	ZIEL
BAHNHOF SÜDKREUZ	BREWDOG DOGTAP
BIER	**SCHWIERIGKEITSGRAD**
ELVIS JUICE	MITTEL
ÖV	**WANDERZEIT**
RINGBAHN, S2, S25, S26, S45, S46, RE	2 STD.
ZONE	**LÄNGE**
A	9 KM
SEHENSWÜRDIGKEITEN	**HÖHENUNTERSCHIED**
TELTOWKANAL, MARIENDORFER-HAFEN-STEG	AUF: 15 M AB: 10 M

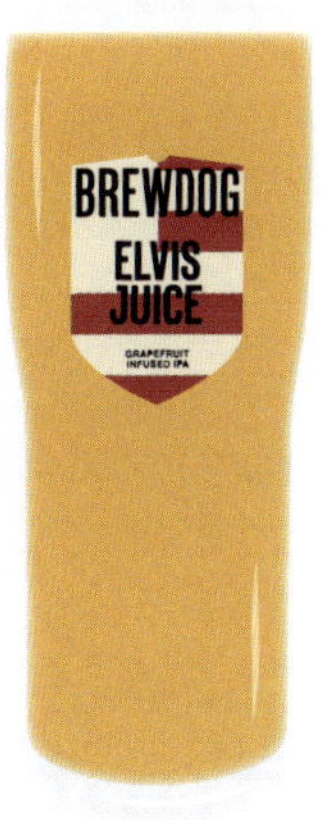

5,1 % ALKOHOLGEHALT — IPA

BERNSTEIN

GRAPEFRUIT, ORANGE

GRAPEFRUIT, KARAMELL

BITTERE

SÜSSE

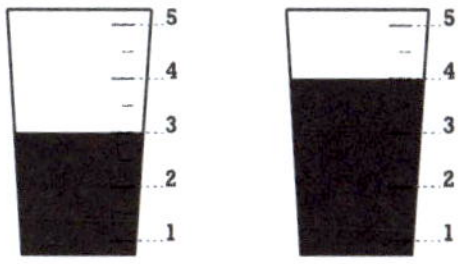

ELVIS JUICE. Ein königliches, fruchtig-süßes IPA.

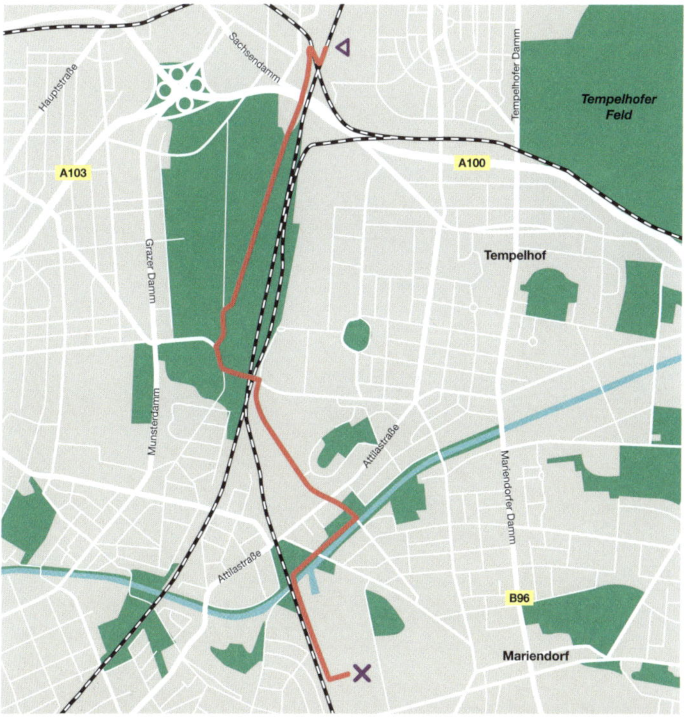

WEGBESCHREIBUNG

So ein BrewDog habt ihr noch nie gesehen. Auf einem alten Gaswerksgelände in einem der südlichen Bezirke der Stadt befinden sich der Hauptsitz und die Brauerei des europäischen Vertriebs von BrewDog. Untergebracht in einem riesigen roten Backsteingebäude aus dem Jahr 1901, verkörpert seine Präsenz dieses besondere Viertel von Berlin, das voller Relikte aus der industriellen Vergangenheit der Stadt ist. Der Spaziergang vom Südkreuz führt euch über stillgelegte Bahngleise und entlang des alten Teltowkanals.

Verlasst den Bahnhof Südkreuz durch den Haupteingang, biegt sofort links ab und folgt dem unbenannten Geh- und Radweg, der euch über die Autobahn in die Gärten und Grünflächen des Hans-Baluschek-Parks führt.

Die weitläufige Rasenfläche wird im Westen von privaten Kleingärten und im Osten von einem Naturpark mit Artefakten und alten Zügen, die einst auf der ehemaligen Bahnstrecke Berlin–Dresden eingesetzt wurden, umgeben. Nach 2 Kilometern erreicht ihr das Ende des Parks am Priesterweg, dem ihr bis zum Prellerweg folgt. Biegt links ab und folgt dem Straßenverlauf von Prellerweg unter einer alten, stillgelegten Eisenbrücke hindurch bis zur Röblingstraße. Biegt nun rechts ab und geht auf der Röblingstraße einen weiteren Kilometer Richtung Süden, entlang weiterer stillgelegter Bahngleise.

Nachdem ihr die Attilastraße überquert habt, erreicht ihr den Teltowkanal. Auf der Nordseite findet ihr einen Pfad auf dem Damm des Kanals. Folgt dem Kanal in westlicher Richtung, bis ihr nach einem Kilometer den Mariendorfer-Hafen-Steg erreicht, eine malerische öffentliche Fußgängerbrücke aus Stahlgussträgern und Holzbohlen.

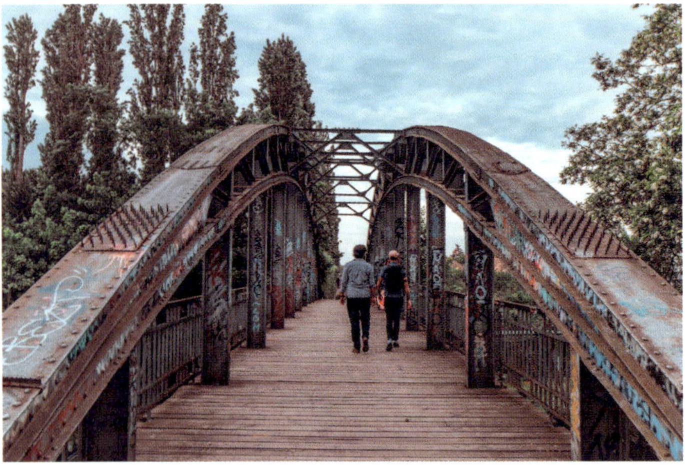

Weiter geht es über die Brücke auf einem kleinen öffentlichen Fußweg neben den Bahngleisen. Während ihr euch dem Industriepark Mariendorf nähert, könnt ihr in der Ferne den alten Gasbehälter sehen, der euch die Zielgerade zur BrewDog-Brauerei und den Biergarten anzeigt.

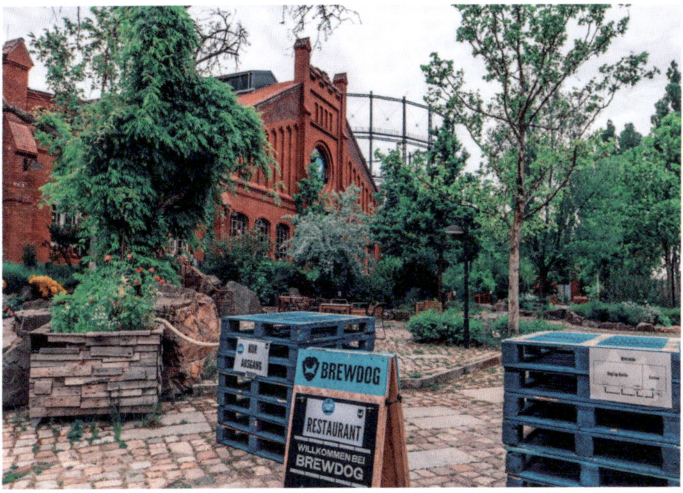

ÜBER BREWDOG DOGTAP

Die europäische Zentrale von BrewDog ist mit Abstand eine der besten Craftbeer-Bars in Berlin. Die 2500 Quadratmeter große Fläche bietet bis zu 60 Zapfstellen, an denen eine große Auswahl an verschiedenen Bieren serviert wird. Mit seinen Buntglasfenstern gibt einem der elegante Raum den Eindruck, gerade eine riesige, geheime Bierkirche betreten zu haben.

ADRESSE

BrewDog DogTap
Im Marienpark 22
12107 Berlin
+49 30 21234347
dogtapberlin@brewdog.com
www.brewdog.com/eu_en/bars/global/dogtap-berlin

Fotos © Yvonne Hartmann

LANDWEHRKANAL

EIN BÖHMISCHER SPAZIERGANG AM WASSER

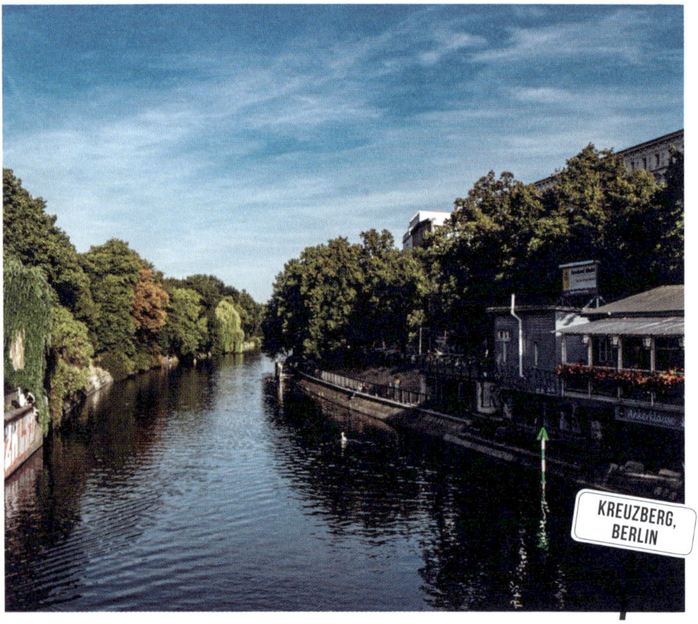

▷··· AUSGANGSORT	··✕ ZIEL
U-BAHNHOF HALLESCHES TOR	SCHOPPE BRÄU TAPROOM IM BKK
BIER	SCHWIERIGKEITSGRAD
SOMMERMÄRCHEN	LEICHT
ÖV	WANDERZEIT
U1, U3, U6	1 STD.
ZONE	LÄNGE
A	4,9 KM
SEHENSWÜRDIGKEITEN	HÖHENUNTERSCHIED
LANDWEHRKANAL, ADMIRALBRÜCKE, KOTTBUSSER BRÜCKE	AUF: 10 M AB: 10 M

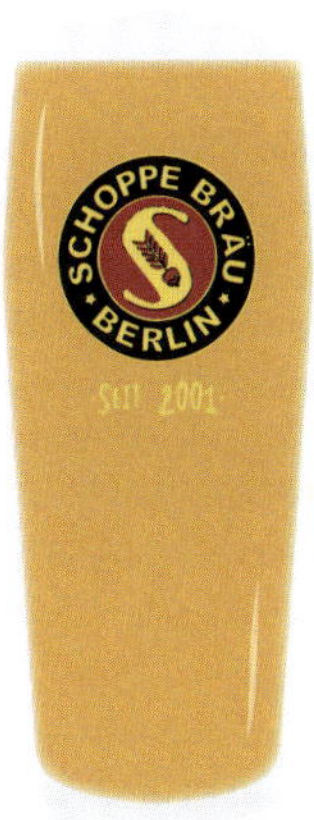

5,6 %
ALKOHOL-
GEHALT

WEISSBIER

TIEFGOLD

ANANAS,
HERB

SÜSS-FRUCHTIG,
KARAMELL

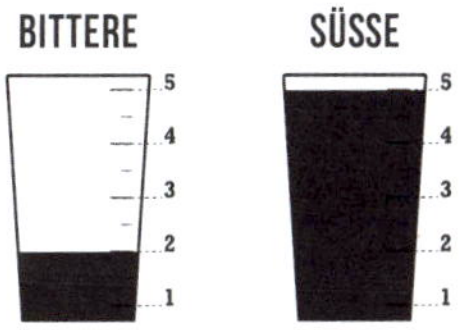

SOMMERMÄRCHEN. Ein leichtes, sommerliches Weißbier, das mit seinem erfrischenden Fruchtaroma begeistert.

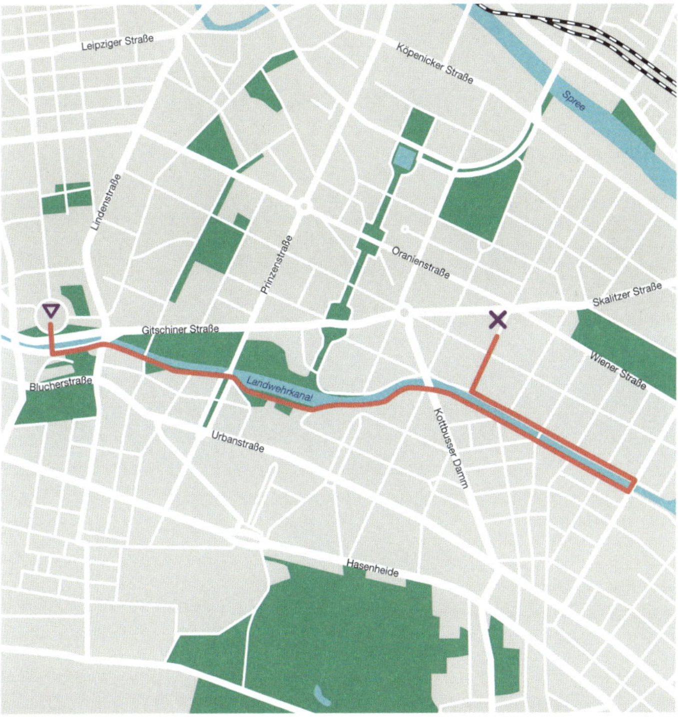

WEGBESCHREIBUNG

Eines der Highlights des Berliner Bezirks Kreuzberg ist der alte Industriekanal, der sogenannte Landwehrkanal, der sich vom Tiergarten bis nach Friedrichshain durch das Herz der Stadt zieht. In den Sommermonaten verwandelt sich diese Wasserstraße in einen Spielplatz für die Bewohner der Stadt und füllt sich mit Schlauchbooten, Dampfern und schwimmenden Restaurants. Ein Spaziergang entlang des Kanals führt euch über türkische Märkte, vorbei an einer Vielzahl von Bars und Restaurants und durch einige der einladendsten und unkonventionellsten Viertel der Stadt. Hier gibt es alles, was das Schlemmerherz begehrt, von veganen Donuts bis hin zu Köfte to go.

Verlasst das Hallesche Tor über die Hallesche-Tor-Brücke und geht am Waterloo-Ufer entlang der Südseite des Kanals Richtung Osten. Wenn ihr die Zossener Brücke (eine von vielen Brücken, über die ihr heute gehen werdet) überquert habt, folgt rechts dem Fußweg am Nordufer entlang weiter in östliche Richtung, vorbei am alten, roten Pumpwerk.

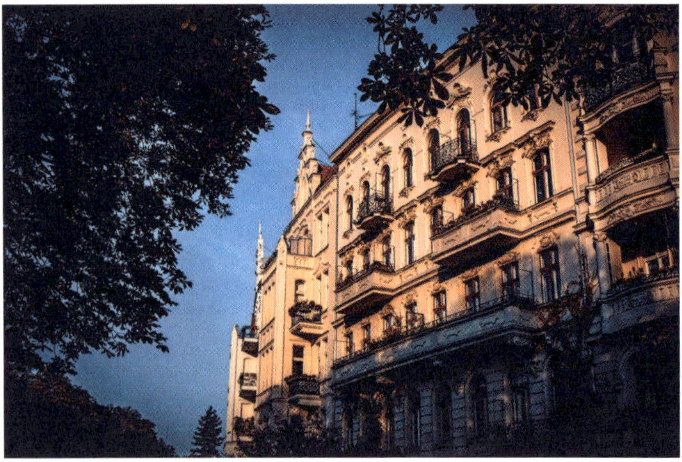

Überquert die Waterloobrücke und geht nun wieder am Südufer um das alte Zollhaus herum Richtung Prinzenstraße und überquert diese. Ein Fußweg führt euch hier parallel zur Straße Planufer am Kanal entlang, vorbei an Booten, Restaurants und einem Heer an Schwänen, das auf dem grasbewachsenen Damm patrouilliert. Die Admiralbrücke, die nächste Brücke auf dem Weg, ist zu einem beliebten Treffpunkt für junge Leute geworden, die sich hier abends versammeln, um Musik zu spielen, Bier zu trinken und die Spiegelung des Sonnenuntergangs auf dem Wasser zu betrachten.

Überquert die Admiralbrücke zurück auf das Nordufer und folgt dem Weg am Fraenkelufer entlang, bevor es über die Kottbusser Brücke zurück auf die Südseite des Kanals geht und dann weiter in östliche

Richtung am Maybachufer entlang. Hier verwandelt sich die Straße dienstags und freitags in einen großen Basar mit Bauernküchen, internationalen Köstlichkeiten und Textilverkäufern. Folgt dem Kanalufer für ca. einen Kilometer bis zur Abzweigung Pannierstraße. Überquert die Thielenbrücke zum anderen Ufer und biegt am Pavillon sofort links ab. Folgt dem Kanalweg zurück in Richtung Westen entlang des Paul-Lincke-Ufers, vorbei an Gärten, Boutique-Cafés und dem Boule-Platz.

Entlang dem Paul-Lincke-Ufer in westliche Richtung hat die Umgebung mit ihren Kopfsteinpflasterstraßen und klassischen Altbauten ein fast dörfliches Ambiente. Biegt nach einem Kilometer rechts auf die Manteuffelstraße ab und folgt dem Straßenverlauf für 250 Meter. Überquert die Reichenberger Straße, bis ihr die BKK-Bar, kurz für Bier Kombinat Kreuzberg, erreicht.

ÜBER SCHOPPE BRÄU TAPROOM IM BKK

Wenn das Schoppe-Team vor einem nicht zurückschreckt, dann vor neuen Geschmackskreationen. Chefbrauer Thorsten Schoppe gilt als einer der Initiatoren der Wiederbelebung der Craftbeer-Bewegung in Berlin – und wenn ihr euch durch seine Bierkarte arbeitet, werdet ihr sehen, warum. Im Angebot sind vollmundige IPAs, Witbiere, Dunkles, Ales, Bockbiere, Pilsener und mehr zu finden, jedes mit viel Charakter und Geschmack. Die Brauerei selbst befindet sich in der Innenstadt, aber Schoppe entschied sich für die Einrichtung einer Schankstube im Stadtteil Kreuzberg, direkt am Landwehrkanal. Die Bar selbst ist sehr geradlinig und bietet wöchentlich Verkostungen an. Der Besuch der Brauerei und die Teilnahme an Braukursen sind ebenfalls möglich. Beides kann über die Website gebucht werden.

ADRESSE

Schoppe Bräu Taproom im BKK
Manteuffelstraße 53
10999 Berlin
+ 49 175 2468103
www.schoppebraeu.de

Fotos © Yvonne Hartmann

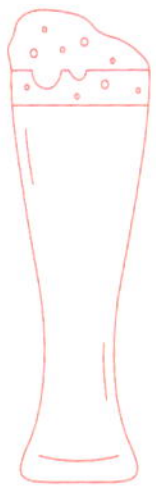

KREUZBERGTOUR

HISTORISCHER BUMMEL DURCH BERLINS BERÜHMTESTEN STADTTEIL

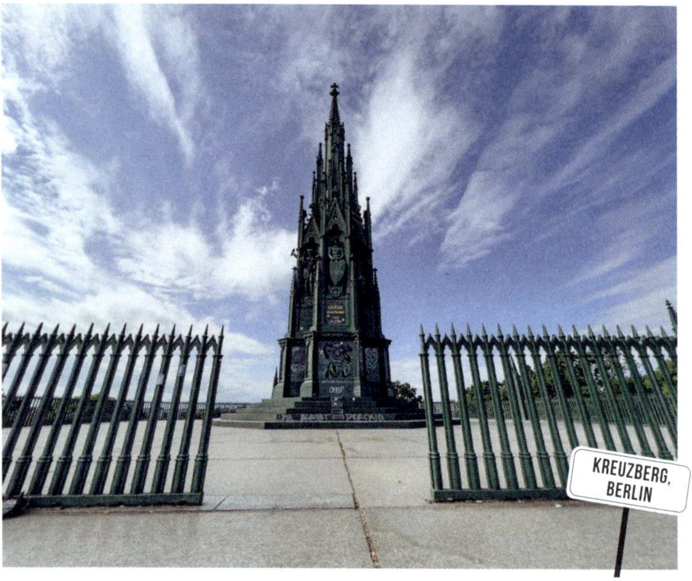

AUSGANGSORT	ZIEL
U-BAHNHOF PLATZ DER LUFTBRÜCKE	BRAUHAUS SÜDSTERN
BIER	SCHWIERIGKEITSGRAD
ORANG UTAN ALE	LEICHT
ÖV	WANDERZEIT
U6	1 STD.
ZONE	LÄNGE
A	5 KM
SEHENSWÜRDIGKEITEN	HÖHENUNTERSCHIED
PLATZ DER LUFTBRÜCKE VIKTORIAPARK, BERGMANNSTRASSE, MARHEINEKE MARKTHALLE, KIRCHHÖFE BERGMANNSTRASSE	AUF: 30 M AB: 40 M

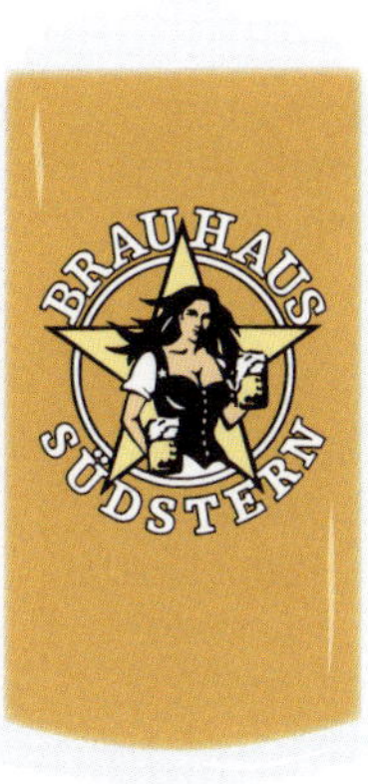

5,5 % ALKOHOLGEHALT

PALE ALE

KUPFER

MALZ, HOPFEN, TROCKENFRÜCHTE

BITTER, FRUCHTIG (TROCKENFRÜCHTE)

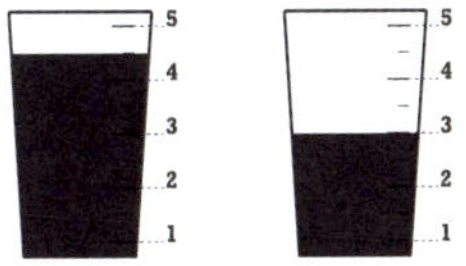

ORANG UTAN ALE. Ein karamellisiertes und rustikales, rot gefärbtes Ale mit tropischen Aromen.

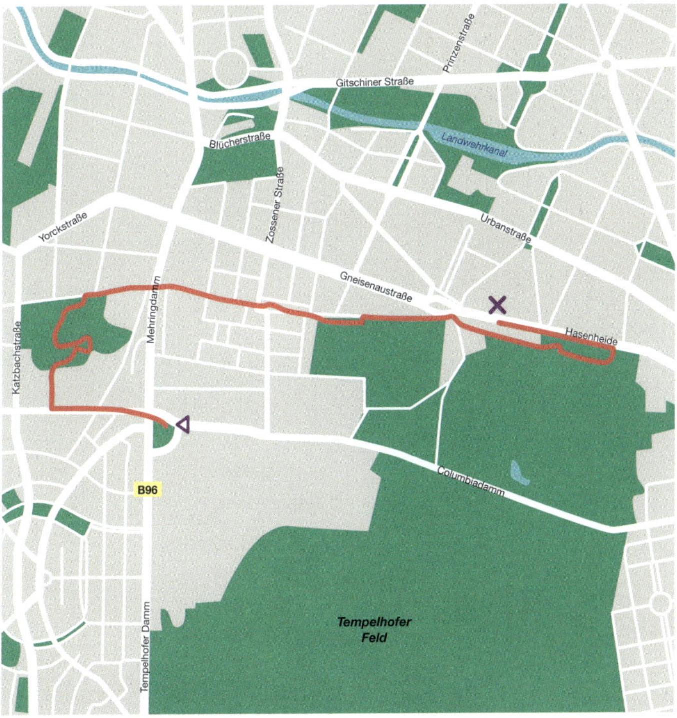

WEGBESCHREIBUNG

Kreuzberg, heute Teil des Bezirks Friedrichshain-Kreuzberg, gehört zu den wohl bekanntesten Berliner Ortsteilen. Vom historischen Platz der Luftbrücke durch den Viktoriapark, dessen 66 Meter hohem Kreuzberg der Ortsteil seinen Namen verdankt, bis hin zur belebten Bergmannstraße ist dies wohl eine der vielseitigsten Routen mit einigen historischen Haltestellen.

Das Denkmal am Platz der Luftbrücke ist nur eins von drei Luftbrücken-Denkmälern in Deutschland, die an diesen Teil deutscher Geschichte erinnern. Es wurde zu Ehren der gefallenen Piloten, die die Bevölkerung während der Blockade durch die sowjetische Besatzungsmacht 1948 mit Lebensmitteln versorgten, errichtet.

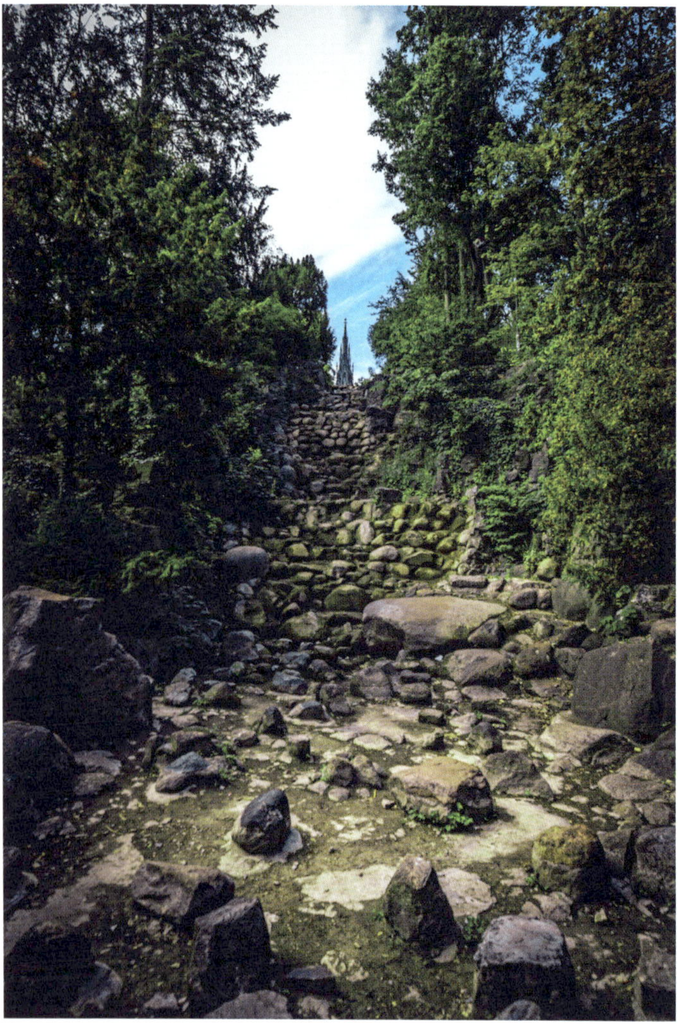

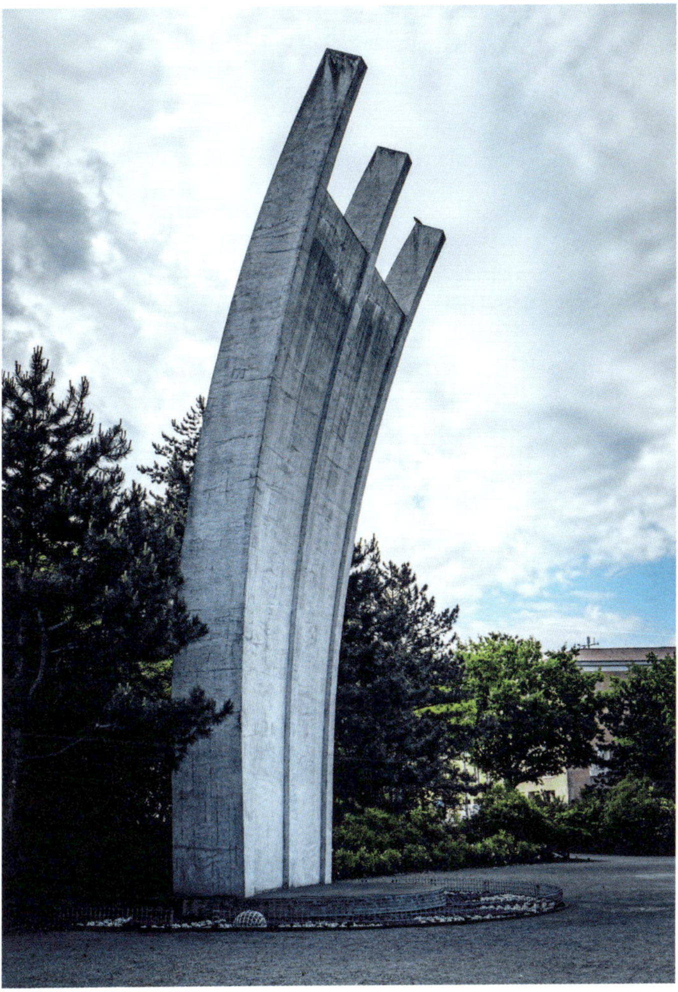

Vom U-Bahnhof Platz der Luftbrücke startet die Tour in westliche Richtung über die Dudenstraße und in Richtung südlicher Eingang des Viktoriaparks. Dabei geht es vorbei an der seit 1980 zu einem verkehrsberuhigten Wohnquartier umfunktionierten Brauerei Schultheiß. Ein von Bäumen gesäumter Weg führt euch kurz vor der Kreuzung Dudenstraße/Katzbachstraße die Stufen hinauf in den Park, vorbei an Sportplätzen zu eurer Linken, hinter denen die wunderschöne Altbaukulisse Kreuzbergs zu sehen ist. Haltet euch am Ende der Stufen rechts und folgt dem Weg weiter nach oben auf den Kreuzberg und geradewegs zum Nationaldenkmal.

Die Geschichte des heute 12,8 Hektar großen denkmalgeschützten Parks begann 1821 mit der Einweihung des von Karl Friedrich Schinkel entworfenen Nationaldenkmals für die Siege in den Befreiungskriegen (1813–1815) gegen Napoleon Bonaparte auf dem ehemaligen Tempelhofer Berg oder Runder Weinberg. Es lohnt sich, die Stufen zum prachtvollen neugotischen Denkmal hochzugehen und die einmalige Aussicht über Kreuzberg zu genießen.

Beim Abstieg haltet euch links, folgt dem Weg hinab und nehmt die zweite Abbiegung rechts, die euch an der großen Liegewiese vorbei und unter schattigen Bäumen hindurch direkt zur Teichanlage führt. Von dort nehmt ihr die erste Abbiegung links, steigt die paar Stufen hinunter und spaziert über die kleine, romantische Brücke zum Tierpark. Folgt dem Weg dann rechts weiter den kleinen Bach entlang bis zum Ausgang des Parks.

Hier, neben der Bronzeskulptur Der seltene Fang am Fuß des Wasserfalls (eine Nachbildung des Hainfalls in Polen), hat man eine wunderbare Aussicht durch die Baumkronen nach oben bis zum Denkmal auf dem Gipfel.

Weiter geht es auf der Kreuzbergstraße Richtung Osten bis zum Mehringdamm. Für eine kleine Erfrischung oder auch ein gutes Essen ist ein Abstecher in den großen Biergarten vom Braugasthaus Dolden Mädel zu empfehlen, bevor ihr den Mehringdamm überquert und geradeaus in die belebte Bergmannstraße eintaucht.

Die kunterbunte Bergmannstraße mit ihren vielen Boutiquen, Cafés, Restaurants, Galerien wird gesäumt von schönen Altbauten. Sie ist das Herzstück des Kiezes. Folgt der Straße und lasst euch treiben, nach 600 Metern seht ihr zu eurer Linken die Marheineke Markthalle mit ihrem reichen Angebot an internationalen kulinarischen Köstlichkeiten.

Geht 200 Meter weiter die Bergmannstraße hinunter an der Passionskirche vorbei bis zum Eingang des Friedhofskomplexes. Die nächsten 500 Metern könnt ihr die Ruhe der idyllischen Kirchhöfe genießen und parallel zur Bergmannstraße bis zum Café Strauß gehen, das im Friedhof gelegen eine friedliche Kulisse bietet. Dort bringt euch ein Ausgang zurück zur Straße und ihr folgt der Bergmannstraße noch einige hundert Meter weiter, bis ihr schließlich an der neugotischen Kirche am Südstern anlangt. Folgt hier der Straße Hasenheide 300 Meter in Richtung Osten, wo euch die Außenterrassen von Brauhaus Südstern auf eurer rechten Seite willkommen heißen.

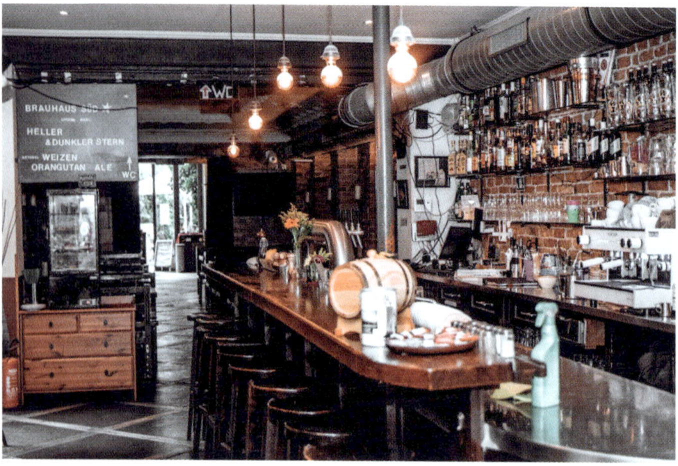

ÜBER BRAUHAUS SÜDSTERN

Das Brauhaus Südstern ist eine der wenigen Brauereien in Kreuzberg und die einzige rund um den Hermannplatz. Jede Woche braut der Braumeister nach einem traditionellen, schonenden Verfahren frische, unfiltrierte und naturbelassene Biere, die ihren vollen Gehalt an Vitaminen, Mineralien, aktiven Hefen und anderen wertvollen Vitalstoffen behalten.

Neben den klassischen Hellen und Dunklen Sternen, dem spritzigen Stern Weiße und dem würzig-fruchtigen Orang Utan Ale, die das ganze Jahr ausgeschenkt werden, kann man auch hier, je nach Saison, Spezialbiere wie Märzen, Festbier oder Bockbier bekommen. Orang Utan Ale wurde speziell gebraut, um Geld für die Wohltätigkeitsorganisation Borneo Orangutan Survival Foundation zu sammeln.

Das Brauhaus verfügt mit der Terrasse, dem Biergarten sowie den geräumigen Innenräumen und der Bühne nicht nur über genügend Platz für Konzerte oder private Veranstaltungen, sondern bietet auch regelmäßig Brauereibesichtigungen sowie Braukurse an.

ADRESSE

Brauhaus Südstern
Hasenheide 69
10967 Berlin
+49 30 69001624
info@brauhaus-suedstern.de
www.brauhaus-suedstern.de

TEMPELHOFTOUR

EIN SPAZIERGANG ÜBER DEN BERÜHMTESTEN FLUGPLATZ DER WELT

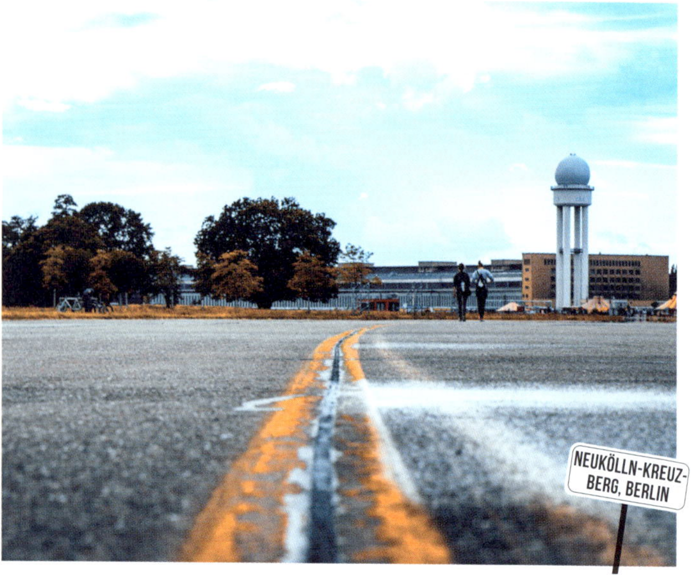

AUSGANGSORT	ZIEL
U-BAHNHOF SÜDSTERN	BRAUHAUS NEULICH
BIER	**SCHWIERIGKEITSGRAD**
NEULICH ORIGINAL	LEICHT
ÖV	**WANDERZEIT**
U7	40 MIN.
ZONE	**LÄNGE**
A	3,2 KM
SEHENSWÜRDIGKEITEN	**HÖHENUNTERSCHIED**
VOLKSPARK HASENHEIDE, DENKMAL DER TRÜMMERFRAU, TEMPELHOFER FELD, SCHILLERKIEZ	AUF: 20 M AB: 10 M

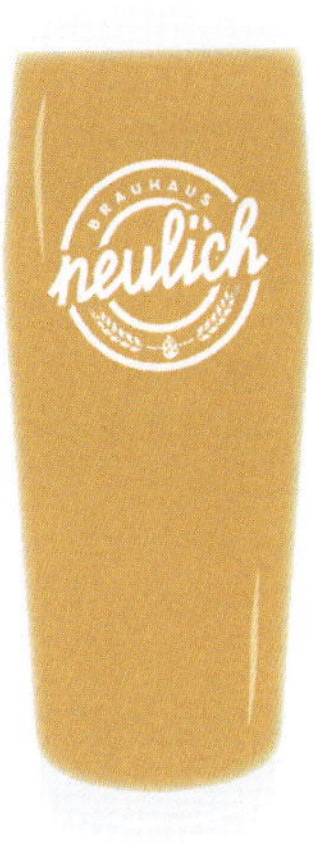

4,9 %
ALKOHOL-GEHALT

ALE

HELL,
BERNSTEIN

MALZIG,
SÜSS-FRUCHTIG

HERB,
BITTER,
ZITRUS

BITTERE | SÜSSE

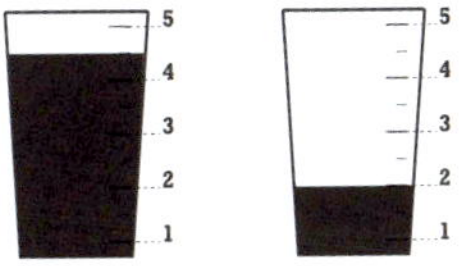

NEULICH ORIGINAL. Ein herb-süßes, charaktervolles norddeutsches Bier.

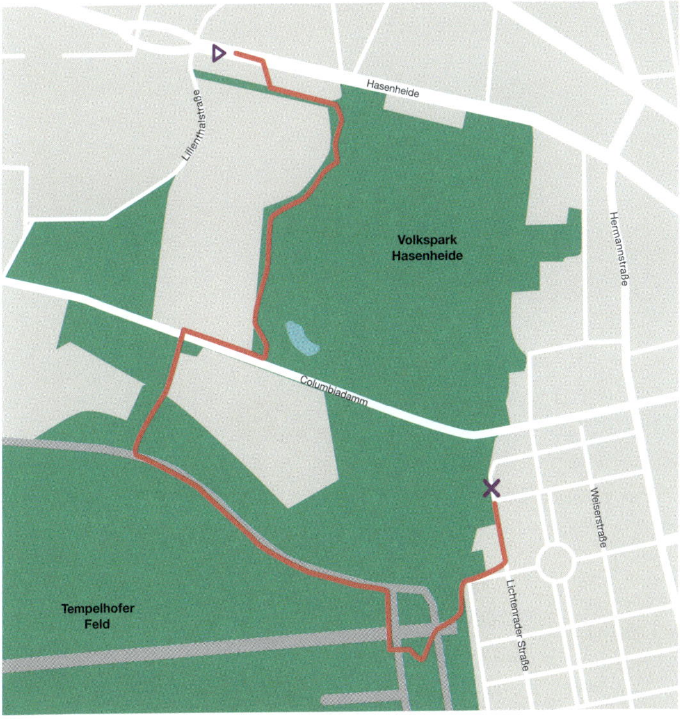

WEGBESCHREIBUNG

Seid ihr schon mal eine Flughafen-Landebahn entlanggelaufen? Nach der Schließung des Flughafens Tempelhof im Jahr 2008 fielen die Landebahn und das dazugehörige Land zurück in die Hand der Öffentlichkeit. Wo einst die Alliierten während der berühmten Luftbrücke Vorräte für Westberlin einflogen, befindet sich heute ein Feld mit öffentlichen Grünanlagen, geschützte Naturgebiete, Grillstellen und viel Platz zum Drachensteigen lassen, Radfahren und Skaten. Der Spaziergang über die Landebahn ist wie eine Reise durch die Geschichte und erinnert an die historische Bedeutung dessen, was hier passiert ist.

Die Wanderung beginnt am U-Bahnhof Südstern und führt euch zunächst auf der Straße Hasenheide Richtung Osten. Nach einem kleinen Abstecher in das Brauhaus Südstern geht ihr auf dem Weg, der hinter der Bar verläuft, in östliche Richtung geradewegs in den Volkspark Hasenheide bis zum Denkmal zu Ehren der Trümmerfrauen des Zweiten Weltkriegs. Biegt hier rechts ab.

Vorbei an dem Hundeplatz zu eurer Linken, biegt an der ersten Kreuzung wieder rechts ab und folgt dem kleinen Waldweg bis zum Columbiadamm. Biegt rechts auf den Columbiadamm ab und folgt ihm für ca. 250 Meter, bis ihr den Eingang zum Tempelhofer Feld erreicht. Wenn ihr das zu einem Park umfunktionierte Flughafengelände betretet, seht ihr zu eurer Rechten das alte Flughafengebäude sowie eine Weidefläche mit Schafen.

Folgt der Rollbahn im Uhrzeigersinn, an Radfahrern, Skaterinnen und Spaziergängern vorbei, bis die Rollbahn nach einem Kilometer auf die 2 Kilometer lange Landebahn trifft, auf der einst die Flugzeuge starteten und landeten. Diese Kreuzung wurde in einen urbanen Gartenbe-

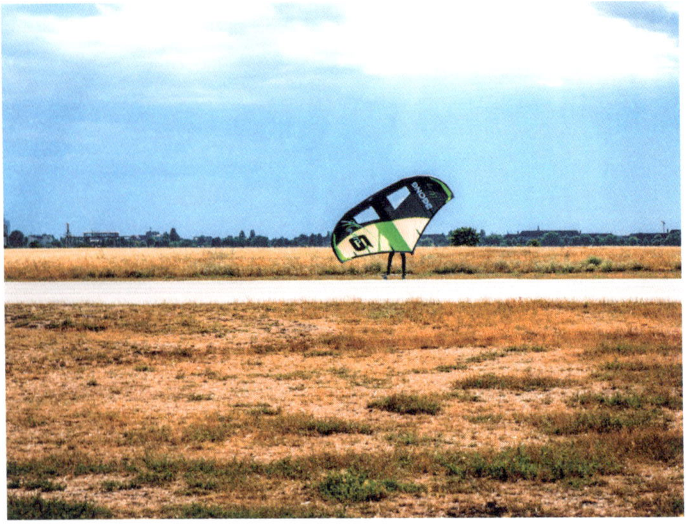

reich umgewandelt (Gemeinschaftsgarten Allmende-Kontor), in dem die Anwohner und Anwohnerinnen ihre eigenen Pflanzen und ihr Gemüse anbauen und verwalten können.

Geht vom Ende der Start- und Landebahn weiter nach Osten bis zum Rand des Parks, dann 150 Meter nach Norden bis zum Eingang Herrfurthstraße-Oderstraße. Verlasst den Park und folgt der Herrfurthstraße in den beliebten und vielseitigen Berliner Schillerkiez. Biegt dann links in die Lichtenrader Straße und nach ein paar hundert Metern könnt ihr an den Gästen im Außenbereich des Brauhaus Neulich erkennen, dass ihr in einer der besten Craftbeer-Bars Neuköllns angekommen seid.

ÜBER BRAUHAUS NEULICH

Dieser Neuzugang in der Berliner Brauszene passt perfekt in den Schillerkiez, ein junger und trendiger Teil Berlins. Die positive und kreative Energie des Neulicher Teams spiegelt sich sowohl in ihrem charakterstarken Bier als auch in der einzigartigen Atmosphäre der Bar wider – ein stimmungsvoller Raum, der von der eigenen Windkraftanlage mit Strom versorgt wird!

Neben Original und Helles, die das ganze Jahr über angeboten werden, stattet das Team seine Zapfhähne regelmäßig auch mit neuen saisonalen Kreationen aus. Die Musikveranstaltungen und die vom Dumpling-Restaurant nebenan gelieferten Speisen machen das Brauhaus Neulich zu einem der interessantesten und frischesten Gesichter der Berliner Bierszene.

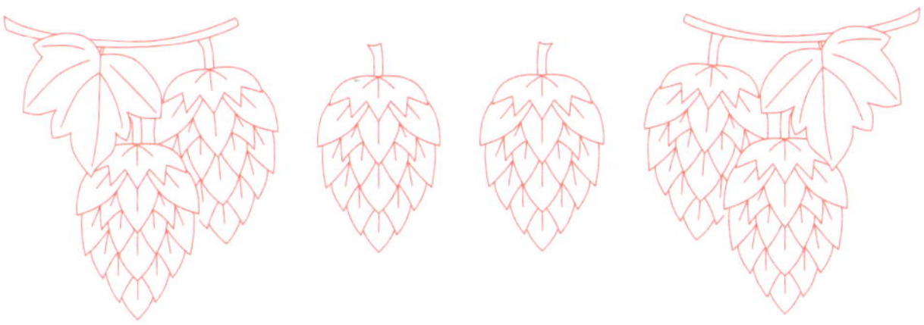

ADRESSE

Brauhaus Neulich GmbH
Selchower Straße 20
12049 Berlin
+49 33 17043211
info@brauhaus-neulich.de
www.brauhaus-neulich.de

Fotos © Yvonne Hartmann

BRANDENBURG

ALTLANDSBERG

AUSFLUG ZU EINEM ALTEN PREUSSISCHEN SCHLOSS

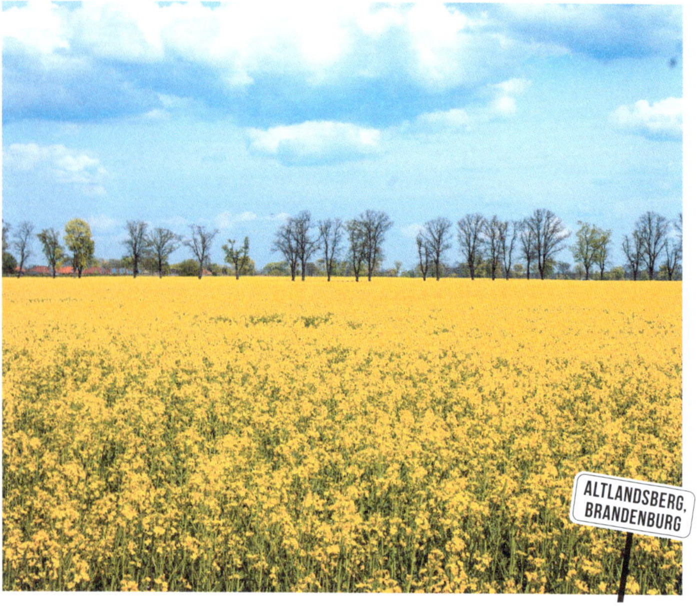

AUSGANGSORT	ZIEL
S-BAHNHOF NEUENHAGEN	SBB ALTLANDSBERG
BIER	**SCHWIERIGKEITSGRAD**
ALTLANDSBERGER KUPFER	MITTEL
ÖV	**WANDERZEIT**
S5	2 STD.
ZONE	**LÄNGE**
C	8,5 KM
SEHENSWÜRDIGKEITEN	**HÖHENUNTERSCHIED**
BERLINER TORTURM, STADTPFARRKIRCHE ST. MARIEN, SCHLOSSGUT ALTLANDSBERG	AUF: 50 M AB: 30 M

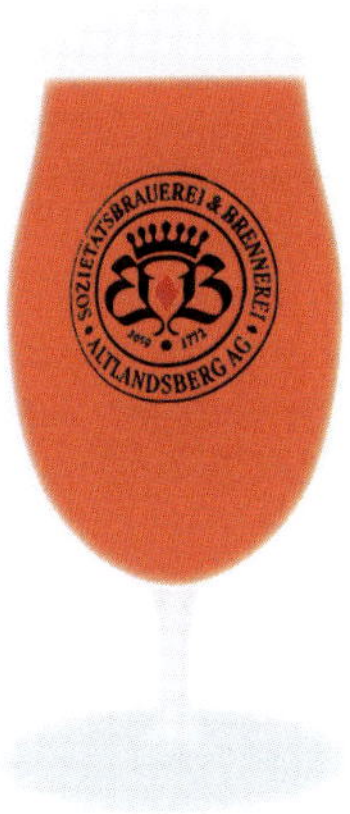

5,2 % ALKOHOL-GEHALT

WIENER LAGER

BERNSTEIN, KUPFER

MALZIG, BLUMIG

HERB, AROMATISCH, SÜSS

BITTERE **SÜSSE**

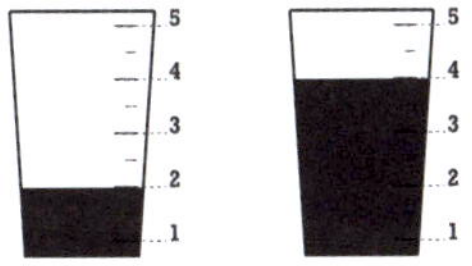

ALTLANDSBERGER KUPFER. Herb-süßes, charaktervolles norddeutsches Bier

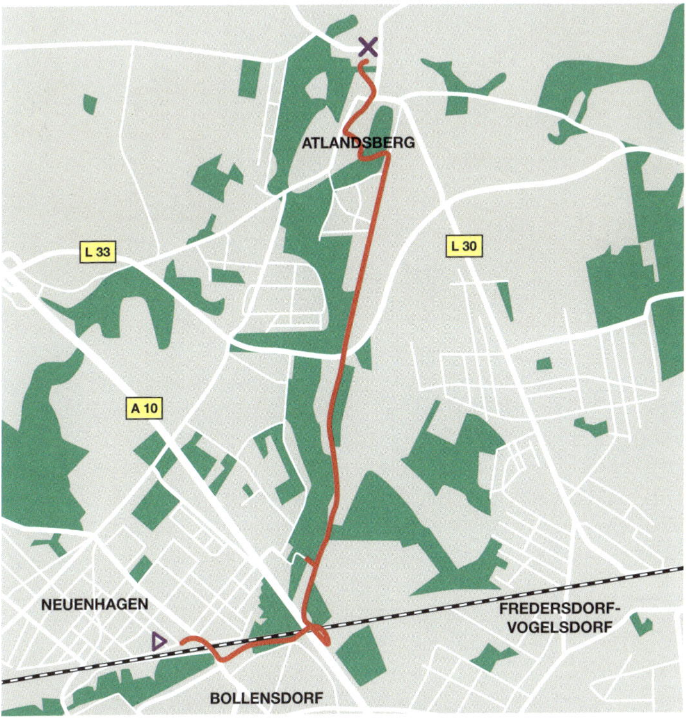

WEGBESCHREIBUNG

Das historische preußische Herrenhaus im urigen Altlandsberg ist eines der schönsten Wahrzeichen der Region. Ursprünglich von Baron Otto von Schwerin erbaut, ging das Anwesen schließlich an den preußischen König Friedrich I. über, der es als eine seiner vielen Residenzen nutzte. Das restaurierte Herrenhaus und der Spaziergang durch die idyllische, hügelige Landschaft bieten eine willkommene Abwechslung für alle, die dem Stadtleben für ein paar Stunden entfliehen möchten.

Geht vom Bahnhof Neuenhagen auf der Eisenbahnstraße nach rechts Richtung Osten, überquert die Hauptstraße und folgt dem Straßenverlauf in nordöstlicher Richtung (die Eisenbahnstraße heißt nach der Kreuzung mit der Hauptstraße Fichtestraße) bis zur Autobahnunterführung. Folgt weiterhin dem Straßenverlauf, der in Am Wall übergeht und eine Rechtskurve macht. An der ersten Kreuzung folgt ihr Elisenhof. Nachdem ihr die Erpe überquert habt, folgt weiter Elisenhof, die an der nächsten T-Kreuzung nach links weiter verläuft. Ihr geht nun ungefähr parallel zur Erpe Richtung Norden.

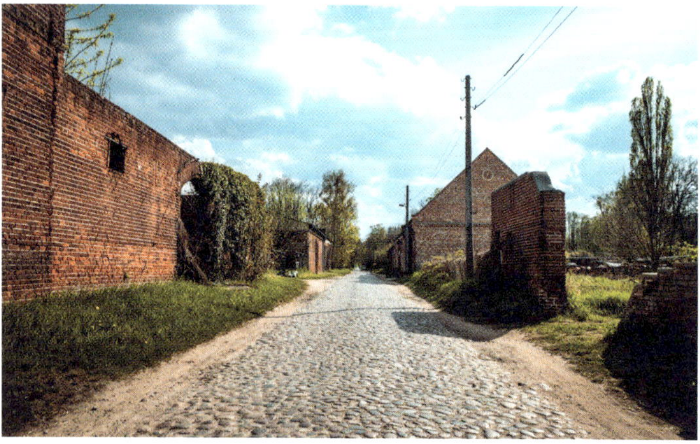

Weiter in Richtung Norden kommt ihr an einem Pferdegestüt zu eurer Linken und einem Bauernhof zu eurer Rechten vorbei. Die Landstraße geht über in Wiesengrund und führt euch im Frühling durch blühende Rapsfelder, bevor sie nach etwa einem Kilometer eine weitere Autobahn unterquert. Hier, am Ortseingang von Altlandsberg, findet ihr nicht nur kleine Landhäuser und Sportplätze, sondern könnt in der Nebensaison auch Wasserbüffel auf den Feldern beobachten.

Auf dem Bollensdorfer Weg (der Fortsetzung von Wiesengrund) kommt ihr an einem riesigen Feld vorbei, bevor ihr nach ca. 2 Kilometern links auf einen ausgeschilderten Feldweg abbiegt, der euch ins Ortszentrum führt. Folgt diesem Weg, überquert ein Bächlein und setzt euren Weg zwischen Friedhof und Rathaus auf An der Promenade fort.

Biegt rechts auf die Berliner Allee ab und achtet auf das historische Kaiserliche Postamt auf der linken Seite. Nach ein paar hundert Metern erreicht ihr den Berliner Torturm aus dem 14. Jahrhundert, der Teil der historischen Stadtmauer ist.

Geht weiter Richtung Stadtkern, entlang der Kopfsteinpflasterstraßen, bis ihr die Hirtengasse erreicht. Folgt dieser bis zur Klosterstraße und biegt hier links ab in die Altstadt.

Geht einige hundert Meter auf der Klosterstraße weiter, überquert die Strausberger Straße und geht weiter auf der Bernauer Straße, bis ihr die im 13. Jahrhundert erbaute mittelalterliche Kirche St. Marien, ein weiteres historisches Relikt der Stadt, erreicht.

Geht gegen den Uhrzeigersinn um die Kirche herum, bis ihr die Berliner Straße erreicht. Geht dann rechts direkt auf das Gelände des Schlossguts Altlandsberg. Einige Teile der ursprünglichen Schlossanlage sind noch sichtbar. Auf Schildern ist die Geschichte der Gebäude und der früheren Bewohner des Herrenhauses beschrieben. Wenn ihr Glück habt, erwischt ihr sogar den Nachtwächter, der die Besucher durch das Anwesen führt. In dieser Anlage findet ihr die Brauerei und das Restaurant in einem roten Backsteingebäude mit Blick auf die Wohnanlage Lustgarten.

ÜBER SBB ALTLANDSBERG

Ursprünglich von Baron Otto von Schwerin, dem Besitzer von Schloss Altlandsberg, erbaut, ist diese Brauerei mit Gründungsjahr 1659 mit Abstand eine der ältesten in der Region. Während der Restaurierung des Schlosses 2016 wurde die Brauerei als fester Bestandteil des Schlossgeländes miteinbezogen. Hier kann man jederzeit ein Helles, Kupfer und Schwarzbier probieren. Sie alle sind ziemlich herb mit einer zusätzlichen süßen Note. Die Brauerei braut das ganze Jahr über auch saisonale Biere, wobei ihr Maibock besonders hervorzuheben ist. Das Restaurant serviert hausgemachte traditionelle deutsche Gerichte und Kuchen, die mit Blick auf die Palastgärten genossen werden sollten. Es gibt auch eine Brennerei vor Ort, die großartige Liköre, Gins und Schnäpse aus ökologisch erzeugten, regionalen Zutaten herstellt.

ADRESSE

Sozietätsbrauerei und Brennerei Altlandsberg AG
Krummenseestraße 2
15345 Altlandsberg
+49 33 17043211
www.schlossgut-altlandsberg.de

Fotos © Yvonne Hartmann

SANSSOUCI

EIN SPAZIERGANG DURCH HISTORISCHE PREUSSISCHE GÄRTEN

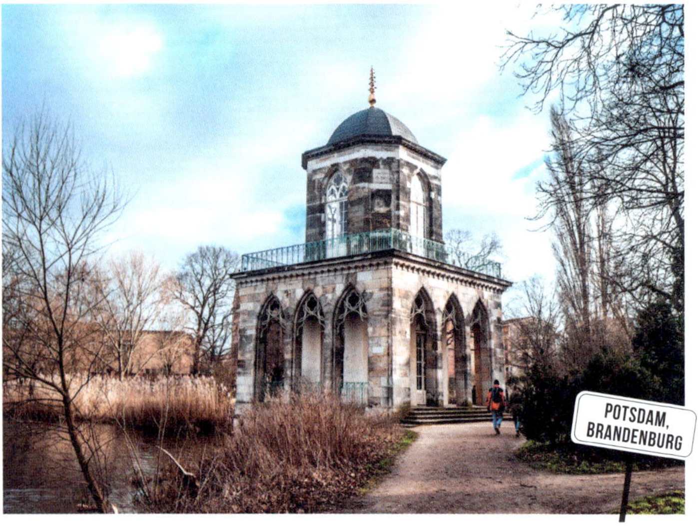

AUSGANGSORT	ZIEL
BAHNHOF POTSDAM PARK SANSSOUCI	MEIEREI IM NEUEN GARTEN
BIER	**SCHWIERIGKEITSGRAD**
MEIEREI ROTBIER	EINFACH
ÖV	**WANDERZEIT**
RE 1	2 STD. 30 MIN.
ZONE	**LÄNGE**
C	7,8 KM
SEHENSWÜRDIGKEITEN	**HÖHENUNTERSCHIED**
NEUES PALAIS, SCHLOSS SANSSOUCI, NEUER GARTEN, SCHLOSS CECILIENHOF	AUF: 30 M AB: 30 M

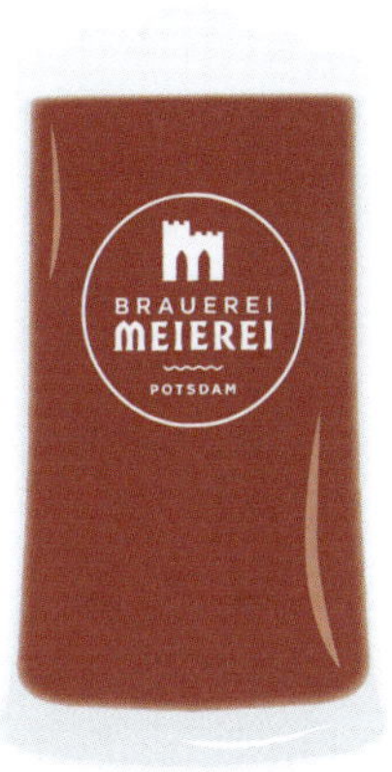

5,3 %
ALKOHOL-GEHALT

ROTBIER

KUPFERROT

MALZIG,
HOPFEN,
GETROCKNETE FRÜCHTE

HERB,
GETROCKNETE FRÜCHTE

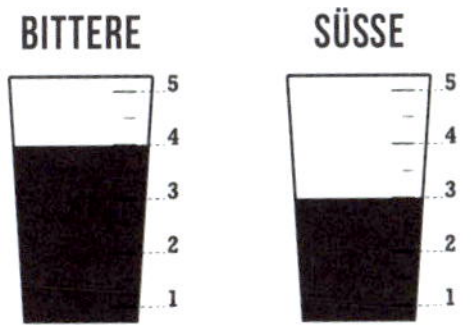

MEIEREI ROTBIER. Ein komplexes, norddeutsches Rotbier mit blumigem Nachgeschmack.

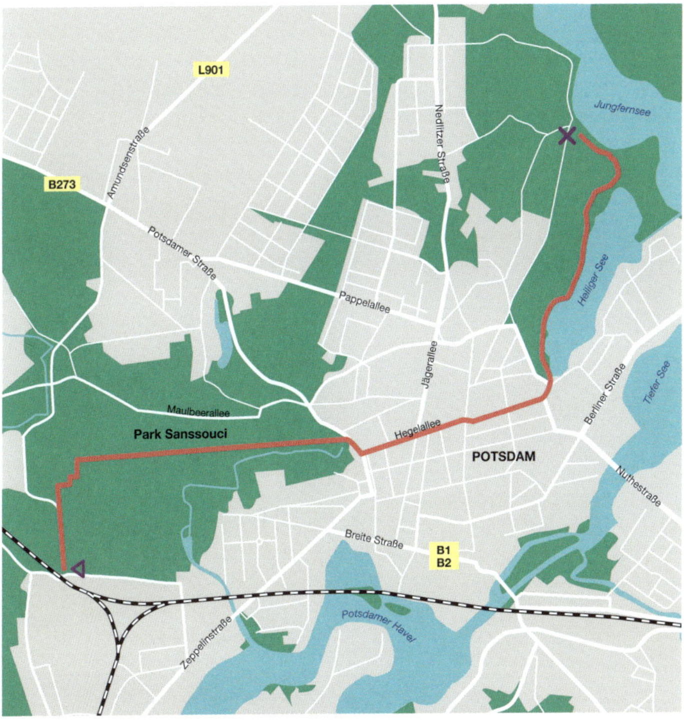

WEGBESCHREIBUNG

Die UNESCO-geschützten barocken Gärten und Schlösser von Sanssouci, die früher von der preußischen Königsfamilie als privater Rückzugsort genutzt wurden, bewahren bis heute ihre Eleganz. Etwas außerhalb von Berlin, in der Stadt Potsdam gelegen, führt dieser gemütliche Spaziergang vorbei an den jahrhundertealten königlichen Wohngebäuden, durch die Landeshauptstadt und zum makellos erhaltenen Neuen Garten. Hier befindet sich neben vielen anderen königlichen Anwesen das Schloss Cecilienhof, das 1945 Gastgeber der Potsdamer Konferenz war.

Verlasst den Bahnhof Potsdam Park Sanssouci und geht auf Am Neuen Palais Richtung Norden, bis ihr den Schlosspark betretet. Folgt dann dem Weg gegen den Uhrzeigersinn, bis ihr vor dem Neuen Palais steht.

Von hier aus führt euch die Hauptallee rechts an den Bankettsälen vorbei und zum berühmten Schloss Sanssouci, das auf den abgestuften Weinbergen der Gärten thront. Geht nach 2 Kilometern geradeaus zum Parkausgang, biegt rechts ab und folgt der Schopenhauerstraße für ein paar hundert Meter. Anschließend biegt ihr links auf die Hegelallee und geht weiter durch die Potsdamer Altstadt, wo die Hegelallee in die Kurfürstenstraße übergeht. Nach 1,5 Kilometern erreicht ihr den Neuen Garten.

Dieser im Vergleich zu Sanssouci etwas modernere zweite Park Potsdams entstand dank Friedrich Wilhelm II. Wenn ihr den Park betretet, haltet euch am Seeufer und folgt diesem gegen den Uhrzeigersinn vorbei an der gotischen Bibliothek. Nach einem Kilometer kommt ihr zum makellosen Marmorpalast.

Der Weg endet am Grünen Haus und bietet hier einen wunderschönen Seeblick. Mit dem Schloss Cecilienhof zu eurer Linken umrundet der Pfad das Grüne Haus und führt einige hundert Meter weiter nach Norden bis zum Ufer des Jungfernsees. Der Weg führt in westlicher Richtung am

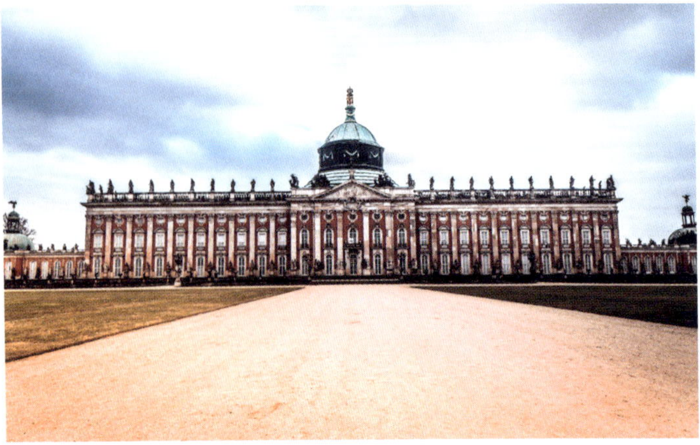

Seeufer entlang, während sich auf der anderen Seite die prächtige Fassade des alten preußischen Schlosses Sacrow zeigt. Knapp einen Kilometer entlang des Seeufers in westlicher Richtung erreicht ihr den Eingang zur ehemaligen Molkerei.

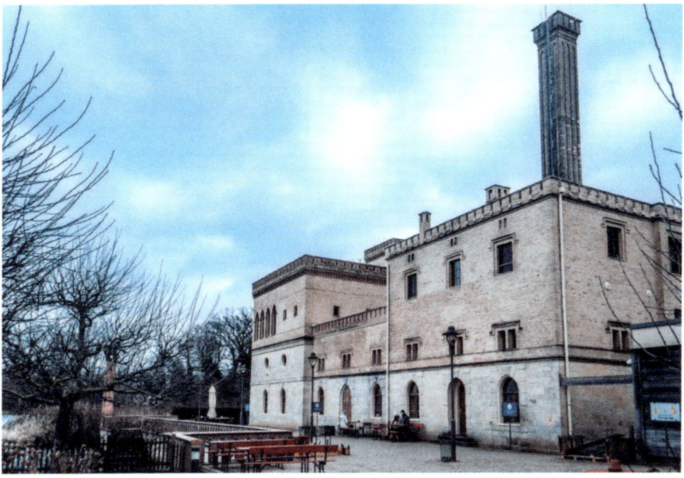

ÜBER MEIEREI

Die Brauerei am Seeufer wurde ursprünglich im 18. Jahrhundert als Meierei für die örtlichen königlichen Bewohner erbaut. Das ursprüngliche Restaurant wurde 1945 geschlossen und das Gebäude erst nach der Wiedervereinigung restauriert. Die Brauerei und das heutige Restaurant wurden 2003 in ihrer jetzigen Form gestaltet. Heute bietet die Meierei Platz für über 200 Personen, ihre Gäste können sich im Biergarten am atemberaubenden Blick auf das Wasser erfreuen. Innen ist das Restaurant wie ein traditionelles preußisches Wirtshaus eingerichtet. Tradition und Erbe zeigen sich auch auf der Speise- und Getränkekarte. Die hauseigene Brauerei legt viel Wert auf ihre saisonalen Spezialbiere, während ihre Weizen- und Bockbiere sowie ihr Markenzeichen, das Rotbier, regelmäßig im Angebot sind.

ADRESSE

Gasthausbrauerei Meierei im Neuen Garten GmbH
Im Neuen Garten 10
14469 Potsdam
+49 33 17043211
www.meierei-potsdam.de

Fotos © Daniel Cole

THEODOR-FONTANE-WEG

SEEN, STRÄNDE UND BRANDENBURGER DÖRFER

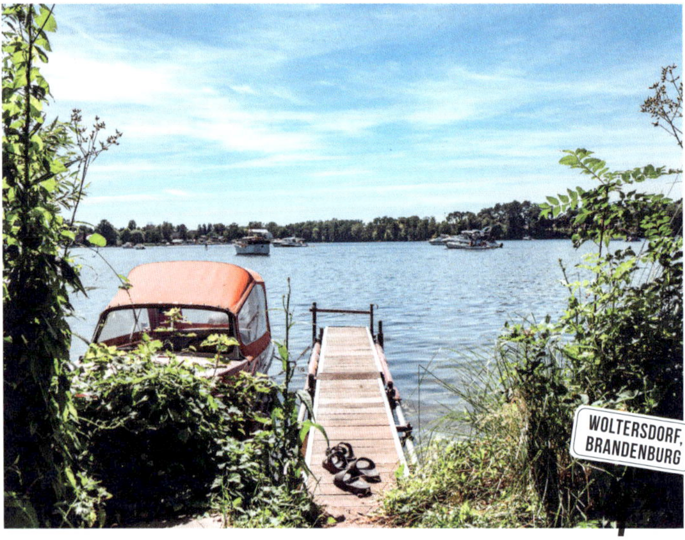

WOLTERSDORF, BRANDENBURG

AUSGANGSORT	ZIEL
S-BAHNHOF ERKNER	WOLTERSDORFER SCHLEUSENBRAUEREI
BIER	**SCHWIERIGKEITSGRAD**
WOLTERSDORFER DUNKEL	MITTEL
ÖV	**WANDERZEIT**
S3	2 STD.
ZONE	**LÄNGE**
C	10 KM
SEHENSWÜRDIGKEITEN	**HÖHENUNTERSCHIED**
THEODOR-FONTANE-WEG, WOLTERSDORFER SCHLEUSE, BADESTELLE WOLTERSDORFER KALKSEE	AUF: 50 M AB: 50 M

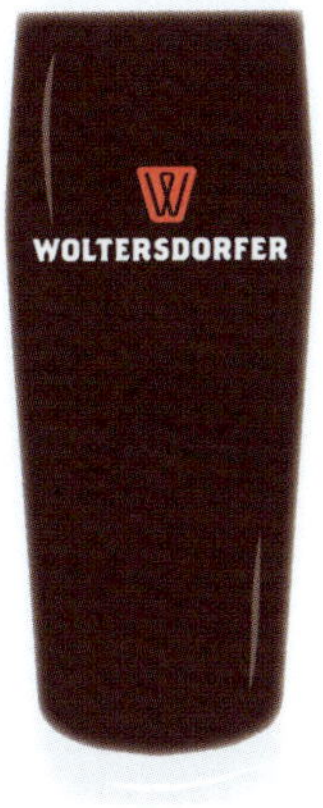

5,0 % ALKOHOLGEHALT

DUNKLES

DUNKELBRAUN

KAFFEE, MALZIG

KAFFEE, SCHOKOLADE

BITTERE

SÜSSE

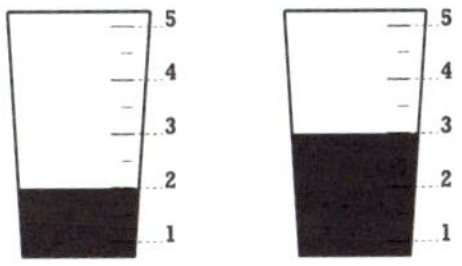

WOLTERSDORFER DUNKEL. Ein leichtes, aber vollmundiges, dunkles Bier mit einer Note von Kaffee und geröstetem Malz, das aber die Geschmackspalette nicht überfordert.

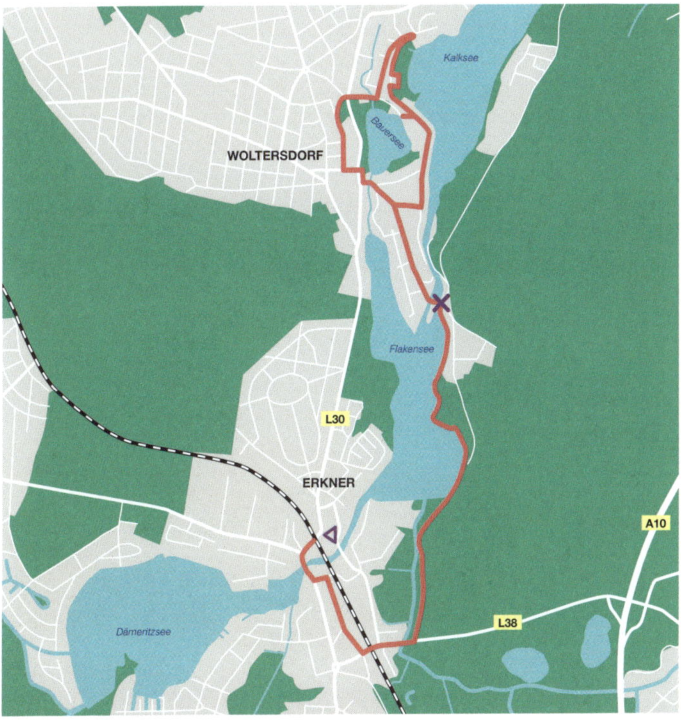

WEGBESCHREIBUNG

Packt eure Schwimmsachen ein und macht euch bereit für einen Ausflug zu einigen der schönsten Seen der Gegend. Der Theodor-Fontane-Weg, Teil einer Reihe dem berühmten Schriftsteller gewidmeter Wanderwege, verläuft entlang dreier atemberaubender Gewässer – Bauersee, Flakensee und Kalksee –, die mit ihren Badestränden zu einer kleinen Abkühlung geradezu einladen. Die Wanderstrecke startet in Erkner an der Berliner Grenze und verläuft durch Wälder, Campingplätze und malerische Dörfer, vorbei an Jachten, Restaurants und Cafés am Wasser. Kaum zu glauben, dass dieses Paradies mit der Bahn nur zwanzig Minuten von der Berliner Innenstadt entfernt ist.

Verlasst den Bahnhof Erkner, biegt rechts in die Bahnhofstraße ein, dann links auf die Friedrichstraße und über die Flakenfließbrücke. Biegt zuerst links in die Beuststraße, dann rechts in die Ernst-Thälmann-Straße ein und geht in südlicher Richtung bis zur Fürstenwalder Straße. Biegt hier links in die Fürstenwalder Straße ab und folgt der Straße, bis ihr auf der linken Seite den ausgeschilderten Theodor-Fontane-Weg erreicht, dem ihr weiter in den Wald folgt.

Auf diesem Waldweg findet ihr Gedichte von lokalen Autoren, inspiriert von einigen der Baumarten, die hier heimisch sind, weshalb der Weg auch Waldpoesiepfad genannt wird. Nachdem ihr zwanzig Minuten am Ufer der Löcknitz entlanggelaufen seid, erreicht ihr den ersten Strand, ein natürlicher Sandstrand, an dem es im Sommer von Badegästen und Eisverkäufern wimmelt. Weiter den Pfad entlanggehend, erreicht ihr eine Promenade, die in das ruhige, fast toskanisch anmutende Dorf Woltersdorf führt.

Nachdem ihr hier an der Woltersdorfer Schleuse die Freiarchenbrücke überquert, die Falkensee und Kalksee voneinander trennt, folgt ihr der Schleusenstraße geradeaus in nördliche Richtung, parallel zur malerischen

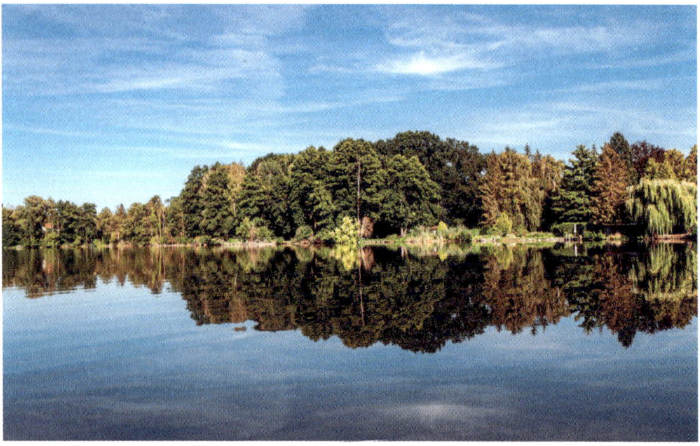

Straßenbahnlinie, die auf das Jahr 1915 zurückgeht. Biegt an der Parkstraße rechts ab und folgt der Kalkseestraße 1,5 Kilometer nach Norden am Seeufer entlang, bis ihr euch im Strandbad Woltersdorf Kalksee eine Erfrischung gönnen könnt.

Vom Strandbad geht ihr 130 Meter auf der Richard-Wagner-Straße zurück und biegt rechts auf die Beethovenstraße ab, bis ihr die Interlakenstraße erreicht und rechts abbiegt. Folgt der Interlakenstraße, biegt dann links in die Rüdersdorfer Straße ein und haltet auf eurem Weg nach Süden kurz an, um die herrliche und ruhige Aussicht über den Bauersee zu genießen.

An der Rudolf-Breitscheid-Straße biegt ihr links ab und folgt der Straßenbahnlinie zurück in Richtung Schleuse, wo ihr am Ufer die Woltersdorfer Schleusenbrauerei findet.

ÜBER WOLTERSDORFER SCHLEUSENBRAUEREI

Ihr werdet in diesem Buch kaum eine Brauerei finden, die sich in einer schöneren Umgebung befindet. Mit Blick auf den Flakensee und umgeben von Wäldern in einem gefühlt abgelegenen Dorf auf dem Land ist die Schleusenbrauerei so charmant und friedlich wie kaum ein anderes Wanderziel. Mit einem großen Biergarten am Rande des Sees und einem zum Ambiente passenden, klassisch deutschen Wirtshausmenü (Knödel, Heringsbrötchen und Currywurst) sind die traditionelle Bar und das Restaurant der perfekte Ort für faule Sommertage. Verschiedene Biere vom Fass – Helles, Dunkles, Weizen und Special – bieten für jeden Biergeschmack die passende Erfrischung.

ADRESSE

Woltersdorfer Braugasthaus
An der Schleuse 2b
15569 Woltersdorf
+49 33 628862296
www.woltersdorfer.com

Fotos © Daniel Cole

EINSTEINSTRASSE

EIN WALDAUSFLUG IN POTSDAMS UMLAND

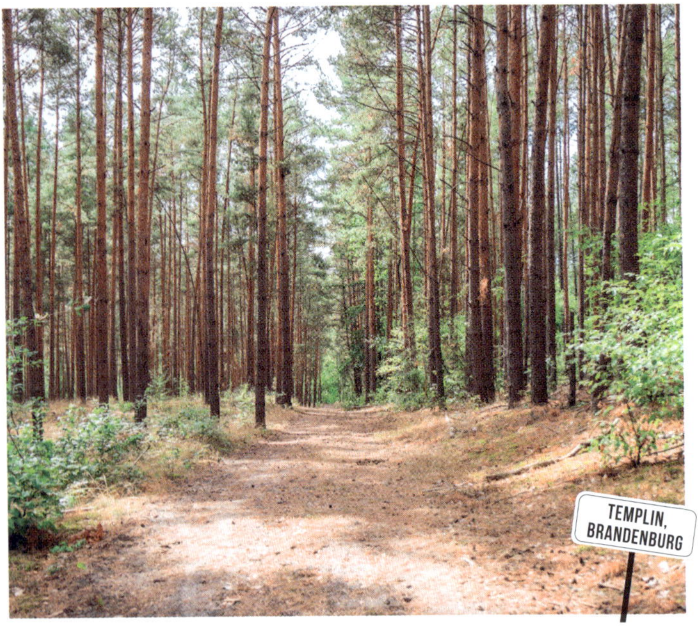

AUSGANGSORT	ZIEL
POTSDAM HAUPTBAHNHOF	FORSTHAUS TEMPLIN
BIER	SCHWIERIGKEITSGRAD
POTSDAMER STANGE	MITTEL
ÖV	WANDERZEIT
RE 1, S7	3 STD. 45 MIN.
ZONE	LÄNGE
C	13,5 KM
SEHENSWÜRDIGKEITEN	HÖHENUNTERSCHIED
OBSERVATORIUM (EINSTEINTURM), KLEINER RAVENSBERG, EINSTEINS SOMMERHAUS	AUF: 180 M AB: 160 M

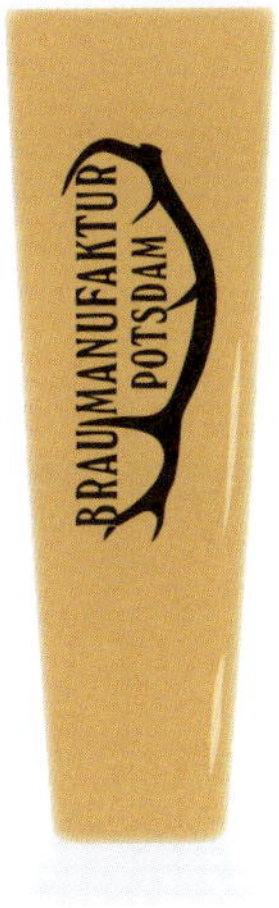

4,5 % ALKOHOL-GEHALT

POTSDAMER STANGE

DUNKEL,
TRÜB,
GELB

ZITRUS,
MALZ,
BLUMEN

BANANEN, KRÄUTER,
BLUMEN,
BITTER

BITTERE

SÜSSE

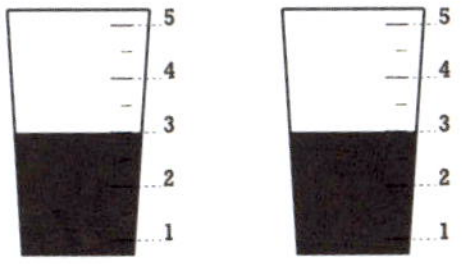

POTSDAMER STANGE. Dieses ungefilterte, aus regionalen Zutaten hergestellte Bio-Bier schmeckt wie ein Weizenbier mit der Leichtigkeit eines Pilsners. Ein vollmundiger Geschmack mit leicht bitteren, fruchtigen und erfrischenden Noten.

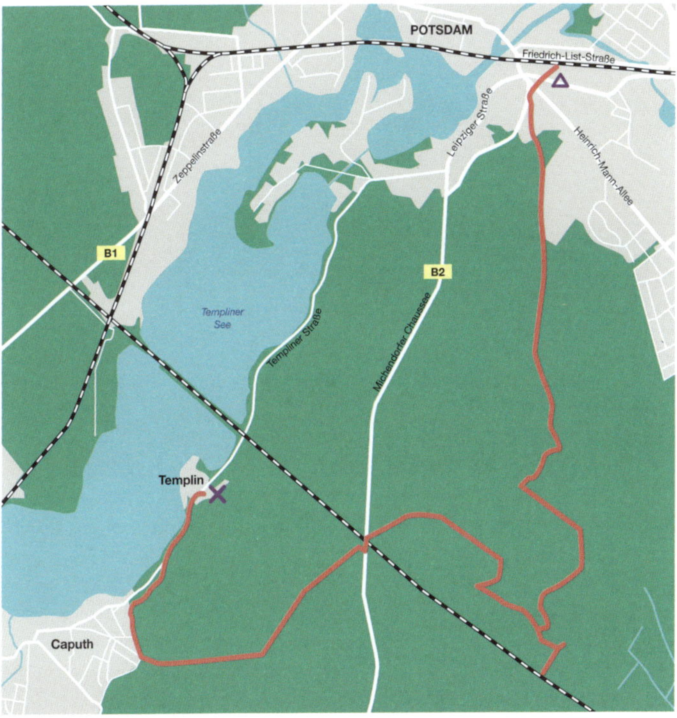

WEGBESCHREIBUNG

Im Dorf Caputh, am Ufer des Templiner Sees, befindet sich ein kleines Sommerhaus, das einst von Albert Einstein bewohnt wurde. Der berühmte Wissenschaftler, der in Berlin lebte und studierte, hinterließ hier ein wichtiges Vermächtnis. Ein nach ihm benannter Wissenschaftspark, ein Turm und ein Observatorium liegen südlich der Potsdamer Innenstadt.

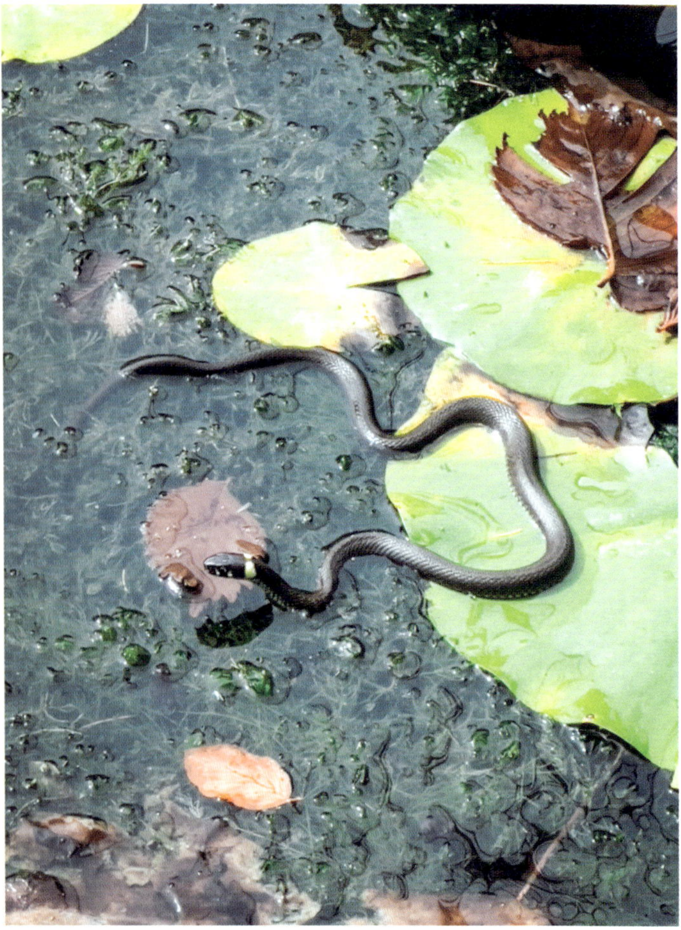

Verlasst den Bahnhof und geht auf Potsdams altem Brauereihügel, dem Brauhausberg, Richtung Süden. Folgt der Straße Brauhausberg 500 Meter bis zur Brücke Am Havelblick, die ihr über die Stufen rechts von euch betretet. Überquert die Brücke und ihr gelangt zur treffend benannten Albert-Einstein-Straße. Folgt dieser Straße Richtung Süden in den Wald, vorbei am Albert-Einstein-Wissenschaftspark, und haltet dabei Ausschau nach dem Observatorium, das ebenfalls den Namen des berühmten Physikers trägt.

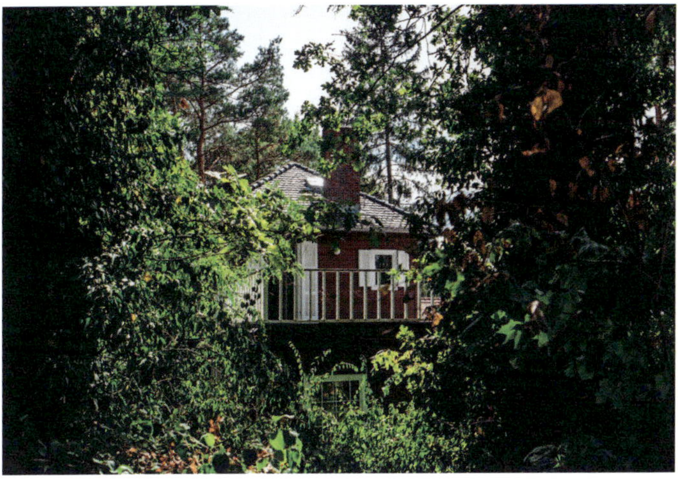

Achtet beim Betreten des Waldes auf die an die Bäume gemalten weißen Quadrate mit horizontalen blauen Linien, die darauf hinweisen, dass der Weg Teil des Europawanderwegs E10 ist, dem ihr bis nach Caputh folgt. Die Forststraße verläuft noch einen Kilometer weiter, bevor sie links abbiegt und euch ein Wegweiser Richtung Teufelssee führt. Der schmale Sandweg führt zum Kleinen Ravensberg, mit 114 Meter über Meer der höchste Punkt der Route. Während einer kurzen Pause habt ihr hier einen schönen Ausblick über die gesamte Waldlandschaft.

Dem Europawanderweg E10 weiter folgend, erreicht ihr das Waldhaus, ein Tiergehege mit Eulen, Waschbären, Pfauen und mehr auf dem Großen Ravensberg. Nehmt den Abstieg links neben der Wallfahrtskirche, um einen Abstecher zum kleinen Teufelssee zu machen, bevor ihr dem ausgeschilderten Weg weiter Richtung Caputh folgt.

Auf dem von Moos bedeckten Weg wandert ihr für ca. 2 Kilometer weiter, bevor euch eine Brücke über die Bahngleise und die Michendorfer Chaussee führt. Folgt dem ausgeschilderten Forstweg in Richtung Caputh auf dem Caputher Heuweg. Nach 1,5 Kilometern gelangt ihr an

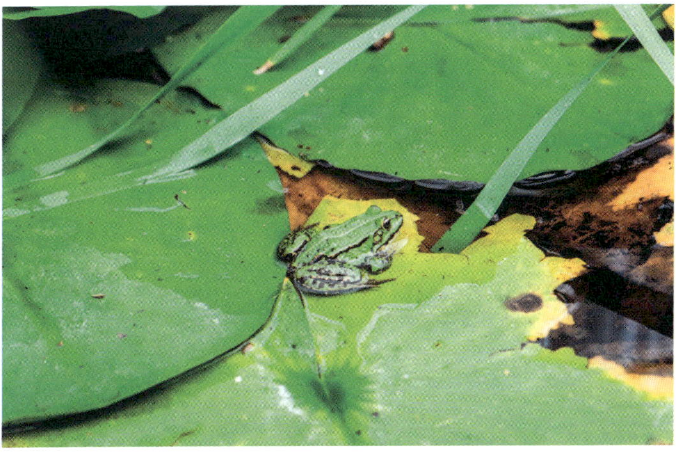

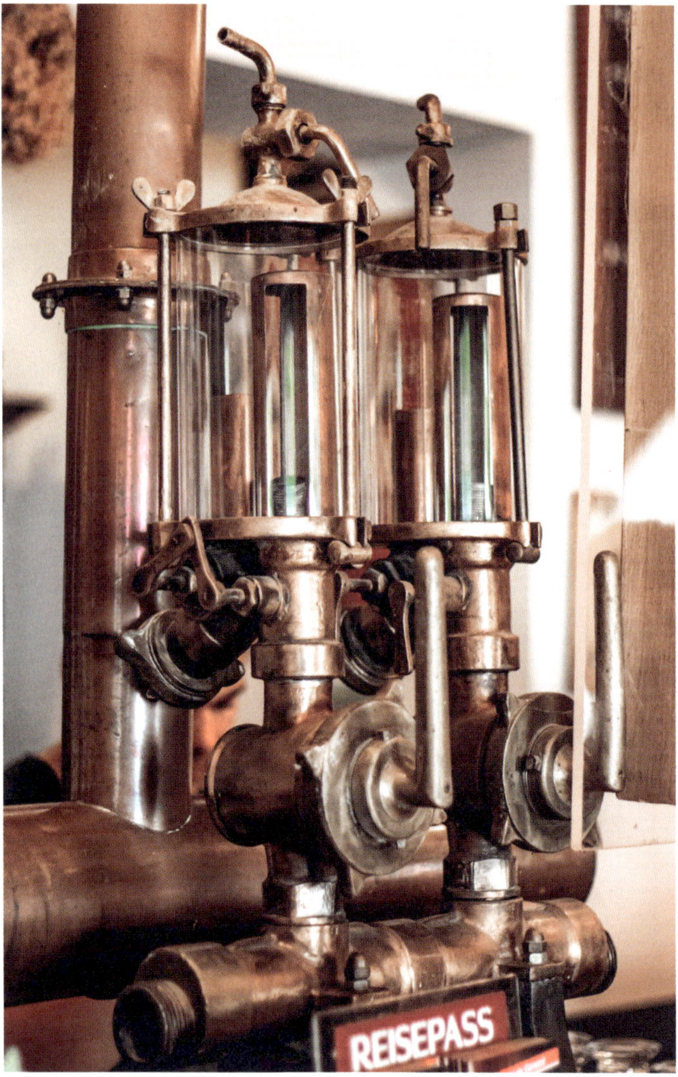

eine Weggabelung und nehmt den nach rechts führenden Weg. Statt direkt nach Caputh hineinzugehen, folgt ihr dem rechten Pfad Am Waldrand für ca. einen Kilometer. Am Waldrand führt euch an privaten Gärten vorbei bis zu Einsteins Sommerhaus.

Das zweistöckige Holzhaus diente Albert und Elsa Einstein als Rückzugsort, bevor sie 1932 in die USA auswanderten. Das mittlerweile restaurierte Haus ist an den Wochenenden für die Öffentlichkeit zugänglich. Es werden auch Führungen angeboten.

Auf der blau-weißen Route E10 geht es weiter Richtung Norden. Der Waldweg verläuft schließlich für einen Kilometer entlang der Templiner Straße. Achtet hier auf die Radfahrer, die aus allen Richtungen in Schwärmen an euch vorbeiziehen. Nach ca. 15 Minuten erreicht ihr, gegenüber dem Eingang zum Waldbad gelegen, die Pforten des Forsthauses Templin.

ÜBER FORSTHAUS TEMPLIN

Mit ihrem weitläufigen und rustikalen Biergarten voller Ziegen, Gänse und Hühner gleicht die Forsthausbrauerei Templin eher einer Ranch für Ausflügler als einer Brauerei. Als Teil eines ehemaligen Gutshofs aus dem 18. Jahrhundert direkt am Ufer des Templiner Sees ist es die einzige Brauerei in Berlin und Brandenburg, die zertifizierte Bio-Biere herstellt. Seiner Geschichte entsprechend haben das Restaurant und die Bar ein sehr ländliches Erscheinungsbild. Neben der berühmten »Stange« bietet die Brauerei auch saisonale Bock- und Weizenbiere, Pilsener und Dunkles sowie hausgemachten Senf, Honig und Schnäpse an. Die Speisekarte mit traditionell deutscher Küche bietet neben Brotzeiten und Fischgerichten gelegentlich auch Spezialitäten vom Grill. Was auch immer der Grund für euren Besuch ist, ihr werdet hier nicht enttäuscht.

ADRESSE

Braumanufaktur GmbH
Templiner Straße 102
14473 Potsdam
+49 33 209217979
www.braumanufaktur.de

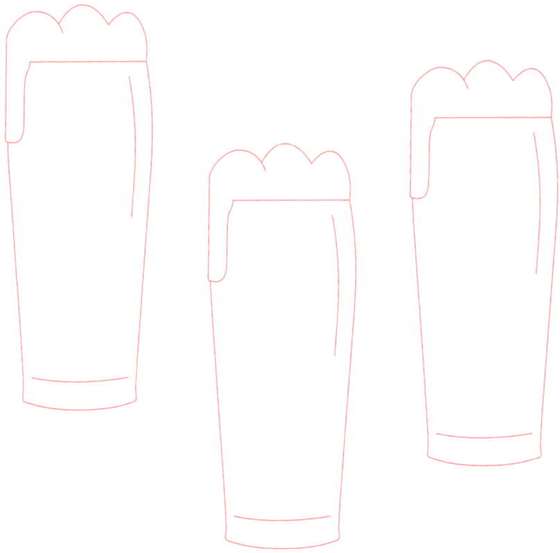

WANDLITZSEE

EIN TAG IN DER NATUR

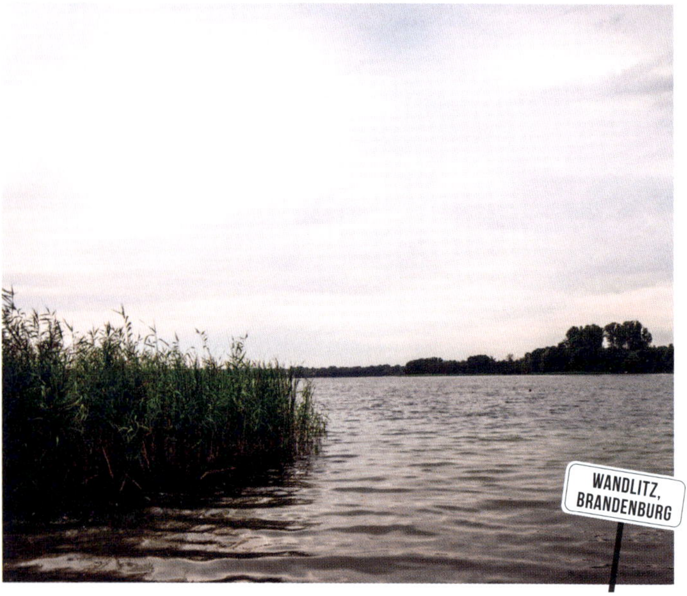

AUSGANGSORT	ZIEL
BAHNHOF WANDLITZSEE	BRAUHAUS WANDLITZ
BIER	SCHWIERIGKEITSGRAD
WANDLITZER DUNKEL	MITTEL
ÖV	WANDERZEIT
RB27 (HEIDEKRAUTBAHN)	2 STD. 30 MIN.
ZONE	LÄNGE
C	10 KM
SEHENSWÜRDIGKEITEN	HÖHENUNTERSCHIED
STRANDBAD WANDLITZSEE, STOLTZENHAGENER SEE, DORFKIRCHE WANDLITZ	AUF: 50 M AB: 40 M

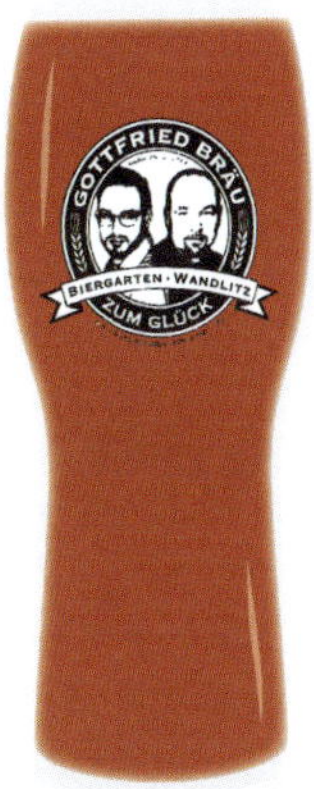

5,4 % ALKOHOL-GEHALT

DUNKEL

KLAR,
DUNKEL,
SCHAUMIGE KRONE

KARAMELLIG,
MALZIG,
BLUMIG

SÜSS,
KARAMELL,
MALZ

BITTERE

SÜSSE

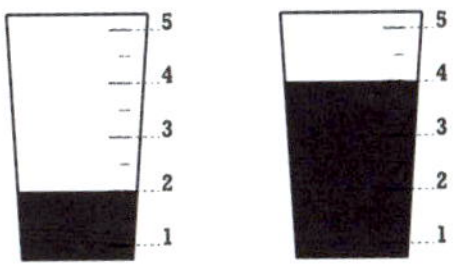

WANDLITZER DUNKEL. Ein wunderbar reichhaltiges und kohlensäurehaltiges, aromatisches Bier mit einer karamelligen, malzigen Note und leichten Blumen- und Zitrusaromen.

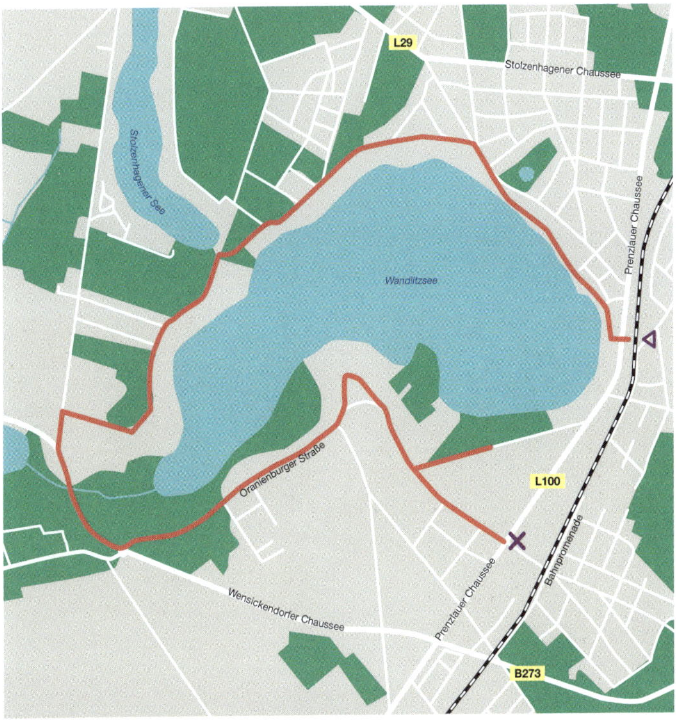

WEGBESCHREIBUNG

Der Wandlitzsee ist Teil des Nationalparks Barnim und einer der größten Seen der Region. Durch die eingleisige Heidekrautbahn mit Berlin verbunden, ist der Ort seit über hundert Jahren ein beliebtes Ausflugsziel für die Stadtbewohner. Den ganzen Sommer über wimmelt es an dem malerischen See von Ausflüglern, die in seinem klaren und ruhigen Wasser baden. Private Strände mit Pontons reihen sich an Grasböschungen und gepflasterte Dorfstraßen. In den Wäldern am Seeufer verstecken sich königliche Anwesen, die eine nur solch abgelegenen Feriendörfern vorbehaltene Stille ausstrahlen. Die Heidekrautbahn, jene Zugverbindung, die einst bis nach Wilhelmsruh führte, ist oft voll besetzt mit Urlaubern in Strandklamotten und mit Sportgeräten.

Geht vom Bahnhof Wandlitzsee über die Prenzlauer Chaussee in Richtung Strandbad und dann gegen den Uhrzeigersinn am Seeufer entlang. Der Weg führt euch durch Wälder und über grasbewachsene Böschungen, wo ihr für eine Pause anhalten und eine Abkühlung im klaren Wasser genießen könnt. Nach einem Kilometer mündet der Seeuferweg in die Thälmannstraße, der ihr für 200 Meter folgt, bevor ihr links in die August-Bebel-Straße abbiegt. Die Straße überquert einen kleinen Bach und führt euch durch einen Kiefernwald, bevor ihr den nördlichen und öffentlichen Wandlitz Strand Der 2 Stege erreicht. Das nördliche Ufer liegt gegenüber einem anderen schönen See der Region, dem Stolzenhagener See, und bietet ein großartiges Panorama mit Windsurfern und Stand-up-Paddlern, die über das klare Wasser verstreut sind.

Folgt dem Seeuferweg für ca. einen Kilometer bis zum Ende der Uferstraße, biegt rechts in die Kirschallee, dann links in die Basdorfer Straße und wieder links in die Oranienburger Chaussee, der ihr bis zur Oranienburger Straße folgt. Hier biegt ihr wieder links ab und geht ca. einen Kilometer weiter, bis ihr den Ort Wandlitz erreicht.

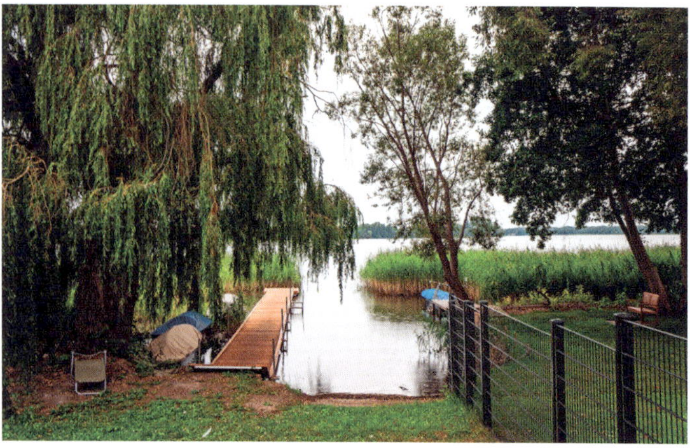

Taucht ein in diese historische Stadt mit Kopfsteinpflasterstraßen und alten Bauernhäusern und folgt der Kirchstraße um die Dorfkirche aus dem 13. Jahrhundert herum, bevor ihr auf der Breitscheidstraße das Naturparkzentrum Barnim erreicht, das die Geschichte der Region erzählt. Folgt dem Straßenverlauf weiter bis zum Brauhaus Wandlitz und schließlich zurück zum Wandlitzer Bahnhof.

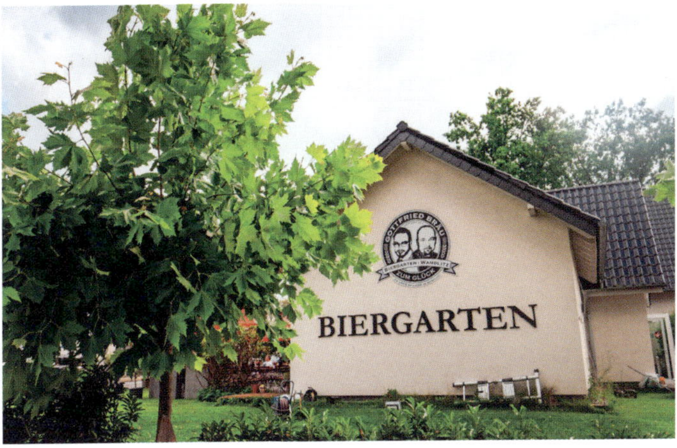

ÜBER BRAUHAUS WANDLITZ

Die Familie Gottfried, abgebildet im Logo der Brauerei, ist seit über einem Jahrhundert Teil der Wandlitzer Gastronomiegeschichte. Nach der Eröffnung des Restaurants Rialto im Jahr 1992 beschloss die Familie 2013, ihre eigene Brauerei zu gründen, die einige der besten Biere Brandenburgs bietet.

ADRESSE

Brauhaus Wandlitz
Prenzlauer Chaussee 123
16348 Wandlitz
+49 152 01733259
www.brauhaus-wandlitz.de

Fotos © Daniel Cole

PANORAMAWEG

DURCH OBSTGÄRTEN UND FELDER

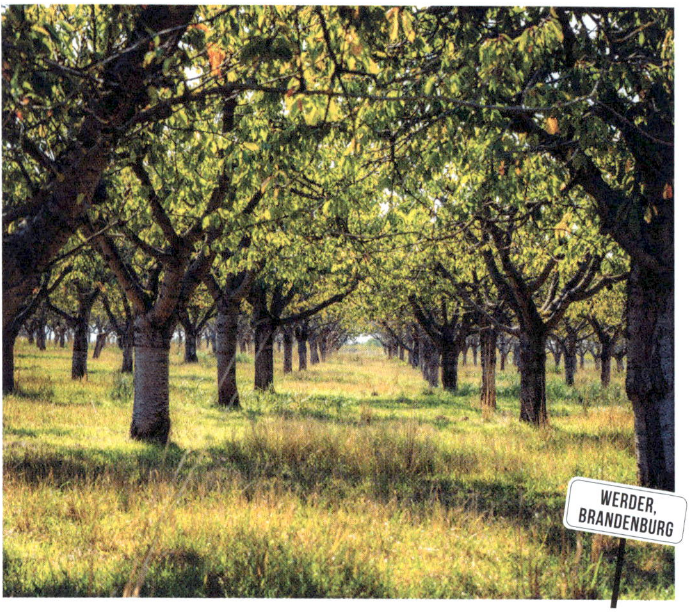

AUSGANGSORT	ZIEL
BAHNHOF WERDER (HAVEL)	ZUM RITTMEISTER
BIER	SCHWIERIGKEITSGRAD
RITTMEISTERS SCHWARZBIER	SCHWER
ÖV	WANDERZEIT
RE1	4 STD. 30 MIN.
ZONE	LÄNGE
C	15 KM (HINWEG)
SEHENSWÜRDIGKEITEN	HÖHENUNTERSCHIED
TELEGRAFENMAST, GROSSER PLESSOWER SEE, PLESSOW	AUF: 100 M AB: 100 M

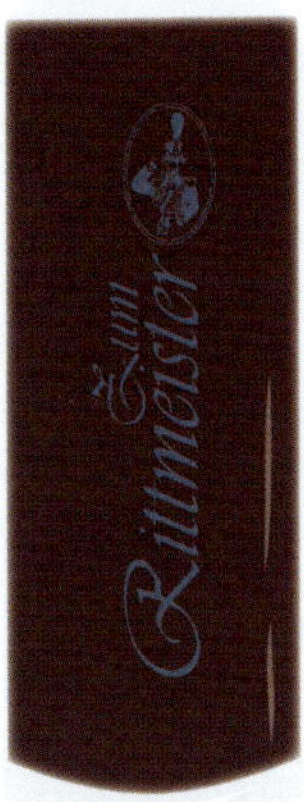

5,0 %
ALKOHOL-GEHALT

SCHWARZBIER

DUNKEL KASTANIENBRAUN

MALZIG, RAUCHIG, SCHOKOLADE

MALZ, KAFFEE, SCHOKOLADE, NÜSSE

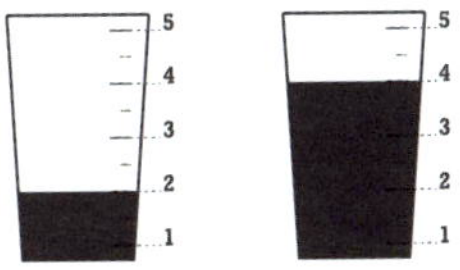

RITTMEISTERS SCHWARZBIER. Dieses mittelsüße Schwarzbier überzeugt mit seinem Röstmalz- und Nussaroma sowie leichten Schokoladen- und Kaffeenoten.

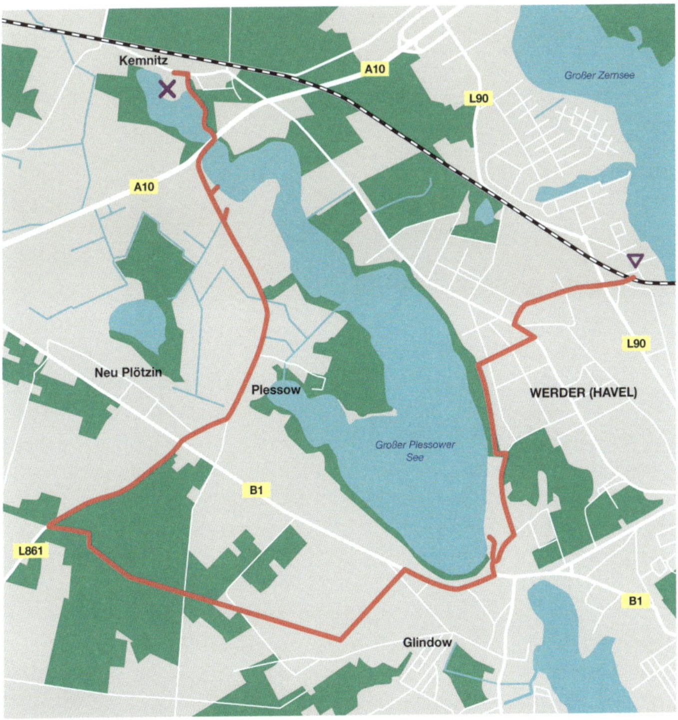

WEGBESCHREIBUNG

Eine kurze Fahrt außerhalb von Potsdam und über die Havel führt euch in die kleine und unberührte Stadt Werder, die vor allem für ihre Blüten- und Fruchtweine bekannt ist. Beim beliebten Baumblütenfest wird hier jedes Jahr im Mai die Blüte der Streuobstwiesen gefeiert. Die bunte Landschaft aus vielen Hektar Pflaumen-, Apfel- und Kirschbäumen um die Stadt und die benachbarten Seen herum zieht Besucher aus dem ganzen Land an. Die Gegend ist auch bekannt für ihre hausgemachten Obstweine, die an fast jeder Straßenecke und in allen Restaurants verkauft werden, besonders während der Zeit des Baumblütenfests. In dieser wunderschönen Idylle führt der Panoramaweg durch Obstfelder und die Hügel der Glindower Alpen hinauf mit Blick über den Großen Plessower See.

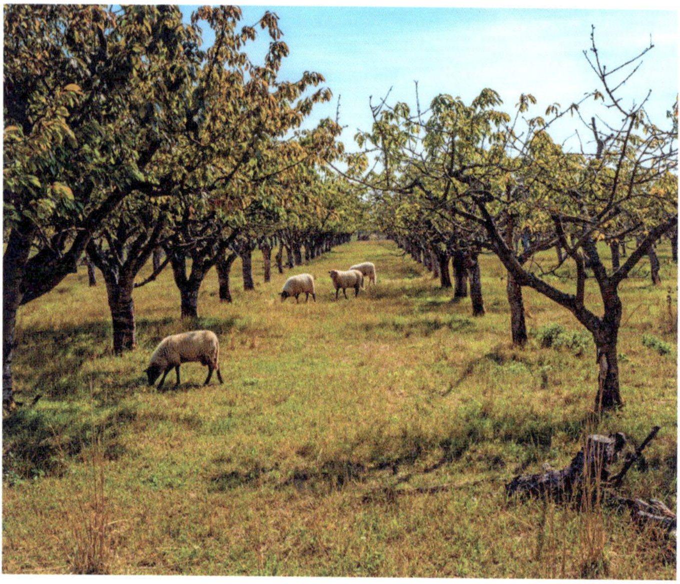

Verlasst den Bahnhof Werder, geht Richtung Westen über die Phöbener Straße und die Kesselgrundstraße hinauf. Biegt am Ende der Straße links ab auf die Kemnitzer Chaussee, dann nach 250 Metern rechts auf die Gertraudenstraße. Am Ende der Gertraudenstraße biegt ihr links auf Am Plessower See ab und folgt dieser Straße am Strandbad Werder vorbei für ungefähr 2 Kilometer. Kurz vor der Kreuzung mit der Berliner Straße empfehlen wir einen Abstecher nach rechts zum Fischrestaurant Fischerhof Kühn am Seeufer.

Biegt rechts auf die Berliner Straße ab und folgt dem Straßenverlauf für 900 Meter, bis ihr an der Glindower Gartenstraße links abbiegt, die als Panoramaweg ausgeschildert ist. Folgt dieser Landstraße 800 Meter bergauf, vorbei an Obstplantagen und Gartenhäusern. Haltet euch dann rechts auf der ausgeschilderten Route, bis ihr einen alten

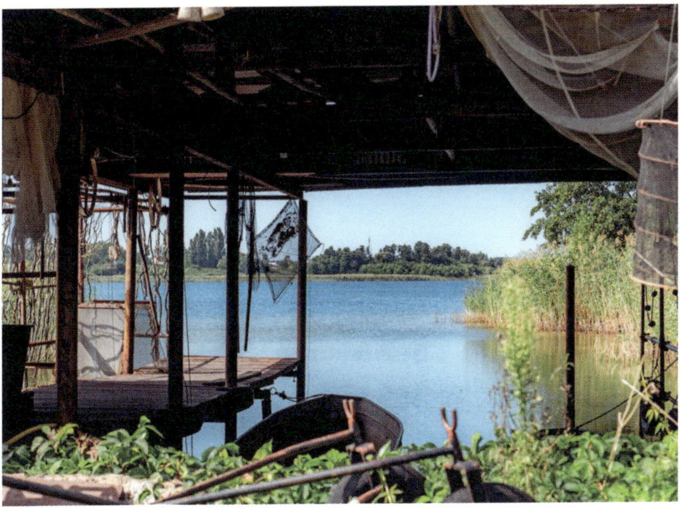

Telegrafenmasten aus dem 19. Jahrhundert erreicht. Genießt hier für einen Moment die Aussicht auf die Felder und den See, der sich vor euch erstreckt.

Geht dann für ca. 3 Kilometer auf dem Panoramaweg durch Weizen-, Sonnenblumen- und Obstfelder weiter. Diese Landstraße schlängelt sich die Hügel hinauf und biegt sich im Uhrzeigersinn parallel zum darunterliegenden Großen Pesslower See. Je nach Jahreszeit seht ihr verschiedene Nutzpflanzen, Hoftiere, blühende Obstbäume und vielleicht sogar den einen oder anderen Obstweinverkäufer.

An der Lehniner Chaussee geht ihr auf dieser Straße in östlicher Richtung weiter und verlasst den Panoramaweg. Am Fuße des Hügels nach dem Werderaner Tannenhof befindet sich ein Hofladen, in dem ihr Obstweine kaufen könnt, für die die Gegend bekannt ist.

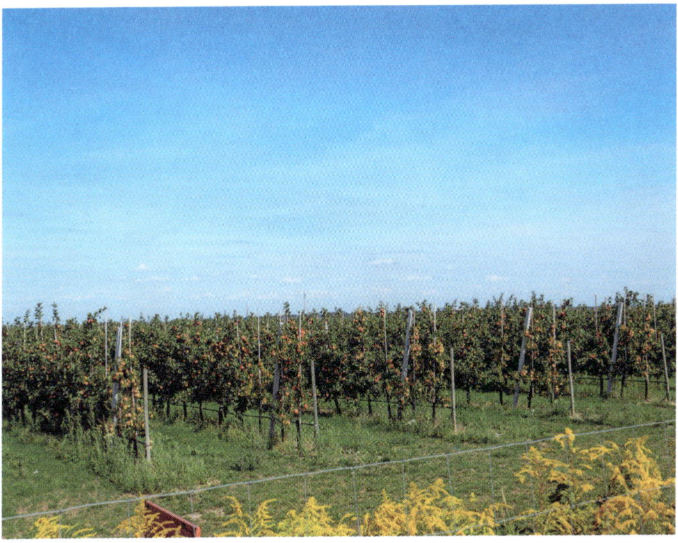

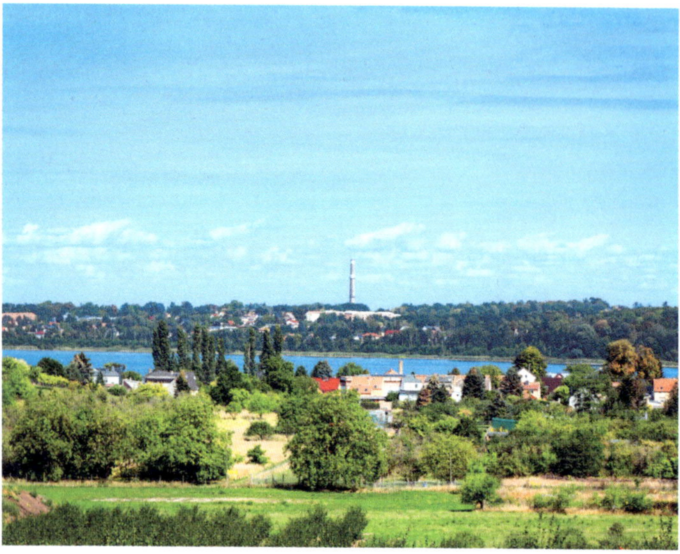

Wenn ihr die Brandenburger Chaussee überquert, geht die Straße in die Plessower Hauptstraße über, die euch in das charmante alte Dörfchen Plessow führt. Folgt der Straße für 1,5 Kilometer, vorbei an der alten Dorfkirche und den Bauernhöfen. Die Straße geht dann in den Zolchower Weg über, dem ihr für weitere 1,2 Kilometer folgt, bevor ihr an eine Weggabelung gelangt. Verlasst hier den Zolchower Weg und nehmt den rechten Pfad, der am Rand des ruhigen Seewassers entlang und dann unter der Autobahn hindurchführt. Unter der Autobahnüberführung überquert ihr eine kleine Brücke auf die andere Seite des Sees und folgt dem Seeufer gegen den Uhrzeigersinn Richtung Norden und dann der ausgeschilderten E10-Route. Die Route führt durch dichte Wälder und an abgelegenen Stränden vorbei, bevor sie euch in den Rittmeister-Park bringt, wo euch schon zahlreiche Schilder auf die Brauerei aufmerksam machen und euch das Ende eurer Reise ankündigen.

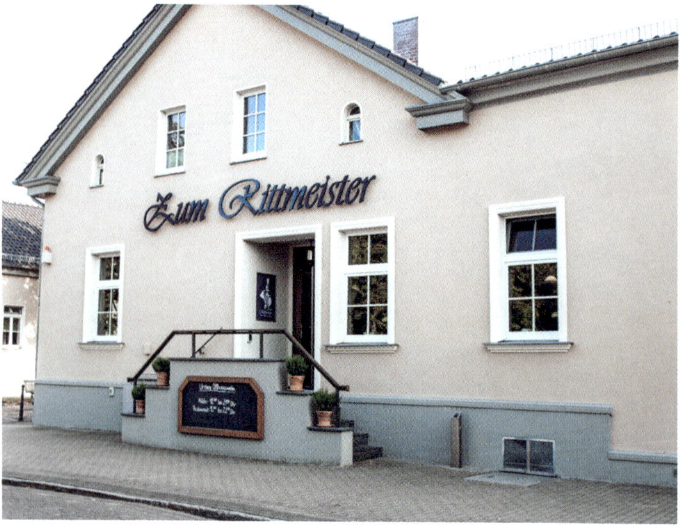

Für den Rückweg fährt regelmäßig (außer sonntags) ein Bus direkt vom Zum Rittmeister zurück zum Bahnhof Werder. Solltet ihr sonntags unterwegs sein oder noch genügend Energie haben, könnt ihr auf der E10 am Wasser entlang zurück zum Ausgangspunkt wandern. Alternativ könnt ihr auch wieder auf den Panoramaweg zurückgehen, diesem bis zum Otto-Lilienthal-Denkmal folgen und die Tour am Bahnhof Groß Kreutz beenden.

ÜBER ZUM RITTMEISTER

Mit seiner schönen Gartenterrasse, die einen Blick auf das nahe Seeufer bietet, ist das idyllische und malerische Dorfrestaurant und Hotel Zum Rittmeister jeden Ausflug wert. Traditionell und doch einladend, schafft die Bar mit ihrem schicken Interieur und der ruhigen Biergartenumgebung den Spagat zwischen edel und gemütlich. Die exquisite Speisekarte enthält auch Gemüse aus der Region, das in die traditionellen brandenburgisch-preußischen Gerichte integriert wird. Die Brauerei bietet das ganze Jahr über Pils und Schwarzbier an, und zusätzlich dazu auch Biere mit Fruchtgeschmack wie Orange oder Apfel. Auch in die Welt der Spirituosen wagt sich die Brauerei – natürlich finden sich auch Schnäpse und Liköre mit Fruchtgeschmack auf der Karte. Im Zum Rittmeister könnt ihr gehobene Küche, entspannte Nachmittage unter Kastanienbäumen oder auch eine außergewöhnliche Übernachtung genießen.

ADRESSE

Zum Rittmeister Hotel und Gastronomie GmbH
Seestraße 9
14542 Werder (Havel) OT Kemnitz
+49 33 274646
www.zum-rittmeister.de

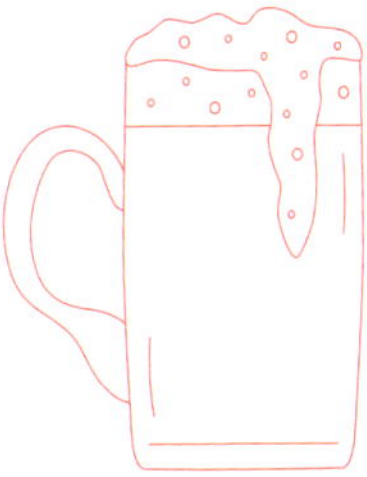

GRÜNHEIDE

ZU BESUCH IN BRANDENBURGS KLEINSTER BRAUEREI

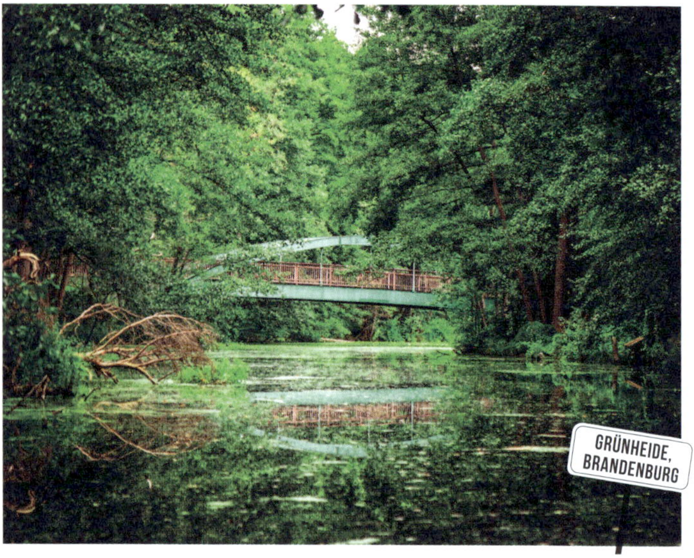

AUSGANGSORT	ZIEL
S-BAHNHOF ERKNER	FLÜGEL'S HOF
BIER	SCHWIERIGKEITSGRAD
FLÜGELBRÄU DUNKEL	MITTEL
ÖV	WANDERZEIT
S3	2 STD. 40 MIN.
ZONE	LÄNGE
C	10,4 KM
SEHENSWÜRDIGKEITEN	HÖHENUNTERSCHIED
WUPATZSEE, HUBERTUSSTEG, MAUERGEDENKSTÄTTE, WERLSEE	AUF: 50 M AB: 50 M

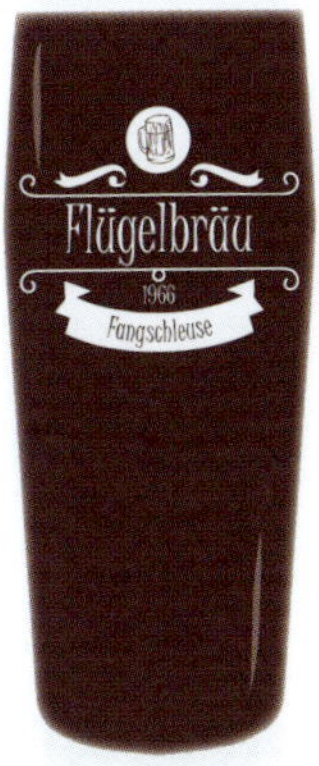

5,3 % ALKOHOLGEHALT

DUNKLES

SCHWARZ

MALZ, WHISKEY

GERÖSTETES MALZ, WHISKEY, KARAMELL

BITTERE

SÜSSE

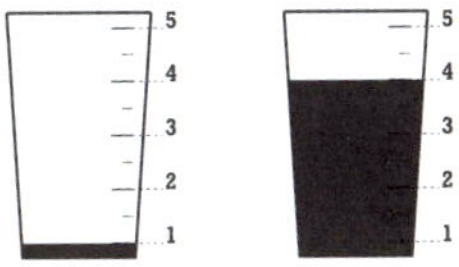

FLÜGELBRÄU DUNKEL. Ein erfrischendes, ausgewogenes, ungefiltertes dunkles Bier mit intensivem Geschmack nach geröstetem Malz und einem Hauch von Whiskey und blumigen Noten.

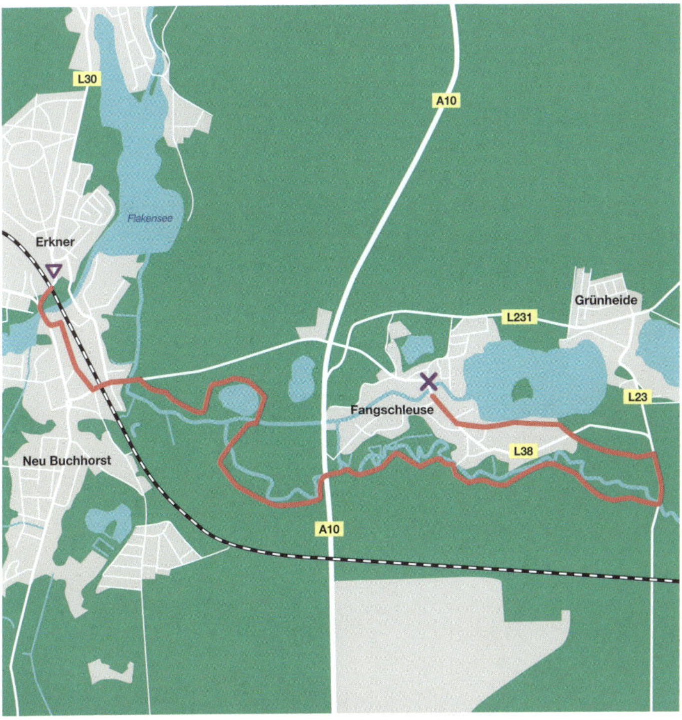

WEGBESCHREIBUNG

Etwas außerhalb von Erkner, einem der angrenzenden Dörfer Berlins, führt ein schöner Waldlehrpfad durch den Wupatzwald und entlang der Löcknitz, durch Moorlandschaften und Wiesen. Die geschützten, ruhigen Wälder sorgen für einen Hauch frischer Luft und sind so weitläufig, dass man hier nur hin und wieder anderen Wanderern begegnet. Und dabei ist dieser grüne Zufluchtsort nur eine 20-minütige Zugfahrt von Berlin entfernt.

Verlasst den Bahnhof Erkner, geht auf der Bahnhofstraße Richtung Westen, dann auf der Friedrichstraße Richtung Süden und geradeaus durch das belebte Ortszentrum. Biegt nach ca. 800 Metern nach links auf die Fürstenwalder Straße und folgt dieser für 600 Meter.

Nachdem ihr die Löcknitz überquert habt, öffnet sich auf der Südseite der Fürstenwalder Straße ein kleiner, gut beschilderter Weg in den Wald. Folgt dem Weg rund um den Wupatzsee und schließlich noch einmal über die Löcknitz. Folgt dem Pfad weiter rechts, bis er über den Hubertussteg die Alte Löcknitz überquert. Biegt 150 Meter nach der Brücke links auf den blau markierten Fußweg ab und folgt diesem, bis ihr an eine beschilderte Kreuzung gelangt. Nehmt den linken Weg in Richtung Grünheide.

Der Fußweg führt unter der mit überdimensionalen Froschfiguren geschmückten Froschbrücke hindurch und über Wiesen mit weidenden Schafen. Folgt weiter dem Uferweg, bis ihr die Straße vor dem Haus »Alte Liebe« überquert.

Folgt dem Weg für 2 weitere Kilometer, bis er die Straße An der Löcknitz erreicht. Biegt hier links ab und überquert auf An der Löcknitz die Alte Löcknitz mit der Mauergedenkstätte auf eurer rechten Seite. Geht 300 Meter weiter Richtung Norden und biegt gleich nach dem Schulgelände links auf den Fußweg ab. Schlendert auf diesem Fußweg weiter in den Wald,

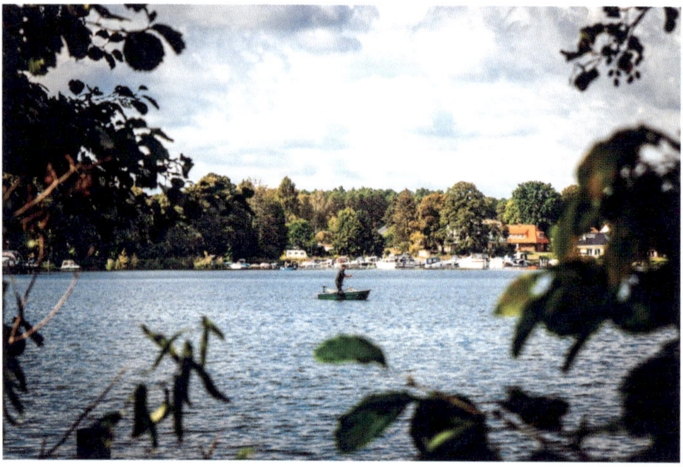

überquert die Ernst-Thälmann-Straße und biegt dann links in die Werlseestraße ein. Nach wenigen hundert Metern zeichnen sich das klare Wasser des Werlsees, die Fischerboote und das gegenüberliegende Seeufer ab. Am Ende der Werlseestraße biegt ihr rechts in die Eichenallee ein und folgt dieser bis zu Flügel's Hof, kurz vor der letzten Brücke über die Löcknitz.

Um zurück nach Berlin zu gelangen, fährt regelmäßig ein Bus direkt vor Flügel's Hof zu den Bahnhöfen Erkner und Fangschleuse.

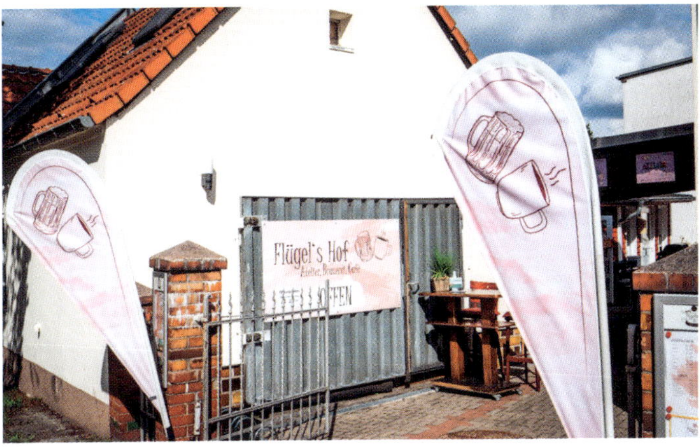

ÜBER FLÜGEL'S HOF

Mit nur einem 50-Liter-Brausystem und drei Fermentationstanks hat die Familie Flügel im Jahr 2020 die kleinste Brauerei von Brandenburg eröffnet. In der Garage ihres bescheidenen Innenhofs serviert die Brauerei ungefilterte, leckere Biere aus natürlichen Zutaten. Das malerische und gemütliche Setup ist mit seinen Sitzgelegenheiten im Innen- und Außenbereich der perfekte Boxenstopp für Wanderer und bietet neben gegrillten Leckereien auch Waffeln und Eiscreme. Die hausgemachten Kuchen des Cafés sind genauso schmackhaft wie die Biere. Über die drei Zapfhähne serviert das kleine Café über das ganze Jahr Helles und Dunkles sowie wechselnde saisonale Angebote.

ADRESSE

Flügel's Hof
An der Fangschleuse 3
15537 Grünheide (Mark)
+49 33 628857174
www.fluegels-hof.de

Fotos © Yvonne Hartmann

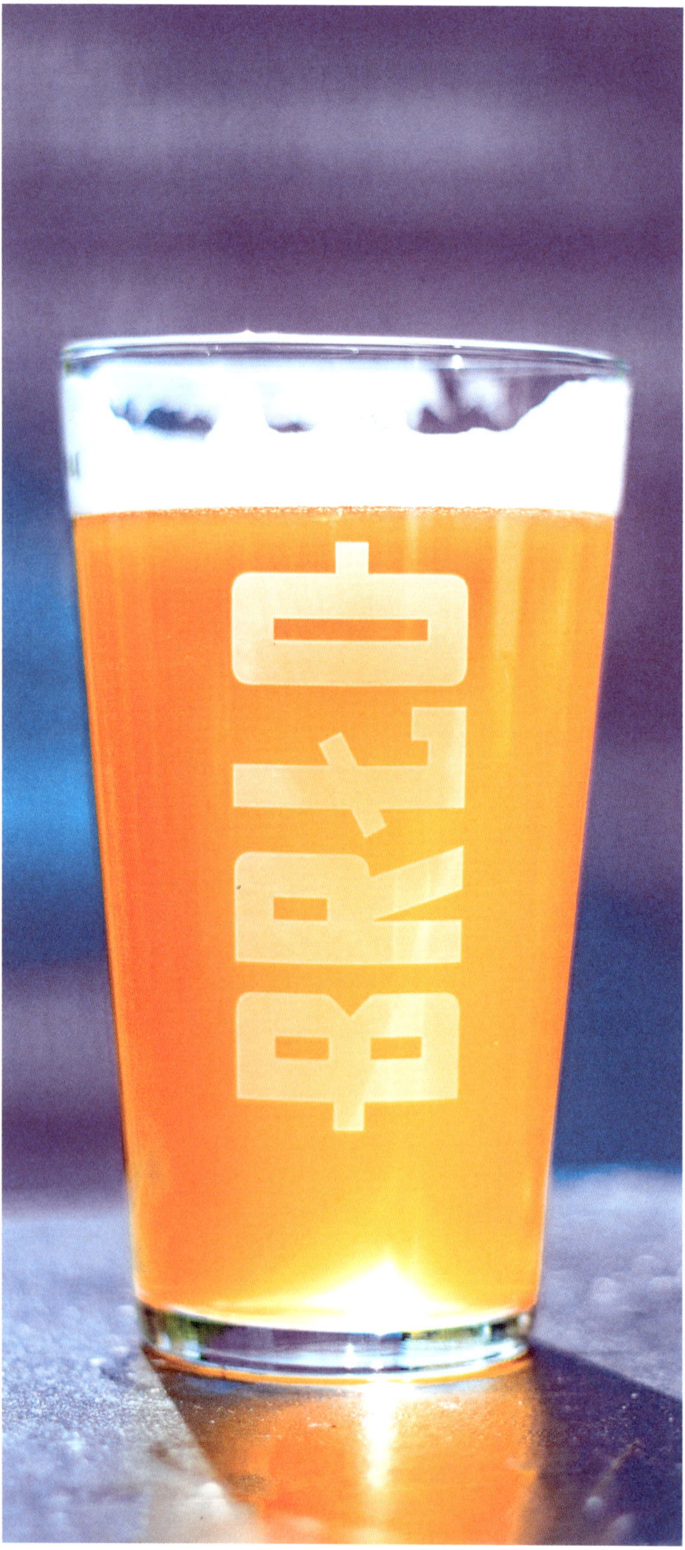

FOTO © YVONNE HARTMANN

DANK

All dies wäre ohne die Hilfe und Unterstützung von Rich Carbonara, Autor von *Bierwandern Bayern*, nicht möglich gewesen. Sein Buch war Inspiration und Impulsgeber für unsere Arbeit, und seine Wanderungen durch Bayern haben uns unendlich viel Freude bereitet. Für seine Empfehlung, durch die der Kontakt zu Helvetiq zustande kam, werden wir ihm für immer dankbar sein. Wenn ihr jemals in Bayern seid und nach einer geführten Tour sucht, wird euch Rich mit seinem unerschöpflichen Wissen nicht enttäuschen.

Ein weiteres großes Dankeschön geht an Joe Holler von *Beer Hike Nuremberg*, der ebenfalls eine große Quelle für Inspiration, Wissen und rundum gute Laune war. Für unterhaltsame Biererlebnisse in Franken ist er euer Mann.

Vielen Dank auch an alle, die uns auf unseren Spaziergängen durch Berlin begleitet und uns unterwegs Gesellschaft geleistet haben. Auf diejenigen, mit denen wir in allen Lebenslagen das ein oder andere Bier getrunken haben, erheben wir unsere Gläser. Und natürlich gilt Motas unsere tiefste Dankbarkeit dafür, dass er uns immer den Weg weist.

Vielen Dank an Marion Hartmann für das zusätzliche Korrekturlesen, den Faktencheck und deine Liebe zum Detail. Lisa Khanna, vielen Dank für die Bereitstellung deiner Fotos – die nächste Runde geht auf uns.

Vielen Dank an Hadi und Satu von Helvetiq für das Vertrauen in unsere Arbeit und die Motivation, über uns hinauszuwachsen. Ihr habt uns eine Tür zur Verlagswelt geöffnet, nach der wir so viele Jahre gesucht haben. Auf hoffentlich viele weitere gemeinsame Projekte.

Ein Lob an *The Craft Beer Channel* für die großartige Arbeit, mit der ihr uns immer wieder Neues aus der Welt des Bieres liefert, und an Markus Raupach und Bastian Böttner, die vor knapp zehn Jahren begannen, schriftlich über die Berliner Bierkultur zu berichten.

Und natürlich geht der meiste Dank und das größte Lob an diejenigen, die die Berliner Bierszene revolutioniert haben. Dank all der neuen Brauereien und Schankstuben, die in Berlin zu Hause sind, haben wir wieder Geschmack an Bier gefunden. Ein besonderes Lob geht an Hops & Barley für die liebenswerte und nachbarschaftliche Gastfreundschaft, an Protokoll Taproom für die große und vielfältige Auswahl und an Bräugier für seine Großartigkeit. Auf viele weitere Abenteuer und gesellige Momente!

KENNT IHR SCHON UNSERE ANDEREN TITEL IN DIESER SERIE?

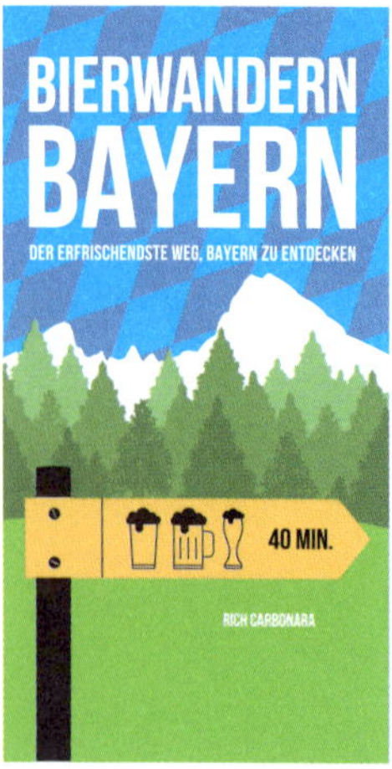

Bierwandern Bayern
978-2-940481-80-4

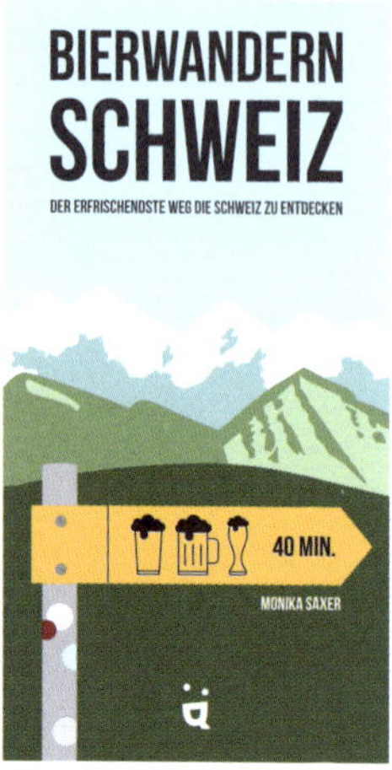

Bierwandern Schweiz
978-2-940481-06-4

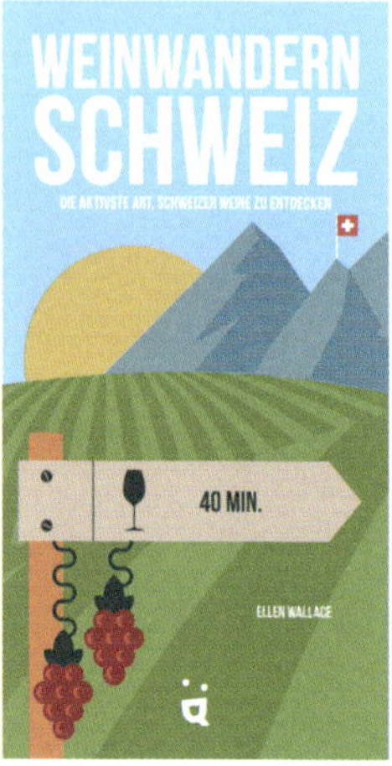

Weinwandern Schweiz
978-3-907293-85-0

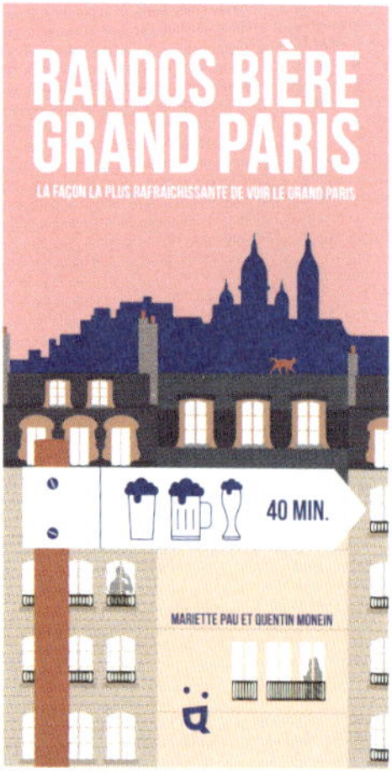

Randos Bière Grand Paris
978-2-940673-62-9

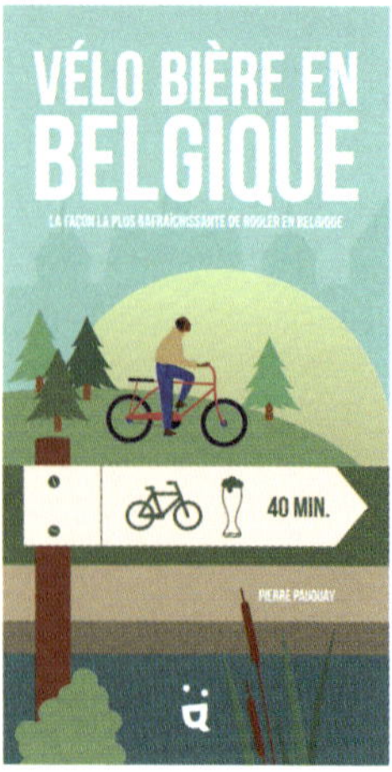

Vélo Bière en Belgique
978-2-940673-84-1

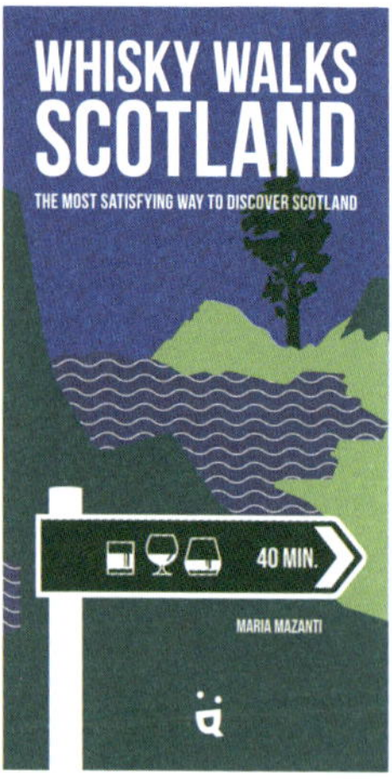

Whisky Walks Scotland
978-3-907293-66-9

UND VIELE MEHR...